Jean Claude Weiss

Astrologie –
Eine Wissenschaft von Raum und Zeit

Jean Claude Weiss

Astrologie –

Eine Wissenschaft von Raum und Zeit

Edition Astrodata

Edition Astrodata
CH–8907 Wettswil

Datenkonvertierung und Satz: IBV Satz- und Datentechnik GmbH, Berlin
Druck und Bindung: Hieronymus Mühlberger GmbH, Augsburg
Photo Umschlag: Bildagentur Baumann (Photofile)

ISBN 3–907029–03–8

Inhaltsverzeichnis

Vorwort

Dieses Buch ist das Ergebnis zahlreicher Überlegungen und Lektüren, die etwa vor 30 Jahren ihren Anfang nahmen. Stark beeindruckt von den Schriften und Gedankengängen Einsteins, de Broglies und Heisenbergs einerseits; Jungs, Gebsers, Vivekanandas und Aurobindos anderseits, war ich damals überzeugt, dass sich das vorherrschende Weltbild sehr bald ändern und an den Universitäten anderes gelehrt würde, als dies damals der Fall war. Es schien mir nämlich offensichtlich, dass die Hochschulen an der wesentlichen Grundlagenforschung für ein ganzheitliches Denken vorbeigingen.

Gleichzeitig war ich unentschlossen, ob ich Psychologie oder moderne Physik studieren wollte. So entschloss ich mich für ein praktisch orientiertes Ingenieur-Studium, welches mir die Möglichkeit geben sollte zu reisen, um die vielfältigen Formen des menschlichen Denkens aus eigener Erfahrung kennenzulernen.

Der Beruf des Ingenieur-Agronomen führte zu verschiedenen Auslandsaufenthalten und schliesslich nach Indien, wo ich vor ca. 20 Jahren mit der Astrologie in Berührung kam. Nach anfänglichen Zweifeln realisierte ich innerhalb von drei Monaten Studium, dass ›etwas dran‹ war. Nach dem Ablauf des folgenden Jahres hatte ich gar den Eindruck, einen ›Schatz‹ gefunden zu haben, einen Diamanten, der jedoch erst geschliffen werden musste, um seinen vollen Glanz zu entfalten. Nach kurzer Zeit wurde mir auch bewusst, dass ich in der Astrologie auf eine Disziplin gestossen war, die einer Synthese meiner ursprünglichen Interessenrichtungen Physik und Psychologie entsprach. Weitere zehn Jahre vergingen dann, bis ich die Astrologie zu meinem Beruf machte.

Ich muss heute erkennen, dass meine damaligen Vorstellungen hinsichtlich rascher Veränderungen an den Universitäten naiv waren. Jede Institution, wozu ich auch die Hochschulen zähle, folgt psychologischen und soziologischen Gesetzmässigkeiten, welche besagen, dass Veränderungen starke Widerstände entgegengesetzt werden. Neu ist jedoch die Tatsache, dass heute eine immer grössere Anzahl von Menschen geistiges Wissen ausserhalb der Universitäten sucht. Dies kann man unter anderem daran erkennen, dass sich Astrologie- und Esoterikkurse immer grösserer Beliebtheit erfreuen. So erfreulich es an sich ist, dass ein wachsender Kreis von Menschen nach einem verbindlichen ›Sinn‹ sucht und ihn in dieser Form auch findet, hat diese Entwicklung doch auch Nachteile. Der Graben zwischen anerkanntem akademischem Wissen und als Evidenzerlebnis wahrgenommenem ganzheitlichem Wissen vertieft sich. Dies müsste nicht notwendigerweise so sein.

Will man gegensätzliche Positionen zusammenführen, so ist es nützlich die Hintergründe aufzuzeigen, welche zum Gegensatz geführt haben und ihn aufrechterhalten. Dies wird im vorliegenden Buch versucht. Dazu werden epochebedingte Denk- und Wahrnehmungsformen der Menschheit beleuchtet. Das Buch richtet sich einerseits an Astrologen, welche sich für die Stellung der Astrologie im Kontext menschlicher Denksysteme interessieren, anderseits an Laien ohne astrologische Vorkenntnisse, welche verstehen möchten, auf welchen Grundlagen das astrologische System beruht.

Ich wünsche mir, dass dieses Buch möglichst viele Menschen zu neuen Gedanken und zu eigener Synthese anregt.

Es bleibt mir zum Schluss, all jenen zu danken, die am Zustandekommen dieses Buchs beteiligt waren: Lisbet Meyer für die Abschrift des Manuskripts und für die befruchtenden Gespräche während dessen Entstehung, Monica Hafner-Kissling und Ursula Rausch für Lektorat und Überprüfung des Manuskripts, Herbi Steiner für die Illustrationen, ferner Susanna von Werra für die Gestaltung sowie die Beaufsichtigung von Satz und Druck.

Wettswil, im April 1987 — J. Claude Weiss

1. Naturwissenschaft und kosmische Zyklen

»Die Natur ist früher als der Mensch, aber der Mensch ist früher als die Naturwissenschaft.«
Carl Friedrich von Weizsäcker

Wenn dem Astrologen von seiten des Laien oft die Frage gestellt wird: »Ist das beweisbar?« oder »Ist das wissenschaftlich erwiesen?«, so ist diese Frage wohl sehr verständlich, aber sie ist falsch gestellt. Dahinter verbirgt sich eine ähnlich absurde Forderung wie jene, die Relativitätstheorie mit Hilfe der Newton'schen Physik zu erklären und nachweisen zu wollen. Man kann etwas Umfassenderes nicht mit Hilfe von etwas Beschränkterem erklären. Die Newton'sche Physik hat als Spezialfall Platz in der Einstein'schen Physik, aber nicht umgekehrt. Man könnte natürlich anführen, dass der Vergleich hinkt, weil die Relativitätstheorie im Vergleich zur Newton'schen Physik zeitlich gesehen eine Weiterentwicklung darstellt. Dies ist zwar richtig, aber kein relevantes Argument. Es impliziert, dass es einen linearen Fortschritt gibt, dass wir uns von Unwissen in Richtung von mehr Wissen weiterentwickeln, was streng genommen bedeuten würde, dass wir – ausser historischen Informationen – aus dem Studium früherer Jahrhunderte oder Jahrtausende nichts erfahren dürften, was für uns wissensmässig von Interesse sein könnte.

Ganz im Gegensatz dazu steht die in diesem Jahrhundert offensichtliche und insbesondere von den Vertretern modernster Wissenschaftszweige geförderte Wiederentdeckung von Erkenntnissen früherer Jahrtausende, die im letzten Jahrhundert ganz einfach nicht verstanden und zumindest von Wissenschaftsseite als Aberglaube abgetan wurden. In diesem Sinne ist die heutige Physik der Philosophie der alten Griechen in vielen Punkten näher als den Theorien des letzten Jahrhunderts (vgl. Heisenberg »...einige Aussagen der antiken Philosophie sind denen der modernen Naturwissenschaft erstaunlich nahe«), was auch für Aussagen alter taoistischer Meister gilt (vgl. Capra, *Das Tao der Physik*). Solche Korrelationen hätten aufgrund des Weltbildes der Physik des vergangenen Jahrhunderts in dieser Form nicht hergestellt werden können. Die wichtigere Fragestellung in diesem Zusammenhang ist folgende: »Wie kommt es, dass wir gerade im 20. Jahrhundert alte Weisheiten wiederentdecken, warum gerade jetzt?« Dafür gibt es keine naturwissenschaftliche Erklärung, aber vielleicht sehr wohl eine Erklärung aufgrund kosmischer Zyklen.

Aufgrund kosmischer Zyklen könnten wir vielleicht auch eine Antwort auf die Frage finden, warum sich der Mensch im alten Griechenland um ca. 500 vor Christus plötzlich für das ›Warum‹ der Dinge interessierte. Dies war ja bekanntlich nicht immer so. Die Frage nach Ursache und Wirkung, welche dem bisherigen naturwissenschaftlichen Denken zugrundeliegt, ist nicht älter als zweieinhalb Tausend Jahrtausende. Die Frage nach dem ›Warum‹, die jedem europäischen Kinde heute nicht nur geläufig ist, sondern sich ihm geradezu aufdrängt, wurde vor 500 v. Chr. nicht gestellt. (1) Für ›wissenschaftliche‹ Untersuchungen interessierte sich vor diesem Zeitpunkt niemand. Erst 500 v. Chr. fanden erste Ansätze statt, die in grösserem Umfang seit 1500 n. Chr. zu systematischen Forschungen ausgebaut wurden. So ist die eigentliche naturwissenschaftliche Epoche, wie wir sie heute kennen, nicht älter als vier Jahrhunderte.

Nun könnte man argumentieren, dass die Menschen früher eben verschiedensten Formen von Aberglauben verhaftet waren und wir heute die Möglichkeit haben, durch die Methode der Wissenschaft alles objektiv zu überprüfen, um nur das anzuerkennen, was dieser Prüfung standhält. Bei genauerem Hinsehen erweist sich jedoch, dass die modernsten Entwicklungen der Wissenschaft diese Vorstellung als Irrtum entlarven, denn wie beispielsweise der moderne Physiker Werner Heisenberg erklärt, ist wissenschaftliche Erkenntnis nur auf beschränkte Bereiche der Erfahrung anwendbar. Erkenntnisse der modernen Physik weisen darauf hin, dass wir nicht mehr über die Natur als Objekt sprechen können, ohne über uns selbst zu sprechen. Heisenberg dazu:

> »Auch in der Naturwissenschaft ist also der Gegenstand der Forschung nicht mehr die Natur an sich, sondern die der menschlichen Fragestellung ausgesetzte Natur, und insofern begegnet der Mensch auch hier wieder sich selbst. ...Insofern hat man auf eine seit Jahrhunderten übliche Art der Naturbeschreibung verzichtet, die noch vor wenigen Jahrzehnten als das selbstverständliche Ziel aller exakten Naturwissenschaften gegolten hätte.« (2)

Streng genommen können wir heute nur noch über unsere Beziehung zu einem beobachteten Naturphänomen etwas aussagen. Es wird evident, dass die wissenschaftliche Fragestellung nur Antworten geben kann, welche innerhalb des Systems der Fragestellung Gültigkeit haben, aber nicht über diesen Bereich hinaus. So wird es wichtig, sowohl die Strukturen unseres Denkens als auch jene unserer Wahrnehmung anzuschauen. Wir brauchen also eine Typologie der Wahrnehmung und des Denkens.

In diesem Zusammenhang könnte man geneigt sein, sich der Psychologie zuzuwenden, einer Disziplin, die ebenfalls in diesem Jahrhundert entwickelt wurde und bereits die verschiedensten Phasen durchschritten hat. Gerade die Tatsache, dass wir hier die Wahl zwischen ganz unterschiedlichen Ansätzen haben, die auch zu verschiedenen Antworten führen, je nachdem, ob wir die Freud'sche, die Jung'sche oder beispielsweise die systemische Psychologie zu Hilfe nehmen, könnte uns aber auch hier vorsichtig machen. Sollen wir aufgrund unseres Fortschrittsglaubens die neueste Form wählen, oder gibt es eine Form von Typologie, welche älter und vielleicht auch universeller ist als die verschiedenen uns vielleicht vor allem vom gemeinsamen Zeitgeist her ansprechenden Formen? Vielleicht erinnern wir uns in diesem Zusammenhang daran, dass C.G. Jung einmal gesagt hat: »Die Astrologie ist die Grossmutter der Psychologie.« Über die astrologische Typologie meinte er, »sie stehe zum Erstaunen der Aufklärung immer noch aufrecht da und erlebe heute sogar eine neue Blüte«.

Die Astrologie kann uns helfen zu verstehen, wie und warum wir die äusseren Erscheinungen auf eine unserer Persönlichkeit gemässe Art wahrnehmen und wie wir in ein grösseres Ganzes, in einen kosmischen Zyklus eingebunden sind. Sie hilft uns aber auch zu ergründen, warum zu bestimmten Zeiten gewisse Denk- und Wahrnehmungsformen vorherrschen, und wie diese ebenfalls in einen grösseren Rhythmus eingebettet sind. In diesem Sinne kann die Astrologie nicht oder nur in Teilaspekten durch die Methoden einer bestimmten Epoche (gegenwärtig die sogenannten naturwissenschaftlichen Methoden) schlüssig untersucht werden, weil sie per Definition diese Methodik transzendiert. Das gleiche gilt für die psychologische Methodik: Die Psychologie hat Platz in der Astrologie, aber nicht umgekehrt. Das System eines bestimmten Psychologen kann durch seine Geburtskonstellationen erklärt werden, er selbst kann aber aufgrund seiner Methodik nicht die Astrologie ›erklären‹. Und dies gilt für alle, die sich mit Astrologie beschäftigen – man muss sich ihr öffnen, muss sie studieren, um sich ein Bild davon zu machen. Bleiben wir im Korsett einer Wissenschaftlichkeit des letzten Jahrhunderts stecken, so mag es uns gehen wie dem modernen ›homo technicus‹, den wir in folgendem Bild Werner Heisenbergs beschrieben finden:

> »Mit der scheinbar unbegrenzten Ausbreitung ihrer materiellen Macht kommt die Menschheit in die Lage eines Kapitäns, dessen Schiff so stark aus Stahl und Eisen gebaut ist, dass die Magnetnadel seines Kompasses nur noch auf die Eigenmasse des Schiffes zeigt, nicht mehr nach Norden. Mit einem solchen Schiff kann man kein Ziel mehr erreichen; es wird nur noch im Kreis fahren und daneben dem Wind und der Strömung ausgeliefert sein... Die Gefahr besteht eigentlich nur, solange der Kapitän nicht weiss, dass sein Kompass nicht mehr auf die magnetischen Kräfte der Erde reagiert. In dem Augenblick, in dem Klarheit geschaffen ist, kann die Gefahr schon halb als beseitigt gelten, denn der Kapitän, der nicht im Kreise fahren, sondern ein bekanntes oder unbekanntes Ziel erreichen will, wird Mittel und Wege finden, die Richtung seines Schiffes zu bestimmen. Er mag neue, moderne Kompassarten in

> Gebrauch nehmen, die nicht auf die Eigenmasse des Schiffes reagieren, oder er mag sich, wie in alten Zeiten, an den Sternen orientieren…« (2)

Wir wollen in den nächsten Kapiteln untersuchen, welches die Panzerungen sind, die der Mensch aufgebaut hat und ihn daran hindern, seine Verbindung mit dem Kosmos zu erkennen und zu akzeptieren. Des weiteren wollen wir anhand zyklischer Betrachtungen unsere heutige Situation beleuchten, um zu entdekken, wie im Rahmen einer neuen Form von Naturwissenschaft die Astrologie ein Kompass sein kann, um aus dem zirkulären Denken des Verstandes auszubrechen.

2. Ein Beispiel wissenschaftlicher Unwissenschaftlichkeit

Im Jahre 1975 unterschrieben 186 führende Wissenschaftler – darunter 19 Nobelpreisträger – eine im amerikanischen Wissenschaftsmagazin *The Humanist* veröffentlichte feurige Stellungnahme gegen die Astrologie. Paul Feyerabend, Professor in Berkeley und unbequemer Spezialist der Wissenschaftstheorie, berichtet dazu: »Als ein Vertreter der BBC einige der Nobelpreisträger interviewen wollte, lehnten sie mit der Bemerkung ab, sie hätten von der Astrologie keine Ahnung, was sie nicht daran hinderte, die Astrologie öffentlich zu verfluchen.« Er fragt anschliessend: »Warum 186 Unterschriften, wo doch ein gutes Argument genügt hätte?« (1)

Diese Intervention führender Wissenschaftler ohne jegliche wissenschaftliche Überprüfung führt er als Musterbeispiel für die Unwissenschaftlichkeit namhafter Wissenschaftler auf, wenn es um Dinge geht, die gemäss ihren Vorstellungen a-priori ganz einfach nicht sein dürfen. In seinem Buch *Erkenntnis für freie Menschen* schreibt er im Zusammenhang mit dem anti-astrologischen Manifest:

> »Wir sehen: Das Urteil der ›186 führenden Wissenschaftler‹ ruht auf einer vorsintflutlichen Anthropologie, auf einer Unkenntnis neuerer Resultate in ihren eigenen Wissenschaften (Astronomie, Biologie, Verbindung zwischen den beiden) sowie auf der Unfähigkeit, die Implikationen von Resultaten zu sehen, die sie kennen. Es zeigt, wie oft Wissenschaftler ihre Autorität selbst dann einsetzen, wenn sie nichts wissen.« (2)

Es verdient jedoch Erwähnung, dass nicht alle Wissenschaftler bereit waren, dieses Manifest zu unterschreiben. In einem Brief an den Herausgeber der Zeitschrift *The Humanist* erklärte der berühmte Wissenschaftler Carl Sagan seine Weigerung:

> »Ich sehe mich ausserstande, der Erklärung ›Einwände gegen die Astrologie‹ zuzustimmen – nicht, weil ich das Empfinden hätte, die Astrologie habe auch nur den geringsten wissenschaftlichen Wert, sondern weil ich den Eindruck hatte und habe, dass der Tonfall der Erklärung autoritär ist. Das Hauptproblem ist nicht, dass die Astrologie aus dem Aberglauben entstanden ist. Dies trifft auch für die Chemie, Medizin und Astronomie zu, um nur drei Fächer zu erwähnen. Die Erörte-

rung der psychologischen Motivation derjenigen, die an Astrologie glauben, scheint im Hinblick auf die Frage nach ihrer wissenschaftlichen Geltung ganz peripher zu sein. Dass wir uns kein System denken können, nach dem die Astrologie funktioniert, ist bedeutsam, aber nicht überzeugend. Beispielsweise war kein Schema der Kontinentalverschiebung bekannt, als Wegener sie zur Debatte stellte. Dennoch erkennen wir, dass Wegener recht hatte, diejenigen hingegen unrecht, die aufgrund eines noch nicht beweisbaren Denkmodells Einwände erhoben.

Urteile über Grenz-, Volks- oder Pseudowissenschaft, die in einem autoritären Tonfall vorgetragen werden, können mehr schaden als nützen. Sie überzeugen diejenigen, die mit Pseudowissenschaft kokettieren, nicht, sondern bestärken sie womöglich noch in ihrem Eindruck, dass Wissenschaftler unflexibel und engstirnig seien...« (3)

Wir finden diese a-priorische Haltung gegenüber Phänomenen, die man grundsätzlich nicht akzeptieren will, vielleicht am klarsten ausgedrückt in den Worten des bekannten französischen Biologen Jean Rostand: »Wenn die statistische Methode die Astrologie beweisen sollte, dann glaube ich nicht mehr an die Statistik.«

Den unbarmherzigen Widerstand der wissenschaftlichen Gemeinschaft mussten zwei Forscher erleben, die sich schon in den 50er Jahren damit beschäftigten, astrologische Zusammenhänge wissenschaftlich, und zwar mit der Methode der Statistik, zu erforschen, um deren Gültigkeit oder Ungültigkeit zu beweisen. Es handelt sich dabei um Michel und Françoise Gauquelin. Unter dem Titel »Influences des astres, études critiques et expérimentales« (4), veröffentlichte Michel Gauquelin 1955 ein erstes Werk, in dem er sich die Mühe nahm, seine Arbeitsmethode im Detail zu beschreiben und sämtliche Quellen, inklusive einer vollständigen Liste von 6000 Geburtsdaten, anzuführen. Mit grosser Naivität, wie er heute feststellt, sandte er seine Studie namhaften Wissenschaftlern, die gemäss ihren eigenen Aussagen bereit waren, eventuelle Gestirneinflüsse objektiv zu prüfen. Darauf erhielt er in den ersten Jahren entweder keine Antwort oder den Kommentar, dass sie keine Lust hätten, etwas, das mit Astrologie in Zusammenhang steht, anzuschauen und zu überprüfen. Am ehesten fand er die Bereitschaft bei einer Reihe bekannter Statistiker, die zunächst daran dachten, Unzulänglichkeiten in der Arbeitsmethode zu finden, jedoch bald feststellen mussten, dass die Arbeit statistisch korrekt durchgeführt worden war. Dennoch war kaum ein Wissenschaftler bereit, die sich aufdrängenden Schlussfolgerungen hinsichtlich planetarer Einflüsse zu akzeptieren. In vielen Fällen dürfte dies mit einem Selbsterhaltungstrieb zu tun gehabt haben, schrieb doch im Jahre 1978 J. Allen Hynek, Chef des Departements für Astronomie an der North Western University in seinem Vorwort zu einem Buch von Michel Gauquelin:

»Es geschieht mit erheblichem Zögern, dass ich dieses Vorwort schreibe, weil es offenbar genügt, einen Astronomen aus der Gemeinschaft der Wissenschaftler auszuschliessen, wenn er sich mit etwas beschäftigt, das auch nur entfernt mit Astrologie zusammenhängt...« (5)

Dazu Professor H.J. Eysenck:

»Vor diesem Hintergrund offener Feindseligkeit gegenüber neuen Ideen und Experimenten mussten aufgeschlossene Wissenschaftler kämpfen, wenn sie der Frage nach dem Wahrheitsgehalt der Astrologie nachgehen wollten. Sie mussten oft sogar ihr Recht verteidigen, auf diesem Gebiet zu forschen. Die Folge war, dass es etablierten Wissenschaftlern oftmals das Beste zu sein schien, nichts zu sagen, statt Hohn und Spott auf sich zu nehmen. Nur wenige hatten den Mut zuzugeben, dass ›etwas daran‹ sein könnte.« (6)

Michel Gauquelin musste diese Feindseligkeit am eigenen Leibe erfahren. Obwohl er am Psychologie-Institut der Universität von Paris diplomiert hatte und wissenschaftlicher Direktor der Zeitschrift ›Psychologie‹ war, gab der Direktor des Instituts spezifische Anweisungen dahingehend, dass er von der Institutsbibliothek keine Bücher ausleihen dürfe.

Dies war für das Ehepaar Gauquelin eine Phase des Ignoriertwerdens, wo sie – mit wenigen Ausnahmen – selbst von ihren Kollegen ausgeschlossen wurden. Darauf folgte jedoch in den 70er Jahren eine nächste Etappe, die auf einige namhafte Wissenschaftler hinsichtlich ihrer Wissenschaftlichkeit ein noch trüberes Licht wirft. Es handelt sich um das »Committee for the Scientific Investigation of Claims of the Paranormal« (CSICOP), welches sich zum Ziel setzte, die Resultate der Gauquelins zu widerlegen.

Als dies nicht gelang und die vom CSICOP durchgeführten Untersuchungen die Forschungen der Gauquelins zu bestätigen schienen, wurde offenbar nicht gezögert, das Stichprobenmaterial zu manipulieren, um zu Resultaten zu gelangen, welche die Gauquelin-Resultate widerlegen würden. Ein Gründungsmitglied des CSICOP, welches mit diesen Praktiken nicht einverstanden war und versuchte, sich dagegenzustellen, musste den Hut nehmen. Dabei handelte es sich bei Dennis Rawlings um einen Astronomen, der seine Skepsis gegenüber paranormalen Phänomenen nie verbarg. Er schrieb im Anschluss daran in der Zeitschrift »FATE« einen vernichtenden Artikel, in dem er den Ablauf des Geschehens im Detail aufdeckte. (7) Unter den Gründungsmitgliedern des CSICOP war er einer der virulentesten Verfechter der Notwendigkeit, paranormale Phänomene zu widerlegen. Nur war er im Gegensatz zu anderen nicht bereit, eine Vertuschung der Fakten zu unterstützen. Die Quintessenz seiner Folgerungen lautet: »Sie nennen sich Komitee für die wissenschaftliche Erforschung paranormaler Behauptungen, in Wahrheit handelt es sich um eine Gruppe von

Pseudoentlarvern, welche ihre Forschungen stümperhaft durchführten, Ergebnisse fälschten, ihre Fehler verdeckten und einen Kollegen, der damit drohte, die Wahrheit zu erzählen, davonjagten.« Nach zahlreichen Interventionen anderer unbeteiligter Wissenschaftler, die sich von den angewandten Praktiken angewidert fühlten (einer sagte dazu: »Rawlings hat einen der grössten Skandale der Geschichte des Rationalismus aufgedeckt«), mussten die drei federführenden Vertuschungsspezialisten Abell, Kurtz und Zelen, allerdings erst 1983, also zwei Jahre nach der Aufdeckung durch Rawlins, gestehen: »Gauquelin hat die Frequenz des Planeten Mars zum Zeitpunkt der Geburt korrekt kalkuliert und demographische sowie astronomische Faktoren des Problems berücksichtigt.« (8)

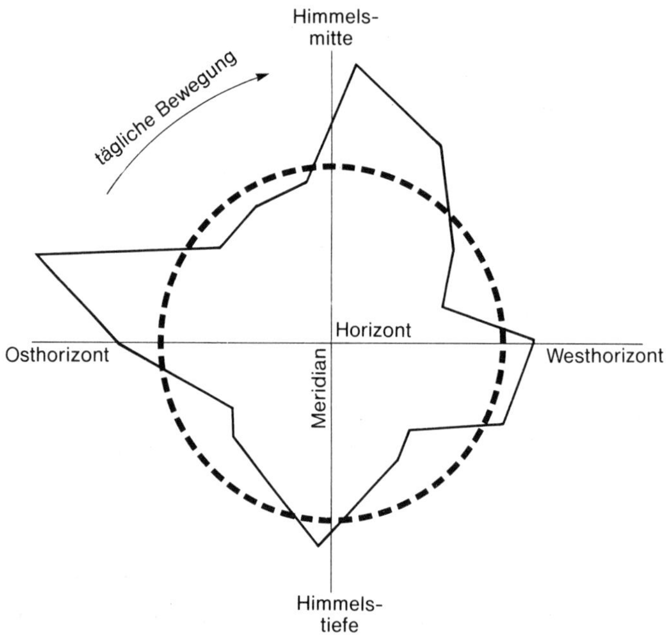

Figur 1: Häufigkeitsverteilung des Planeten Mars bei Sportlern.

Wir wollen kurz auf die Resultate der Gauquelins eingehen, welche das Potential hatten, solche Kontroversen und ein von seiten namhafter Wissenschaftler derart unwissenschaftliches Verhalten auszulösen. Im konkreten Fall ging es um die Geburtsstellung des Planeten Mars bei Sportlerpersönlichkeiten. Forschungen des Ehepaars Gauquelin hatten ergeben, dass Mars besonders häufig bei Geburten von Menschen, die sich später als Sportler profilierten, in der Nähe der astrologischen Hauptachsen lag (Fig.1). Mit anderen Worten, Mars war bei Sportlern im Moment der Geburt besonders oft gerade am Himmel aufsteigend (kurz oberhalb des Aszendenten) oder in der Nähe des höchsten Himmelspunktes (knapp westlich des Medium Coeli). Die Schlussfolgerung, die daraus gezogen werden konnte: Mars stand im Moment der Geburt nicht irgendwo am Himmel, sondern bei Sportlern mit besonders grosser Häufigkeit im Bereich von Zonen, die von der astrologischen Tradition her als besonders stark betrachtet werden. Seit der Antike ist nämlich bekannt, dass die Nähe der Hauptachsen für die Wirkung eines Planeten besonders bedeutsam ist. Mars entspricht andererseits dem Prinzip der aktiven, männlichen Durchsetzung, so dass die Forschungen der Gauquelins die astrologische Tradition bestätigten. Die Ergebnisse waren statistisch signifikant und konnten nicht durch den Zufall erklärt werden.

Obwohl die ursprünglichen Untersuchungen bei französischen Sportlern durchgeführt wurden, ergab die Nachprüfung bei ausländischen Sportlern das gleiche Resultat. So gelang es den Gauquelins nachzuweisen, dass verschiedene Planeten, welche die astrologische Tradition mit einem bestimmtem Beruf in Zusammenhang bringt, bei den Repräsentanten dieser Berufskategorie tatsächlich besonders häufig an den ermittelten Punkten maximaler Intensität liegen. Diese Bereiche maximaler Stärke sind in Fig. 1 dargestellt. Bei Sportlern sowie bei Militärpersonen handelt es sich dabei um Mars, bei Wissenschaftlern und Medizinern um Saturn, bei Schauspielern und Politikern um Jupiter und bei Schriftstellern um den Mond. Saturn entspricht dem Prinzip des Ernstes und der Konsequenz, aber auch einer gewissen Starrheit; Qualitäten, die für jeden wissenschaftlichen Beruf von grosser Bedeutung sind. Jupiter symbolisiert das Bedürfnis sowie die Fähigkeit, sich darzustellen und zu repräsentieren, was eben Schauspielern und Politikern zugutekommt. Der Mond als Symbol der Phantasie und Imagination ist andererseits eine für Schriftsteller und Dichter wichtige Qualität.

Michel und Françoise Gauquelin hatten aufgrund des leicht zu unterscheidenden Kriteriums der Berufswahl wichtige astrologische Gesetze bestätigt und mit Hilfe der statistischen Methode wissenschaftlich nachgewiesen. Waren diese Erkenntnisse für traditionelle Wissenschaftler eine solche Herausforderung, dass sie als Bedrohung empfunden wurden? Zweifellos, weil damit das Weltbild der traditionellen Wissenschaft erschüttert worden wäre. Der Initiant des ›Manifestes der 186 Wissenschaftler‹, Professor Bart J. Bok, ehemaliger Präsident der American Astronomical Society, drückte seine Einwände folgendermassen aus:

> »Es erscheint unvorstellbar, dass Mars und Mond Schwingungen oder mysteriöse Vibrationen erzeugen könnten, welche unsere Persönlichkeit auf gänzlich unterschiedliche Art beeinflussen würden. Es ist unsinnig, anzunehmen, dass die verschiedenen Planeten sowie der Mond, welche alle ähnliche physikalische Eigenschaften haben, die menschlichen Angelegenheiten auf gänzlich unterschiedliche Art und Weise beeinflussen könnten... Warum sollte andererseits der Moment der Geburt ein ausschlaggebender Zeitpunkt für das Leben einer bestimmten Person sein? Wäre in diesem Falle nicht der Zeitpunkt der Konzeption

ein wichtigeres Ereignis, als jenes, wo die Nabelschnur durchschnitten wird?« (9)

Aus diesen Aussagen lässt sich unschwer erkennen, dass die Bedenken, die in diesem Falle gegen die Astrologie erhoben wurden, nicht wissenschaftlich-experimenteller Art sind, sondern viel eher metaphysischen Charakter haben. Dabei spielt offensichtlich das, was sein darf, eine grössere Rolle als die Evidenz, welche sich aus der Betrachtung der Fakten ergibt. Man würde sich wünschen, dass Professor Bok die Bereitschaft hätte, seinen Überlegungen hinzuzufügen: »Im Rahmen unserer bisherigen Kenntnisse erscheint es unvorstellbar...« Insofern könnte man ihm durchaus recht geben, denn im Rahmen eines materialistischen Weltbildes gibt es tatsächlich keine Erklärung für die beobachteten Fakten. Dies sollte aber nicht heissen, dass es nie eine Erklärung geben wird. Wir werden im nächsten Kapitel sehen, wie im Rahmen eines wissenschaftlichen Modells (Paradigma) nur jene Fakten wahrgenommen und untersucht werden, welche sich in dieses Modell einfügen, dass es aber im Laufe der Geschichte immer wieder Wechsel im allgemein akzeptierten Modell oder Paradigma gegeben hat. Diese Wechsel gehen einher mit grundlegenden Veränderungen des allgemein akzeptierten Weltbildes.

Solche Veränderungen haben den Charakter eigentlicher Revolutionen, und so können Paradigmenwechsel auch als wissenschaftliche Revolutionen bezeichnet werden. Dass diese dann auftreten, wenn eine grosse Anzahl von Beobachtungen nicht mehr in das bisherige Modell passen, werden wir im nächsten Kapitel beleuchten. Ein solcher Paradigmenwechsel hat anfangs dieses Jahrhunderts in der modernen Physik stattgefunden, indem die Newton'schen Gesetze durch die Gesetze der Relativitätstheorie ersetzt wurden. Dieser hat jedoch nicht alle Wissenschaftsbereiche durchdrungen. So ist vielleicht die weiter zurückliegende Ablösung des ptolemäischen Weltbildes mit der Sonne, welche sich um die Erde dreht, durch das kopernikanische Weltbild, wonach die Erde sich um die Sonne dreht, ein einleuchtenderes Beispiel. Es ist wohl die zeitliche Distanz, die hier den Unterschied ausmacht. Wenn auch zahlreiche Wissenschaftler sich in ihrem Bereich noch so verhalten, wie wenn die Newton'schen Gesetze nach wie vor Gültigkeit hätten, so würden wir sicher vergeblich nach jemandem suchen, der heute noch auf das ptolemäische Weltbild zurückgreift. Dabei mag es jedoch nützlich sein, sich zu vergegenwärtigen, welche enormen Widerstände damals der Annahme des kopernikanischen Weltbildes entgegengesetzt wurden. Wir wissen, dass Galilei dazu verurteilt wurde, seine Theorie abzuleugnen, und zwar mehr als ein Jahrhundert nachdem Kopernikus das neue Weltbild definiert hatte. Sein »eppur' si muove!« (»und sie dreht sich doch!«) ist allgemein bekannt. Der Vorteil der heutigen Zeit liegt zweifellos darin, dass einem nicht mehr mit der Hinrichtung gedroht wird, wenn man neue Ideen äussert. Die Widerstände, neue Erkenntnisse hinzunehmen, sind jedoch nach wie vor da. Dazu eine Äusserung von Paul Feyerabend:

»Die Stellungnahme der Wissenschaftler hat der Astrologie keinen grossen Schaden angerichtet... Ich erwähne die Astrologie nicht darum, weil sie unter dem Angriff der Wissenschaften besonders leidet, sondern weil der Fall uns sehr deutlich zeigt, was man von einer ›wissenschaftlichen‹ Kritik zu halten hat, und ich fordere den Leser auf, die Lektion nicht zu vergessen, wenn er ›wissenschaftliche‹ Angriffe auf die Akupunktur, die Kräutermedizin, das Handauflegen hört, wenn er die Urteile ›hervorragender Wissenschaftler‹ über die Atomkraft und die Sicherheit von Kraftwerken liest, oder wenn man ihm erzählt, dass es ›unwissenschaftlich‹ ist, sich auf Intuitionen zu verlassen, eine Seele anzunehmen und dergleichen mehr. Man kann sich auf die Wissenschaftler einfach nicht verlassen. Sie haben ihre eigenen Interessen, die ihre Deutung der Evidenz und der Schlüssigkeit dieser Evidenz färben, sie wissen nur sehr wenig, geben aber vor, weitaus mehr zu wissen, sie verwenden Gerüchte, als handle es sich um wohlbestätigte Tatsachen, fromme Wünsche, als handle es sich um grundlegende ›Prinzipien‹ des wissenschaftlichen Denkens, und selbst die sehr detaillierten Forschungsergebnisse beruhen auf Annahmen, die die Wissenschaftler oft nicht kennen und deren Inhalt und Reichweite sie nicht verstehen. Es ist natürlich wahr, dass wir den Wissenschaften grossartige Entdeckungen verdanken. Aber daraus folgt nicht, dass es so etwas wie ein ›wissenschaftliches Denken‹ gibt, das diese Entdeckungen zustande brachte, und noch viel weniger, dass die angeblichen Treuhänder dieses mythischen ›wissenschaftlichen Denkens‹ die Welt, die Gesellschaft, die Menschen besser verstehen als andere Bürger.« (10)

3. Die Struktur wissenschaftlichen Vorgehens

»Die wissenschaftliche Methode des Aussonderns, Erklärens und Ordnens wird sich der Grenzen bewusst, die ihr dadurch gesetzt sind, dass der Zugriff der Methode ihren Gegenstand verändert und umgestaltet, sich die Methode also nicht mehr vom Gegenstand distanzieren kann. Das naturwissenschaftliche Weltbild hört damit auf, ein eigentlich naturwissenschaftliches zu sein.«
Werner Heisenberg

Wir werden in späteren Kapiteln noch erläutern, wie es im Laufe der Geschichte der Entwicklung der Menschheit zur naturwissenschaftlichen Wahrnehmung der äusseren Welt, zur Erforschung und Wahrnehmung der Realität gekommen ist. Zunächst möchten wir uns jedoch mit der Struktur wissenschaftlichen Vorgehens auseinandersetzen, um hier einige häufig vorhandene irrige Vorstellungen aus dem Wege zu räumen. Dabei stützen wir uns auf eine anfangs der 60er-Jahre entstandene Studie von Thomas S. Kuhn, »Die Struktur wissenschaftlicher Revolutionen« (1), welche heute von verschiedenen Seiten zunehmende Beachtung findet.

In seinem Buch zeigt Kuhn auf, dass das naturwissenschaftliche Vorgehen nicht in erster Linie darauf ausgerichtet ist, die Natur zu beschreiben, sondern dass die Hauptaufgabe des Naturwissenschaftlers darin besteht, Daten zu sammeln, welche helfen, eine von der Gemeinschaft der Naturwissenschaftler akzeptierte Theorie zu bestätigen, zu artikulieren oder auf neue Gebiete auszuweiten. Gemäss Kuhn sucht der Wissenschaftler nach Antworten, welche direkt mit der Methode, die er anwendet, verknüpft sind. Dabei ist auch wichtig, wie ein Wissenschaftler sein Wissen erlernt: Durch eine Theorie, die an Methoden und Beispiele gebunden ist. Der Wissenschaftler wächst in einem Klima auf, welches von gemeinsamen Überzeugungen der wissenschaftlichen Gemeinschaft geprägt ist. Diese sind a-priorischer Art und – streng genommen – nicht beweisbar. Es gibt keine normale wissenschaftliche Forschung, die nicht auf der Basis von grundsätzlich nicht-beweisbaren, allgemeinen Überzeugungen beruhen würde. Diese sind von der jeweiligen Epoche abhängig und werden von Kuhn Paradigmen genannt. Das Akzeptieren der gängigen Paradigmen ist eine Voraussetzung für wissenschaftliches Studium. So war es vor 1492 ein allgemein akzeptiertes Paradigma, dass die Erde eine Fläche sei. Nichts in den von Forschern gemachten Erfahrungen schien bis zu diesem Zeitpunkt dazu in Widerspruch zu stehen.

Wie kommen Paradigmen als Modelle zur Erklärung der Wirklichkeit zustande? Dadurch, dass sie im Lösen der Probleme, welche zu einem bestimmten Zeitpunkt anstehen, erfolgreicher sind als andere Theorien. Nie brauchen sie jedoch alle Phänomene zu erklären; diejenigen Phänomene, die nicht in das Modell des Paradigmas passen, werden meist nicht gesehen oder zumindest nicht untersucht. Die normale wissenschaftliche Forschung ist somit in erster Linie darauf ausgerichtet, zu zeigen, was ein Paradigma, das heisst eine zur jeweiligen Zeitepoche allgemein akzeptierte Theorie, behauptet und definiert.

Gemäss Kuhn besteht die normale wissenschaftliche Forschung vor allem aus drei Aktivitäten:

1. Eine präzisere Untersuchung der Fakten, welche das Paradigma als besonders interessant hervorgehoben hat, wie beispielsweise in der Physik die Messung des spezifischen Gewichtes, der Wellenlänge, der Leitfähigkeit, usw.

2. Die Untersuchung von Phänomenen und Fakten, welche direkt mit den Voraussagen der Paradigmentheorie verglichen werden können. Meist definiert das Paradigma dabei die Methode sowie die Art der Apparate, welche für diese Untersuchungen verwendet werden.

3. Die Suche nach Erfahrungsdaten, welche dazu dienen, die Paradigmentheorie klarer zu artikulieren und näher zu definieren.

Normale Wissenschaft als Lösen von Rätseln

Da die hauptsächliche wissenschaftliche Arbeit der Bestätigung einer vorgegebenen Theorie (Paradigma) entspricht, kann man sie mit der Lösung eines Puzzles vergleichen, in dem das Bild, welches entstehen soll, bereits vorgegeben ist, und es bei der Lösung des Rätsels darum geht, die einzelnen Teile richtig zusammenzufügen. Es geht also nicht darum, ein neues Bild entstehen zu lassen, sondern vielmehr, möglichst geschickt und schnell die Lösung des klar umrissenen Problems zu finden. Wirklich dringliche Probleme, wie beispielsweise das Herausfinden von Heilungsmethoden für Krebs oder die Entwicklung eines Konzeptes für einen bleibenden Frieden, sind als Puzzle-Aufgaben nicht geeignet, weil sie innerhalb der vorgeschriebenen Methoden keine Lösung haben mögen. Obwohl die Lösung solcher Probleme für erfinderische Menschen eine Herausforderung bedeuten könnte, ist eine solche Aufgabe nicht geeignet, um im Wettbewerb mit anderen die eigene Geschicklichkeit zu testen. Für die Definition von Puzzle-Aufgaben ist nicht die Wichtigkeit der Frage entscheidend, sondern die Tatsache, dass das Vorhandensein einer Lösung angenommen werden kann.

Dazu Kuhn:

»Wir haben jedoch schon gesehen, dass eines der Dinge, die eine wissenschaftliche Gemeinschaft mit einem Paradigma erwirbt, ein Kriterium für die Wahl von Problemen ist, von welchen – solange das Paradigma nicht in Frage gestellt wird – vermutet werden kann, dass sie eine Lösung haben. In weitem Masse sind dies die einzigen Probleme, welche die Gemeinschaft als wissenschaftlich anerkennt oder welche in Angriff zu nehmen sie ihre Mitglieder ermutigt. Andere Probleme, einschliesslich vieler, die früher Norm gewesen waren, werden als metaphysisch abgelehnt, als Angelegenheit einer anderen Disziplin betrachtet oder manchmal einfach für zu problematisch gehalten, um Zeit daran zu verschwenden.« (2)

Wenn die Probleme der normalen Wissenschaft jedoch Rätsel in diesem Sinne sind, so brauchen wir, meint Kuhn, nicht länger zu fragen, warum diese mit Leidenschaft und Hingabe untersucht werden. Was den Wissenschaftler dabei fasziniert, ist die Gewissheit, dass er, wenn er geschickt genug ist, ein Rätsel lösen wird, welches niemand vor ihm – oder mindestens nicht so gut wie er – gelöst hat. In den meisten Zweigen der spezialisierten wissenschaftlichen Forschung gibt es nichts anderes, als solche Aufgaben zu lösen, was jedoch das Thema für den seiner Sache ergebenen Spezialisten nicht weniger interessant macht.

Zum Puzzle gehören natürlich auch die entsprechenden Spielregeln sowie die Schritte, welche man zu gehen hat, um das Rätsel zu lösen. So ist die wissenschaftliche Forschung oft ähnlichen Regeln und Limitierungen unterworfen wie beispielsweise das Puzzlespiel, das Kreuzworträtsel, das Schachspiel, usw. Vielleicht ist es an dieser Stelle nützlich, das Wort ›Spielregeln‹ zu ersetzen durch ›etablierte Anschauung‹ oder ›vorgefasste Meinung‹.

Die Streuung der Elektronen beispielsweise, welche später als Index der Wellenlänge der Elektronen diagnostiziert wurde, hatte keine Bedeutung, als man sie zum ersten Mal beobachtete. Bevor diese zum Mass für etwas wurde, musste eine Theorie vorhanden sein, welche den Wellencharakter bewegter Materie erklärte, und auch nachdem dieser Zusammenhang hergestellt worden war, mussten zuerst die Messapparate so gebaut werden, dass die Resultate eine Korrelation mit der Theorie ermöglichten. Bevor nicht all diese Bedingungen erfüllt waren, konnte das Problem nicht gelöst werden.

Ein entsprechendes Paradigma, welches die spätere Forschung bis heute beeinflusste, bildeten die Theorien von Descartes, gemäss denen das Universum aus mikroskopischen Partikeln besteht und dementsprechend sämtliche Naturphänomene über Beschaffenheit, Grösse, Geschwindigkeit und Interaktion solcher Partikel erklärt werden können. Dieses Konzept war für spätere Wissenschaftler auch ein direkter Hinweis und eine klare Aufforderung, wonach sie forschen sollten. Auch wenn dieses Modell seit Beginn des 20. Jahrhunderts von der modernen Physik als überholt entlarvt wurde, so ist es in der Praxis der meisten anderen Wissenschaftsbereiche immer noch bestimmend.

Ausschaltung nicht zum Paradigma passender Informationen

Welche Bedeutung vorhandene Konzepte (negativ formuliert: vorgefasste Meinungen) in der Ausschaltung nicht dazu passender Informationen haben, kann am folgenden experimentellen Beispiel von Bruner und Postman (3) erläutert werden. Diese Forscher baten Versuchspersonen, Spielkarten zu identifizieren, von denen die meisten normal waren, einige jedoch abweichende Symbole zeigten, z.B. Pik sechs (rot) oder Herz vier (schwarz). Bei jeder Testsequenz wurde einer Person jeweils eine Karte gezeigt, wobei die Dauer der Betrachtungszeit laufend erhöht wurde. Nach jeder Betrachtungssequenz wurde die Versuchsperson gefragt, was sie auf der Karte erkannt habe.

Die normalen Karten wurden, wie man annehmen kann, praktisch immer korrekt identifiziert; interessanterweise wurden jedoch die abweichenden Karten ohne Zögern ebenfalls als normal identifiziert. So wurde die Karte mit den vier schwarzen Herzen entweder als Pik vier (schwarz) oder als Herz vier (rot) beschrieben. Ohne dass irgendwelche Unsicherheit aufgekommen wäre, wurden die Abweichungen übersehen und die betrachteten Objekte sofort in eine der bekannten Kategorien eingereiht.

Mit zunehmender Betrachtungszeit zeigten die Versuchspersonen jedoch Unsicherheit und Unruhe. Einige sagten: »Das ist Pik vier, aber etwas stimmt dabei nicht.« Eine weiter gesteigerte Beobachtungszeit machte es einigen Versuchspersonen plötzlich möglich, die korrekte Identifikation zu finden. Nachdem sie sich an das Vorhandensein von abweichenden Karten gewöhnt hatten, waren sie auch in der Lage, ohne Schwierigkeiten weitere Abweichungen zu entdecken. Andere Versuchspersonen waren jedoch auch nach einer vierzigfachen Beobachtungszeit unfähig, die Karte richtig zu beschreiben. Sie fingen an, sich dabei höchst unwohl zu fühlen und begannen an sich selbst zu zweifeln.

Dieses Beispiel zeigt anschaulich, wie unsere Wahrnehmung auf dem Hintergrund vorhandener Modelle funktioniert, und wie schwer Neues, das nicht in dieses Modell passt, überhaupt wahrgenommen wird. Situationen von Verzweiflung sind deshalb typisch für Wissenschaftler, wenn das bisher verwendete Erklärungsmodell (Paradigma) in zunehmend vielen Fällen versagt.

Ein anderes Beispiel, welches ebenfalls in diese Richtung weist, ist eine von Darwin gemachte Beobachtung, als er mit seinem Segelschiff ›Beagle‹ vor der patagonischen Küste an Anker ging. Es zeigte sich, dass die Eingeborenen das grosse Schiff nicht sehen konnten, weil sie noch nie ein solches gesehen hatten, sondern lediglich die Ruderboote erkannten, welche dazu dienten, an Land zu gehen. (4) Diese waren ihnen vertraut, denn sie verwendeten ähnliche Boote. Mit anderen Worten: Ruderboote passten in ihr Modell der Welt, grosse Segelschiffe jedoch nicht. Ihr Modell der Welt (Referenzrahmen) war entscheidend für das, was sie wahrnehmen konnten oder zu sehen nicht in der Lage waren.

Krisen und wissenschaftliche Revolutionen

Neue Theorien entstehen erst nach einer Periode intensivster Krisen, weil die alten Theorien die neuen Rätsel nicht mehr lösen können. Klassisch ist in diesem Sinne die kopernikanische Revolution, die Entdeckung, dass sich die Erde um die Sonne dreht. Dieses neue Paradigma konnte sich jedoch nur auf dem Hintergrund eines zunehmenden Versagens der ptolemäischen Theorie entwickeln. Insbesondere die gemäss dieser Theorie über die Präzession des Frühlingspunktes gemachten Aussagen deckten sich immer weniger mit den Beobachtungen.

Obwohl sich leicht zeigen lässt, dass verschiedene Theorien geeignet wären, um vorhandene Fakten zu erklären, wird in einer Zeit, wo die allgemein akzeptierte Theorie die Fakten einigermassen zutreffend erklärt, kaum ein Wissenschaftler eine neue Theorie entwickeln. Erst Krisen und das Gefühl grosser Unsicherheit können Wissenschaftler dazu veranlassen, ihre Lieblingstheorien aufzugeben.

So wird auch bei längerer Konfrontation mit unerklärlichen Anomalien ein bisheriges Paradigma nicht aufgegeben, solange nicht ein neues zur Verfügung steht. Zuerst werden meist die verschiedensten Veränderungen und Anpassungen der bisherigen Theorie vorgenommen. Kuhn sagt dazu:

> »Wenn einmal ein erstes Paradigma für die Betrachtung der Natur gefunden worden ist, gibt es nicht mehr so etwas wie Forschung ohne Paradigma. Ein Paradigma ablehnen, ohne gleichzeitig ein anderes an seine Stelle zu setzen, heisst die Wissenschaft selbst ablehnen. Es ist ein Schritt, der nicht auf das Paradigma, sondern auf den Menschen zurückfällt, der ihn tut. In den Augen seiner Kollegen erscheint er unvermeidlich als ›der Zimmermann, der seinem Werkzeug die Schuld gibt‹.« (5)

Kuhn stellt sich dann die Frage, warum ein Paradigmenwechsel als eine Art Revolution bezeichnet werden kann. Folgendes Kriterium, welches für die politischen Revolutionen gilt, scheint ihm für einen Paradigmenwechsel ebenfalls gegeben: Politische Revolutionen haben zum Ziel, politische Institutionen auf eine Weise zu verändern, die diese zu verhindern und zu verbieten suchen, d.h. dass man bisherige Überzeugungen und Einrichtungen fallen lassen muss. Dies führt jedoch zu einer Periode, während der die Gesellschaft etwas führungslos ist. Ähnliches kann man zu Zeiten beobachten, in denen alte Theorien nicht mehr befriedigen und neue noch nicht voll akzeptiert sind. Der Wechsel oder die Veränderung in Richtung einer neuen Theorie, eines neuen Erklärungssystems, geschieht nicht durch das, was wir als wissenschaftliche Evaluation bezeichnen könnten, weil jegliche Evaluation auf einem Paradigma beruhen muss. So ist bei einem Paradigmenwechsel vor allem Überzeugungskraft am Werk und nicht Logik. Oft ist dabei das ästhetische Gefühl oder das Gefühl ganz allgemein angesprochen. Eine neue Theorie mag schöner und eleganter sein und durch diese Qualitäten einen immer grösseren Kreis von Wissenschaftlern bestechen. Man könnte auch von Strömungen sprechen, die Modeströmungen nicht unähnlich sind, sich aber auf grössere Zeitperioden beziehen, in welchen die wissenschaftliche Gemeinschaft anfängt, die Wirklichkeit anders zu sehen als bisher. Oft gilt jedoch auch das, was Max Planck gesagt hat:

> »Eine neue wissenschaftliche Wahrheit pflegt sich nicht in der Weise durchzusetzen, dass ihre Gegner überzeugt werden und sich als belehrt erkären, sondern vielmehr dadurch, dass die Gegner allmählich aussterben und dass die heranwachsende Generation von vornherein mit der Wahrheit vertraut gemacht ist.« (6)

Ein Paradigmenwechsel bedeutet nicht nur, neue Erklärungen für Phänomene zu finden, sondern auch, andere Probleme zu untersuchen als bisher. Probleme, deren Untersuchung man gemäss dem früheren Paradigma als unwissenschaftlich betrachtet hätte, werden nun aktuell; andere, die früher untersucht wurden, gelten plötzlich als unwissenschaftlich. So sind Paradigmen auch Wahrnehmungssysteme. Bei einem Paradigmenwechsel ist es, wie wenn man einen Schalthebel betätigen würde, der einen anderen Ausschnitt der Wirklichkeit präsentiert, so dass andere Formen wahrgenommen werden. So gibt ein Paradigma dem Wissenschaftler nicht nur eine Landkarte in die Hand, um die Wirklichkeit zu untersuchen, sondern es sagt ihm auch, wie er eine solche Landkarte anfertigen kann. Im Studium lernt der Student zudem, wie er die Wirklichkeit untersuchen soll, welche Probleme untersuchenswert sind, welches die wissenschaftlichen Standarde sind; dies alles in einer engen Verknüpfung und in einer Mischung, die es beinahe verunmöglicht, die einzelnen Elemente auseinanderzuhalten. Nach einer gründlichen Schulungszeit hat der Student gelernt, die Dinge so wahrzunehmen, wie dies dem Paradigma entspricht. Ein Beispiel möge dies veranschaulichen:

Eine Versuchsperson, welche durch eine Brille mit Umkehrgläsern schaut, sieht die Realität zunächst umgekehrt, so dass die Dinge auf dem Kopf stehen. Anfänglich funktioniert ihr Wahrnehmungssystem so, wie es zu funktionieren gewohnt ist. Dies erzeugt eine grosse Unsicherheit und Krise. Nach einiger Zeit lernt jedoch die Versuchsperson trotz den Umkehrgläsern die Welt wieder so zu sehen wie vorher ohne Brille. Die abweichenden Wahrnehmungen werden so verarbeitet, dass sie in das bisherige Wahrnehmungssystem und Weltbild hineinpassen.

So scheint es, dass ein Paradigma die Voraussetzung ist für jegliche Form von Wahrnehmung. Die Wahrnehmung wird dann so umgedeutet, dass sie in das System des Paradigmas passt. Dies geschieht, indem man Dinge, die nicht hineinpassen, übersieht (Beispiel mit den Spielkarten oder den Patagoniern) oder die Dinge anders sieht, als die aufgenommenen Signale es nahelegen würden (Beispiel der Umkehrgläser).

Interessant ist auch die Entdeckung des Planeten Uranus, die erst in dem Moment stattfand, als offensichtlich auch die Bereitschaft vorhanden war, einen neuen Planeten zu entdecken. Zwischen 1690 und 1781 hatten nämlich bereits eine ganze Anzahl von Astronomen einen Stern gesichtet, der sich im Himmel an den entsprechenden Orten befand, wo wir nach heutigem Wissen rückwirkend die Stellung des Uranus ermitteln. Einer der Beobachter hatte den angeblichen Stern im Jahre 1769 sogar in vier folgenden Nächten beobachtet, ohne daraus zu schliessen, dass seine Bewegung nahelegen müsste, es handle sich um etwas anderes als einen Stern. Uranus wurde dann erst 1781 entdeckt, als man offensichtlich bereit war, das System der Planeten um eine Einheit zu ergänzen.

Ähnliche Veränderungen des Blickfeldes ergaben sich nach der Entdeckung von Kopernikus. Plötzlich sah man am Himmel Veränderungen, die vorher nicht wahrgenommen wurden. So kann man sagen, dass – obwohl die Welt sich nach einem Paradigmenwechsel nicht ändert – es danach aussieht, als würden die Wissenschaftler in einer anderen Welt arbeiten, als seien sie auf eine andere Wellenlänge eingestellt, als könnten sie eine andere Frequenz wahrnehmen. So gibt es zeitabhängige Entwicklungsphasen und Strömungen in der Wahrnehmung der Wirklichkeit. Dafür, dass zu ganz bestimmten Zeiten spezifische Auffassungen aktuell werden, gibt es keine wissenschaftliche Erklärung im bisherigen Sinne. Wir werden später darauf eingehen, wie solche Veränderungen im Zusammenhang mit astrologischen Zyklen verstanden werden können.

Das Unsichtbarmachen wissenschaftlicher Revolutionen

Jeder, der sich mit der Entwicklung der Wissenschaft beschäftigt, wird allerdings mit der Tatsache konfrontiert, dass Paradigmenwechsel und wissenschaftliche Revolutionen durch die Lehrbücher oft verschleiert oder unsichtbar gemacht werden. Mit jedem Paradigmenwechsel werden die Lehrbücher umgeschrieben, und frühere Theorien, die zu den neuen in Widerspruch stehen, werden als falsch und unentwickelt oder als Aberglaube bezeichnet. Diejenigen Forscher, die dazu beigetragen haben, das neue Weltbild entstehen zu lassen, werden im Zusammenhang mit jenen Aussagen zitiert, die das neue System bestätigen. Andere ihrer Auffassungen werden systematisch verschwiegen oder heruntergespielt. Dazu gehört beispielsweise bei vielen grossen Figuren aus der Geschichte der Wissenschaft ihre Beschäftigung mit Astrologie oder ihre tiefe Religiosität (Paracelsus, Kepler, Newton, usw.).

Typisch für die Darstellung der Geschichte der Wissenschaft ist also das Konzept eines linearen Fortschreitens von Unwissen zu Wissen. Ganz im Gegensatz dazu steht die Darstellung der Kunstgeschichte, welche diesen Anspruch nicht erhebt. Dementsprechend müssen Kunstbücher nicht im Zusammenhang mit dem Aufkommen neuer Richtungen in der Kunst umgeschrieben werden, was für wissenschaftliche Lehrbücher sehr wohl gilt.

Beweisbarkeit wissenschaftlicher Theorien

Karl R. Popper (7) kommt zum Schluss, dass es ausser über die Falsifikationsprüfung keine Möglichkeit gibt, die Richtigkeit einer wissenschaftlichen Theorie zu beweisen, d.h. man kann eine Theorie nur verwerfen, wenn Experimente ihre Gültigkeit in gewissen Bereichen widerlegen. Allerdings, sagt Kuhn, sei auch diese Nachprüfung nicht stichhaltig, denn die meisten Theorien würden in irgendeinem Teilbereich versagen, so dass die strenge Anwendung dieses Kriteriums dazu führen müsste, sämtliche Theorien zu verwerfen. Vielleicht ist es nützlich, sich einzugestehen, dass keine Theorie alles erklären kann und dass es eine strenge Beweisbarkeit einer Theorie nur innerhalb des zu dieser Theorie passenden Systems gibt. Dementsprechend ist das Kriterium, ob eine Theorie die Fakten besser erklären kann als eine andere, effizienter und nützlicher. Dabei muss man sich jedoch auch dazu bekennen, dass keine Theorie die absolute Wahrheit repräsentiert, sondern höchstens eine relative Wahrheit, welche an ihre Epoche gebunden ist, weshalb ihr eine gewisse Subjektivität anhaftet. Diese Subjektivität geht sehr klar aus folgenden Worten Werner Heisenbergs (8) hervor:

> »Am schärfsten aber tritt uns diese neue Situation eben in der modernen Naturwissenschaft vor Augen, in der sich herausstellt, dass wir die Bausteine der Materie, die ursprünglich als die letzte objektive Realität gedacht waren, überhaupt nicht mehr ›an sich‹ betrachten können, dass sie sich irgendeiner objektiven Festlegung in Raum und Zeit entziehen und dass wir im Grunde immer nur unsere Kenntnis dieser Teilchen zum Gegenstand der Wissenschaft machen können. Das Ziel der Forschung ist also nicht mehr die Erkenntnis der Atome und ihre Bewegung ›an sich‹, d.h. abgelöst von unserer experimentellen Fragestellung; vielmehr stehen wir von Anfang an in der Mitte der Auseinandersetzung zwischen Natur und Mensch, von der die Naturwissenschaft ja nur ein Teil ist, so dass die landläufigen Einteilungen der Welt in Subjekt und Objekt, Innenwelt und Aussenwelt, Körper und Seele nicht mehr passen wollen und zu Schwierigkeiten führen. Auch in der Naturwissenschaft ist also der Gegenstand der Forschung nicht mehr die Natur an sich, sondern die der menschlichen Fragestellung ausgesetzte Natur, und insofern begegnet der Mensch auch hier wieder sich selbst.«

Der gewandelte Begriff wissenschaftlicher Wahrheit

Werner Heisenberg hat sich aus seiner Perspektive als Atomphysiker intensiv mit diesem Thema auseinandergesetzt, und seine Ausführungen sind es wert, hier wiedergegeben zu werden. So weist er darauf hin, dass wir die Vorstellung fallen lassen müssten, mathematische Formeln würden die Natur abbilden. Sie geben höchstens unsere Kenntnis der Natur wieder.

Heisenberg fragt nach den Kriterien, die darüber entscheiden, wann eine wissenschaftliche Erkenntnis konsequent und endgültig genannt werden kann. Zunächst ist es wichtig, darauf hinzuweisen, dass früher im Bereich der Wissenschaft und auch heute im Bereich der modernen Naturwissenschaft immer Einzelfragen gestellt werden, die Voraussetzung sind für das Verständnis des Gesamtzusammenhangs. Dies hat sich im Vergleich zu früher nicht geändert. Auch zeigt sich, dass die Naturwissenschaft immer wieder zu Resultaten führt, die im Zusammenhang mit einem eng umgrenzten Erfahrungsbereich als endgültige Lösungen betrachtet werden. Wichtig ist, sich vor Augen zu halten, dass die entsprechenden Begriffe und Gesetze nicht unbedingt geeignet sind, um spätere neue Erfahrungsbereiche zu erklären und darzustellen. Nur mit dieser Einschränkung können wissenschaftliche Resultate als endgültig angesehen werden. Heisenberg dazu:

> »So geht auch die exakte Naturwissenschaft davon aus, dass es schliesslich immer, auch in jedem neuen Erfahrungsbereich, möglich sein werde, die Natur zu verstehen; dass aber dabei gar nicht von vornherein ausgemacht sei, was das Wort ›verstehen‹ bedeutet, und dass die in mathematischen Formeln fixierte Naturerkenntnis früherer Epochen zwar ›endgültig‹, aber keineswegs immer anwendbar sei. Es ist dieser Sachverhalt, der es auch unmöglich macht, Glaubensbekenntnisse, die für die Haltung im Leben verbindlich sein sollen, allein auf wissenschaftliche Erkenntnisse zu begründen. Denn die Begründung könnte ja nur durch die fixierte wissenschaftliche Erkenntnis erfolgen, und die ist nur auf beschränkte Bereiche der Erfahrung anwendbar. Die Behauptung, die häufig am Anfang der in unserer Zeit entstandenen Glaubensbekenntnisse steht, dass es sich bei ihnen nicht um Glauben, sondern um wissenschaftlich fundiertes Wissen handle, enthält daher einen inneren Widerspruch und beruht auf einer Selbsttäuschung.« (8)

Heisenberg war sich bereits in den 50er Jahren bewusst, dass wir uns an einem Wendepunkt befinden, dass die bisherige wissenschaftliche Methode an ihre Grenzen gelangt, indem wir damit in zunehmendem Masse nicht auf eine aussen vorhandene, objektive Natur stossen, sondern auf uns selbst und auf unsere Beziehung zur Natur. Die alte Vorstellung einer Objektivität ist nicht mehr aufrechtzuerhalten. Dies hat tiefgreifende Implikationen: *»Das naturwissenschaftliche Weltbild hört damit auf, ein eigentlich naturwissenschaftliches zu sein.«* (8)

4. Saturn und die Fixierung auf Materie und Raum – Die traditionellen Naturwissenschaften

Wir haben im letzten Abschnitt im Zusammenhang mit der Untersuchung von Thomas Kuhn einige für die wissenschaftliche Forschung und das Profil des Wissenschaftlers typische Charakteristiken kennengelernt. So erfuhren wir, dass die wissenschaftliche Forschung sich meist eng auf Bereiche konzentriert, welche durch die vorherrschende Theorie definiert sind, und andere Fragen, die nicht dazugehören, ohne Schwierigkeiten ausser acht lassen kann oder als unwissenschaftlich deklariert. Wir sahen auch, dass normale wissenschaftliche Forschung praktisch immer mit der Nachprüfung und Bestätigung eines bestehenden Paradigmas beschäftigt ist und dass ein Paradigma erst aufgegeben wird, wenn ein neues zur Verfügung steht. Gibt es einmal eine Paradigmenänderung, so werden die wissenschaftlichen Fachbücher neu geschrieben, so dass frühere Forschung im Lichte dieses Paradigmas beurteilt wird, wobei man Unpassendes eliminiert. Typisch für wissenschaftliche Forschung und wahrscheinlich auch für die Wissenschaftler ist somit ein starkes Bedürfnis nach Sicherheit im Bereich des Wissens; eine Sicherheit, die meist auch als endgültig hingestellt wird.

Naturwissenschaftler stehen unter Saturn-Einfluss

In der Astrologie entsprechen die sieben traditionellen Gestirne verschiedenen Bedürfnissen des Menschen, wobei das Bedürfnis nach Sicherheit durch den Planeten Saturn verkörpert wird. Es ist nun interessant festzustellen, dass Michel Gauquelin durch strenge wissenschaftliche Analyse mit Hilfe der statistischen Methode ermittelt hat, dass ausgerechnet Saturn sich bei Wissenschaftlern mit einer durch den Zufall nicht zu erklärenden Wahrscheinlichkeit an Orten des Geburtshimmels befindet, die man von der astrologischen Tradition her als stark bezeichnet. Saturn kommt also in Horoskopen von Wissenschaftlern besonders ausgeprägt zum Ausdruck.

Wir wollen nun sehen, ob die mythologischen und astrologischen Kenntnisse über Saturn uns erlauben, das Vorgehen der traditionellen Naturwissenschaften besser zu verstehen. Wir führen hier den Begriff ›traditionelle Naturwissenschaften‹ ein, um diese von einer neueren Form der Naturwissenschaft, welche wir als ›moderne Naturwissenschaft‹ bezeichnen, zu unterscheiden. Wir sind uns dabei bewusst, dass wir uns heute in einer Übergangsperiode befinden, in der

›traditionelle‹ und ›moderne‹ Haltungen nebeneinander bestehen, und die Vertreter der modernen Naturwissenschaften zurzeit wohl erst auf dem Gebiet der modernen Physik stärker vertreten sind.

Die mythologische Bedeutung des Saturn

Saturn oder Kronos war ein Sohn von Gäa (Erde) und Uranus (Himmel). Gäa beklagte sich bei ihren Kindern, dass ihr Gatte sie schlecht behandle, indem er seine Kinder, die Hunderthändigen und die Zyklopen, in ihrem Körper gefangenhielt. So stellte sie aus Feuerstein eine Sichel her und gab diese Kronos, dem kräftigsten ihrer Söhne. Dieser wartete, bis sein Vater sich mit Gäa wieder einmal vereinigen wollte und kastrierte ihn alsdann. So wurde Uranus entthront, und Kronos herrschte über seine Brüder und Schwestern. Bald zeigte er sich aber ebenso tyrannisch wie sein Vater; er befreite die Hunderthändigen und die Zyklopen bloss, um sie wieder einzusperren. Davor gewarnt, dass er dazu bestimmt sei, seinerseits durch einen seiner Söhne abgesetzt zu werden, frass er seine Kinder, die er mit Rhea, seiner Schwester und Gattin, gezeugt hatte, kurz nach deren Geburt auf. Als Rheas letztes Kind Zeus (Jupiter) geboren wurde, gab diese das Kind heimlich an Gäa weiter. Anstelle des Sohnes gab sie Kronos einen in Tücher eingewickelten Stein, welchen er ohne Bedenken schluckte. Zeus wurde danach auf Kreta aufgezogen. Als er die Reife erlangte, heiratete er eine weise Frau, Metis, die Kronos ein Brechmittel verabreichte, das ihn veranlasste, seine anderen verschlungenen Kinder zu erbrechen. Diese verbündeten sich sogleich mit Zeus zu einem zehnjährigen Krieg gegen Kronos und seine Anhänger, mit dem Ergebnis, dass Kronos im Tartarus eingesperrt wurde.

Was drückt dieser Kronos-Saturn-Mythos aus? Zunächst einmal können wir erkennen, dass Saturn einen Auftrag (von seiner Mutter) zu erfüllen hat, der darin besteht, die Zeugungs- oder Erneuerungsfähigkeit seines Vaters zu unterbinden, wodurch er sich den Mächten des Schicksals aussetzt, die ihm ähnliches von seiten einem seiner Söhne androhen, was in ihm Angst und Gegenreaktionen auslöst. So versucht er die Zeit aufzuhalten, indem er seine Kinder verschlingt. Er glaubt Sicherheit zu erlangen, indem er das Rad der Erneuerung zum Stehen bringt. Man kann jedoch vermuten, dass er dadurch so undifferenziert wird, dass er nicht mehr fähig ist, zwischen Lebendigem und Totem zu unterscheiden, und so, ohne etwas zu merken, statt seines Sohnes Zeus einen Stein verschlingt. Schliesslich wird er gezwungen, all das, was er auf diese Art angehäuft hat und festhält, auszuspucken. Man könnte sagen, dass ihm sein Materialismus und seine Lebensverneinung zum Verhängnis geworden sind.

Neben dieser mythologischen Tradition existierte gleichzeitig eine ganz andere Geschichte über Saturn. Gemäss jener Überlieferung entsprach seine Herrschaft einem goldenen Zeitalter, in dem die Menschen wie Götter lebten und der

Tod nicht viel mehr als ein Schlaf war. Parallel dazu haben wir für Saturn das Bild eines Gottes der Fruchtbarkeit der Erde, wo die Sichel der Ernte und Einbringung des Getreides diente. Bezeichnend bei dieser letzten Geschichte ist ebenfalls die Tatsache, dass die Zeit aufgehalten wird, aber nun im Sinne einer Ewigkeit, welche den Menschen göttliche Attribute verleiht. Die Landwirtschaft kann dabei, auf dem Hintergrund eines archaischen Bewusstseins, als die Fähigkeit zu planen und somit seine Zukunft zu sichern, gesehen werden. Es war ja das Aufkommen solcher Qualitäten, welche die Menschen von Jägern, die in den Tag hineinlebten, zu Ackerbauern machte.

Zweifellos werden in diesen mythologischen Entsprechungen zwei Seiten des Saturn- oder Kronosprinzips sichtbar. Beiden Überlieferungen gemeinsam ist die Suche nach Sicherheit. Im ersten Fall ist sie letztendlich erfolglos, im zweiten erfolgreich. Worin liegt der Unterschied? In der ersten Entsprechung wird das Verhalten von der Angst diktiert, persönlich zugrundezugehen. Das Misstrauen herrscht vor, und so wird die Existenz der Nachkommen verneint (sie werden verschluckt). In der zweiten Entsprechung kommt das Vertrauen in den Zyklus der Zeit zum Ausdruck, der Wechsel der Jahreszeiten wird verstanden, so dass Saat angebaut wird, die später zur Ernte führt. Dies macht man nicht nur für sich selbst, sondern auch um den Bestand der Gemeinschaft und der Nachkommen zu sichern. Es herrscht ein Bewusstsein der eigenen Unsterblichkeit vor (der Tod ist wie ein kleiner Schlaf). Im ersten Fall ist der Mensch einsam, er geht nicht mit der Zeit, sondern verneint diese vielmehr und versucht sie aufzuhalten, während er im zweiten Fall die Periodizität der Naturphänomene überblickt und Aufschluss über die Naturgesetze erhält, sich eins fühlt mit dem All (er ist All-ein) und dadurch die Fähigkeit erlangt, die Zeit einzuteilen.

Verschiedene Auseinandersetzungen mit dem Faktor Zeit charakterisieren also das Kronos-Prinzip. Im Klang des griechischen Wortes ›Chronos‹ (Zeit) kommt die Verwandtschaft mit der Titanengestalt Kronos zum Ausdruck. Gemäss Gebser (1) gehen beide Worte auf den Stamm ›gher‹ bzw. ›ker‹ (begehren, streben, bedürfen) zurück, was eine gerichtete Bewegungstendenz, eben jene einer gerichteten Zeit, anzeigt (vgl. das Wort die ›Ger-ade‹). Die Umkehrung der Wurzel ›gher‹ ergibt ›regh‹, welche wiederum mit dem Wort ›rechts‹ zusammenhängt (englisch ›right‹, was nicht nur ›rechts‹, sondern auch ›recht‹ und ›richtig‹ bedeutet). Bezeichnend ist die Tatsache, dass seit dem Moment, wo im Abendland die Zeit als etwas linear Gerichtetes angesehen wurde, diese nach rechts verlaufend dargestellt wird. Die mythologische Verbindung zwischen gerichteter Zeit und Verstand erkennen wir daran, dass Metis, welche Kronos den Zaubertrank verabreichte, die Mutter von Athene, der Göttin des praktischen Wissens, war. Dass es sich dabei um ein gerichtetes, ja eroberndes Wissen handelt, wird evident, wenn wir uns daran erinnern, dass Athene in voller Rüstung geboren wurde. Gemäss der Überlieferung war der Sonnengott Helios, der die zyklische Zeit symbolisierte (Kreislauf von Tag und Nacht sowie der Jahreszeiten), darüber so entsetzt, dass er seinen Lauf unterbrach. Zu diesem Zeitpunkt, wo die ›Ratio‹ geboren wurde, entstand somit auch unsere ›Zeit‹ und unser ›Raum‹. Wir werden noch sehen, wie im Zuge der rationalen Entwicklung die Zeit in zunehmendem Masse auf eine Dimension des Raumes reduziert wurde und damit ihre ›Qualität‹ einbüsste.

Der Kronos-Saturn-Mythos bedeutet also in seiner verneinenden Form:
1. Den Versuch, die Zeit und die Erneuerung durch die Zeit aufzuhalten.
2. Die Negation des Lebendigen und die Reduktion des Dynamischen (Lebendigen) auf etwas Statisches (Totes).
3. Die Kausalität der Schuld, welche dadurch, dass sie ihre Schatten vorauswirft, das Schicksal festnagelt.
4. Das Erlebnis der Abspaltung vom Ganzen und die Angst vor dem Andersartigen, dem man ausgeliefert ist, wenn man es nicht vernichtet oder sich einverleibt.

Und in seiner bejahenden Form:
1. Das Bewusstsein einer eigenen Identität, welche planend ins Geschehen eingreifen kann.
2. Durch die Trennung zwischen Subjekt und Objekt die Fähigkeit, Gesetzmässigkeiten des äusseren Naturgeschehens zu erforschen und zu Erklärungsmodellen der Welt zu verarbeiten.
3. Die Entwicklung der Ratio durch Untersuchung von Ursache und Wirkung.
4. Die Entwicklung eines Raumbewusstseins.

Die verneinenden Entsprechungen erzeugen Angst, die bejahenden vermitteln ein Gefühl von Sicherheit. Wichtig ist dabei, dass Sicherheit durch Denken und Handeln gesucht wird (Wurzelstamm ›gher‹ und ›ker‹ als Streben und Begehren). So beginnt der Mensch, nach mehr zu streben, als er anfänglich war, wodurch eine gezielte Eroberung der Natur einsetzt.

Die astrologische Symbolik des Saturn

Astrologisch gesehen entspricht der Planet Saturn ebenfalls dem Bedürfnis nach Sicherheit, Stabilität und Struktur. Saturn symbolisiert im menschlichen Organismus das Skelett und die Knochen, also jenen Teil des Körpers, der am längsten bestehenbleibt und so die Zeit des Lebens überdauert. Wollen wir auf der materiellen Ebene eine Brücke schlagen zu früheren Formen des Menschseins, so helfen uns eben die Knochenfunde. Man kann diese naheliegende Erkenntnis jedoch auch auf die psychische oder geistige Ebene übertragen. So veranlasst Saturn den Menschen dazu, bleibende Gesetzmässigkeiten zu entdecken, die ihm Kontrolle über Entwicklungen und Zeitabläufe vermitteln. Die entsprechenden

Qualitäten, welche auch den Wissenschaftler auszeichnen, sind wissenwollender Ernst, Bereitschaft zu mühseliger Kleinarbeit sowie scharfe Beobachtung der sichtbaren und erfahrbaren (materiellen) Realität. Eine grosse Konzentrationsfähigkeit sorgt dafür, dass alles, was ausserhalb des Beobachtungsfeldes liegt, während des Prozesses der Beobachtung ausgeschaltet wird. Grösste Konsequenz und Gewissenhaftigkeit garantieren, dass keine relevante Information ausgelassen wird. Es wird nicht viel gesprochen, sondern geforscht. Ergebnisse werden erst dann, und zwar meist in karger Form, vermittelt, wenn sie durch Nachprüfung als gesichert erscheinen. Persönliche Bedürfnisse treten in den Hintergrund und werden zeitweilig vergessen; vielmehr ist die Sache entscheidend. Eine im Umgang mit anderen vorhandene Ängstlichkeit und Zurückhaltung schlägt sich in einem Verzicht auf Blendeffekte nieder, denn der Wissenschaftler will nicht aufgrund einer persönlichen Ausstrahlung, sondern vielmehr aufgrund unanzweifelbarer Leistung Beachtung finden. Das starke Bedürfnis nach Sicherheit führt dazu, dass er sich auf anerkannte Methoden abstützt und sich einem strengen Verhaltenskodex unterzieht, der von der Gemeinschaft, in der er lebt, getragen wird.

Dic Schattenseiten des Saturnprinzips sind in einer gewissen Starrheit zu erblicken. Das übermässige Bedürfnis nach Sicherheit und Anerkennung durch die Gemeinschaft schränkt die Improvisationsbereitschaft ein. Der eigene Selbstwert wird weitgehend aus der Zugehörigkeit zur Gruppe oder Gesellschaft, in der man sich befindet, bezogen. Es ist wichtig, dazuzugehören, denn als Aussenseiter würden einem diese Elemente fehlen. Gleichermassen neigt dieses Prinzip zu einer grossen Autoritätsgläubigkeit. Man lernt von einem Chef oder Vorbild und möchte dessen Gunst und Bestätigung gewinnen. Das Bedürfnis nach Sicherheit und Kontrolle wirkt sich auch in einem anderen Bereich aus: In der Neigung, gewohnte Denkmodelle und Systeme um keinen Preis aufzugeben, ohne dass man nicht zumindest ein anderes System an deren Stelle setzen kann. So werden die vorherrschenden Anschauungen, die aufgrund der starken Autoritätsgläubigkeit von der Umgebung übernommen wurden, mit Vehemenz gegen Angriffe verteidigt. Da sowohl die eigene Sicherheit im Bereich des Wissens als auch die Bestätigung durch die Gemeinschaft von der Vertretung der einmal angenommenen Werte abhängt, wird man sich nur unter Zwang und über den Prozess einer schweren Krise davon lösen können.

Die Schattenseiten des Saturnprinzips erkennen wir somit in der Form eines zwanghaften Festhaltens am Alten, am System, das man nach anfänglichen Zweifeln ein für allemal zugelassen hat. Dies kann soweit gehen, dass man lieber sterben würde, als seine Anschauungen zu revidieren. Man denke in diesem Zusammenhang an den Ausspruch Max Plancks, wonach sich in der Wissenschaft neue Ideen in erster Linie dadurch durchsetzen, dass die Verfechter der alten Theorien aussterben.

Die Skriptanalyse und der Zwang, an Überzeugungen festzuhalten

Wie der Transaktionsanalytiker Eric Berne (2) feststellte, kennt der Mensch nicht nur physiologische, sondern auch psychologische Formen von Grundbedürfnissen, welche um jeden Preis befriedigt werden wollen. So unterschied er zwischen einem ›Stimulus-Hunger‹ (einem Bedürfnis nach Reizen, Anregungen und Anerkennung) und einem ›Struktur-Hunger‹. Er fand heraus, dass die meisten Menschen Unbehagen fühlen, wenn sie sich mit einer Periode unstrukturierter Zeit konfrontiert sehen. Die oben erwähnten Bedürfnisse führen dazu, dass der Mensch den Wunsch hat, seine Zeit zu strukturieren, d.h. die Zeit in irgendeiner Weise unter Kontrolle zu haben, indem er Abläufe vorhersehbar macht. Dies führt schliesslich dazu, dass sich jede Art von signifikantem Sozialverhalten des Menschen voraussagen lässt. Der Struktur-Hunger bewirkt auch, dass Gruppen die Tendenz haben, zu Organisationen auszuwachsen, und Menschen, welche die Zeit strukturieren können, zu den gesuchtesten Mitgliedern unserer Gesellschaft zählen. Eng damit verknüpft sind Bernes Beobachtungen, dass jeder Mensch in seinem Leben einem bestimmten Lebensplan oder Skript folgt, d.h. sein Leben nach einem schon sehr früh definierten Rollentext organisiert. Dazu ›entscheidet‹ er sich bereits in seinen sechs ersten Lebensjahren unter starkem elterlichem Einfluss. Berne dazu:

> »Jeder von uns trifft bereits in seiner frühen Kindheit eine Entscheidung darüber, wie er leben und sterben wird, und diesen Lebensplan, den er überall, wo er auch hinkommt, mit sich herumträgt, bezeichnet man als Skript. Sein Alltagsverhalten mag von der Vernunft her bestimmt sein, aber seine wichtigsten Entscheidungen sind bereits gefallen: Wen er heiraten wird, wieviele Kinder er haben wird, in welcher Art von Bett er sterben wird und wer in seiner letzten Stunde bei ihm sein wird.« (2)

Eric Berne siedelte die Vorläufer der Skriptlehre im alten Indien an. Ihre Voraussagen, welche sie aufgrund astrologischer Elemente machten, wandelte er in eine modernere Form um, die der Skriptanalyse des 20. Jahrhunderts entspricht. So hiess es im Panchatantra (200 v. Chr.):

> »Fünf Dinge sind für jeden Menschen festgelegt,
> Bevor er noch den Mutterleib verlässt:
> Die Lebensspanne und das Schicksal,
> Vermögen, Bildung und das Grab.« (2)

Diese Aussage wandelte er geringfügig zu folgender Formulierung ab, um sie den neuesten Erkenntnissen anzupassen:

»Fünf Dinge sind bestimmt von deinen Ahnen
Sechs Sommer schon nach der Geburt:
Die Lebensspanne und das Schicksal,
Vermögen, Bildung und Dein Grab.« (2)

Wir wollen in einem späteren Abschnitt auf diese Skriptlehre und das Thema des Schicksals eingehen, welches übrigens, wie wir aus der überlieferten Geschichte von Saturn schliessen können, ganz eng mit der Symbolik dieser Gottheit zusammenhängt. Für den Moment wollen wir uns damit auseinandersetzen, über welche Mechanismen ein solcher Lebensplan (Skript) gemäss der Erfahrung der Transaktionsanalytiker aufrechterhalten wird.

Zunächst stellt sich die Frage, warum es überhaupt zu einem Skript kommt. Die Transaktionsanalytiker sagen, dass das Skript vor allem dazu dient:

1. Die Zeit zu strukturieren, also Abläufe vorhersehbar zu machen, weil der Mensch sonst Unsicherheit erlebt.

2. Einen Referenzrahmen zu definieren und später auch aufrechtzuerhalten.

Es geht somit darum, ein gemäss der Transaktionsanalyse in der Kindheit erworbenes Selbst- und Weltbild beizubehalten (Lieblingsüberzeugungen). Dieses besteht aus bestimmten, lebenslang gültigen, d.h. existentiellen Positionen oder Grundhaltungen, die eingenommen und verteidigt werden, wie zum Beispiel: »Ich tauge nichts«, »Die anderen taugen nichts«, »Keiner taugt etwas« oder »Es ist für alle genügend vorhanden«, »Es hat nicht genug für alle«.

Bedeutsam ist meines Erachtens die Erkenntnis der Transaktionsanalyse, dass das Bedürfnis, eine Überzeugung aufrechtzuerhalten, die Wahrnehmung ganz massgeblich beeinflussen kann. Dies kann sowohl ganz persönliche Themen betreffen (zum Beispiel das Überhören von Lob, weil man die Überzeugung aufrechtzuerhalten will, man tauge selbst nichts) als auch weltanschauliche Themen, welche mit persönlichen verknüpft sind. Ein Beispiel dafür wäre die Aussage: »Paranormale Phänomene gibt es nicht«, wenn diese Aussage nicht aufgrund echter Nachprüfung zustandegekommen ist, sondern nur deshalb, weil der Betreffende sich schon früh dazu entschieden hat, nur Dinge in sein Weltbild aufzunehmen, welche durch materielle Ursachen erklärbar sind. Ins gleiche Kapitel könnte man die Aussage einreihen, die nach einem Atomunfall in einem anderen Land gemacht werden könnte: »Bei uns ist so etwas nicht möglich.« Eine exakte Prüfung der Sachverhalte könnte diese Aussage nicht rechtfertigen, weil sie zu absolut ist. Dem Betreffenden mag es dennoch ein grundlegendes psychologisches Bedürfnis sein, sein Weltbild, welches die Fortschrittsgläubigkeit zum Grundthema hat, aufrechtzuerhalten. In beiden Fällen wird, trotz sonst rigorosem wissenschaftlichem Vorgehen, die zwanghafte Neigung bestehen, Fakten, die das gewählte Weltbild in Frage stellen, zu übersehen oder umzudeuten.

Obwohl die diesbezüglichen Erkenntnisse der Transaktionsanalyse in der psychologisch-therapeutischen Beratungssituation gesammelt wurden, sind sie ohne weiteres auch auf politische, wirtschaftliche oder wissenschaftliche Belange anwendbar.

Der Prozess, der eingesetzt wird, um Lieblingsüberzeugungen beizubehalten, wird in der Transaktionsanalyse als Missachtung, Leugnung oder Abwertung bezeichnet. Die Missachtung ist dazu bestimmt, Erfahrungswerte so umzudeuten, dass sie der bisherigen Auffassung nicht widersprechen und somit das Skriptthema bestätigen. Missachtung spielt immer dann eine Rolle, wenn neue Informationen eine bisherige Sicherheit in Frage stellen. Sie dient also dazu, Angst auszuschalten. Die Transaktionsanalyse unterscheidet verschiedene Stufen der Missachtung:

1) Die Existenz eines Problems oder einer Information wird missachtet oder geleugnet. Dies ist die pathologischste Form der Missachtung. Schon die Wahrnehmung der Information ist blockiert, so dass das Problem gar nicht definiert und erst recht nicht angegangen werden kann. Beispiel: Nach einem Atomunfall wird behauptet, es gäbe keine Radioaktivität, niemand soll und darf Messungen vornehmen. Oder: »Es gibt keine Luftverschmutzung, die Luft ist genauso rein wie vor 50 Jahren. Messungen sind deshalb überflüssig.«

2) Die Bedeutung des Problems wird geleugnet. Beispiel: »Eine erhöhte Radioaktivität ist zwar vorhanden, aber das ist kein Problem.« Oder: »Die Luftverschmutzung ist zwar erhöht, aber man kann auch bei einem hohen Schadstoffgehalt in der Luft sehr gut leben.«

3) Die Fähigkeit, das Problem zu lösen, wird geleugnet. Beispiel: »Die Tatsache, dass durch Unfälle in Atomkraftwerken von Zeit zu Zeit Radioaktivität austritt, ist zwar sehr unliebsam, aber wir müssen das heute eben in Kauf nehmen, das lässt sich nicht ändern.« Oder: »Die Luftverschmutzung ist zwar toxisch und damit ein Problem, aber das ist der Preis, den man für den Wohlstand zahlen muss.«

4) Die persönlichen Fähigkeiten, das Problem zu verändern, werden geleugnet. Beispiel: »Andere Länder haben die Möglichkeit, Atomanlagen weit entfernt von Städten aufzustellen, wir nicht.« Oder: »In Amerika kann man Katalysatoren vorschreiben, bei uns ginge das nicht.«

Die Ernsthaftigkeit der Missachtung oder Leugnung nimmt von 1–4 ab. Jemand muss zuerst einmal die Existenz eines Problems akzeptieren, bevor er es als bedeutsam anerkennen kann. Erst nachdem er es als bedeutsam erkannt hat, wird die Veränderungsmöglichkeit eine Rolle spielen, und diese muss anerkannt werden, bevor die eigenen Fähigkeiten, das Problem zu lösen, in Betracht gezogen werden können. Deshalb bedeutet in der vorher aufgeführten Reihe die Leugnung auf einer der oberen Stufen automatisch die Leugnung auf den unteren Stufen.

Eine Leugnung auf der obersten Stufe, das heisst auf der Stufe der Existenz des Problems, ist immer ein Indiz, dass die Infragestellung eines Weltbildes als starke Bedrohung empfunden wird. Greifen wir das in Kapitel 2 beschriebene Beispiel der Gauquelin-Forschungen mit den Mars-Stellungen heraus, so wäre die Reaktion der Wissenschaftler des CSICOP eine solche Leugnung auf oberster Stufe. Sie akzeptierten es nicht, die vorhandenen Fakten zur Kenntnis zu nehmen, und versuchten, Daten zu manipulieren, um diese Fakten in Frage zu stellen. Als schliesslich die Fakten akzeptiert werden mussten, geschah eine Leugnung auf der zweiten Stufe, nämlich die Leugnung der Schlussfolgerungen, welche sich durch diese Fakten aufdrängten (die Stufe der Bedeutsamkeit des Problems). Die dritte Stufe wäre dann die Leugnung, dass es für das Problem eine Erklärung geben kann (eine Alternative zu den bisherigen Erklärungen), die vierte Stufe die Leugnung der eigenen Fähigkeiten, das Problem zu erklären. Es ist naheliegend, dass es überhaupt keinen Sinn hätte, sich mit jemandem über mögliche Erklärungen unterhalten zu wollen, wenn er zum vornherein die Existenz des Phänomens leugnet.

Leugnungen auf oberster Stufe sind meist am Werk, wenn ein Wissenschaftler oder ein Spezialist eines Faches seine ganze Autorität einsetzt, um verbindliche Aussagen über ein Gebiet zu machen, welches ausserhalb seines Erfahrungsbereiches liegt und welches er somit nicht kennt. In diesem Fall darf man annehmen, dass er sich durch die Aussagen über einen anderen Bereich in seinen Lieblingsüberzeugungen und somit in dem, was seinem Leben Sicherheit vermittelt (Bestandteil seines Lebensplans), bedroht fühlt. Wie Berne im Zusammenhang mit der Bindung des Menschen an ein Skript sagt: »Sein Alltagsverhalten mag von der Vernunft her bestimmt sein, aber seine wichtigsten Entscheidungen sind bereits gefallen.« Letztere sind, wie der Lebensplan selbst, unbewusster Natur, denn sie wurden zu einer Zeit gefällt, in der das unbewusste magische Denken des Kleinkindes vorherrschte. Eine solche Entscheidung (Skriptmotiv) könnte beispielsweise gewesen sein: »Nur was ich erklären kann, hat Gültigkeit; alles andere existiert nicht.« Sie wäre bei einem Kind denkbar, welches massiv bestraft wurde, weil es seiner Phantasie freien Lauf liess, und oft Dinge sagte, die den Eltern nicht passten. Vielleicht wurde es gar als Lügner bezeichnet und hörte Dinge, wie: »Sei jetzt still! Wenn Du etwas Vernünftiges zu sagen hast, kannst Du den Mund wieder aufmachen!«, »Kinder reden nicht am Tisch« oder »Später wirst Du das schon verstehen.« Die Schlussfolgerung aus solchen Situationen kann für das Kind sein: »Ich muss möglichst schnell lernen, so wie die Erwachsenen zu denken und zu sprechen, sonst hat man mich nicht gern.« Diese Einstellung kann später zu einem Korsett werden.

Die minderwertige Fühlfunktion beim Intellektuellen

Es war schon C.G. Jung aufgefallen, dass der extravertierte Denktypus (der Intellektuelle) dazu neigt, sehr dogmatisch zu werden, wenn das bei ihm schwach entwickelte Gegenprinzip, die Fühlfunktion, angesprochen ist. C.G. Jung schrieb bereits in den 20er Jahren:

> »Je stärker die Gefühle verdrängt sind, desto schlimmer und heimlicher beeinflussen sie das Denken, das sonst in tadelloser Verfassung sein kann. Der intellektuelle Standpunkt, der vielleicht um seines ihm tatsächlich zukommenden Wertes willen auf eine allgemeine Anerkennung Anspruch erheben dürfte, erfährt durch den Einfluss der unbewussten persönlichen Empfindlichkeit eine charakteristische Veränderung: er wird dogmatisch-starr. Die Selbstbehauptung der Persönlichkeit wird auf ihn übertragen. Die Wahrheit wird ihrer natürlichen Wirkung nicht mehr überlassen, sondern durch die Identifikation des Subjektes mit ihr wird sie behandelt wie ein empfindsames Püppchen, dem ein böser Kritiker ein Leid angetan hat. Der Kritiker wird heruntergerissen, womöglich noch mit persönlichen Invektiven, und kein Argument ist unter Umständen schlecht genug, um nicht verwendet zu werden. Die Wahrheit muss vorgeführt werden, bis es dem Publikum anfängt klarzuwerden, dass es sich offenbar weniger um die Wahrheit, als um ihren persönlichen Erzeuger handelt.« (3)

Da die Gefühle bei einer zu diesem Typus gehörenden Person schon früh in der Kindheit abgeblockt wurden, vermischen sie sich mit zahlreichen anderen Themen, die damals mit den Gefühlen eng verknüpft waren und deshalb ebenfalls verdrängt wurden, so dass sie keine weitere Entwicklung durchmachen konnten, sondern auf einer archaischen Stufe stehenblieben. Jung dazu:

> »Der Dogmatismus des intellektuellen Standpunktes erfährt bisweilen durch die unbewusste Einmischung der unbewussten persönlichen Gefühle noch weitere eigentümliche Veränderungen, welche weniger auf dem Gefühl sensu strictiori beruhen, als vielmehr auf der Beimischung von anderen unbewussten Faktoren, die mit dem verdrängten Gefühl im Unbewussten verschmolzen sind. Obschon die Vernunft selber beweist, dass jede intellektuelle Formel nur eine beschränkt gültige Wahrheit sein und deshalb niemals einen Anspruch auf Alleinherrschaft erheben kann, so nimmt die Formel praktisch doch ein solches Übergewicht an, dass alle anderen Standpunkte und Möglichkeiten neben ihr in den Hintergrund treten... Sie tritt daher auch an die Stelle jener allgemeinen Anschauung, die man als Religion bezeichnet. Dadurch wird die Formel zur Religion, auch wenn sie dem Wesen nach nicht im ge-

ringsten mit etwas Religiösem zu tun hat. Damit gewinnt sie auch den der Religion wesentlichen Charakter der Unbedingtheit. Sie wird sozusagen zum intellektuellen Aberglauben.« (3)

Astrologische Konstellationen bei profilierten Gegnern der Astrologie und Parapsychologie

Die Jung'sche Psychologie zeigt auf, dass die Verdrängung von Gefühlswerten zu einer Überbetonung des intellektuellen Standpunktes führt und die intellektuelle Haltung dann fanatisch wird, wenn Elemente berührt werden, die mit der verdrängten Gefühlssphäre in Zusammenhang stehen. Naturgemäss findet die Verdrängung zu einem Zeitpunkt statt, in dem die Gefühle in irgendeiner Form noch direkt aktiv sind, also bereits in der frühen Kindheit. Die Skriptanalyse zeigt andererseits, wie zu jenem Zeitpunkt unter starkem Einfluss der Eltern und der Gesellschaft der Lebensplan eines Menschen definiert wird. Im Falle einer Verdrängung der Gefühlsqualitäten wird im Lebensplan der Akzent auf das Denken gelegt, so dass mit Hilfe des Wissens und Erklärens die verdrängten Gefühle in Schach gehalten werden. Je stärker die verdrängten Gefühle sind, desto grösser wird der Aufwand sein und umso wichtiger mag es der Person erscheinen, ihren Kampf nach aussen zu verlegen und alles nicht logisch Erklärbare in der Aussenwelt zu bekämpfen. Wir können also von der Annahme ausgehen, dass die aktiven Bekämpfer der Astrologie, Esoterik und vielleicht auch der Psychologie in ihren Grundkonstellationen starke Gefühlskomponenten aufweisen, welche sie jedoch aufgrund des Einflusses der Eltern und der Gesellschaft nicht leben durften.

Die Überprüfung anhand der Horoskope von Astrologiegegnern bestätigt diese Annahme. Ich habe bisher noch kein Horoskop eines engagierten Astrologiegegners gesehen, in dem der Planet Neptun, welcher für Imagination, Transzendenz und Durchlässigkeit steht, nicht stark gestellt war. Neben Mond-Neptun – als Symbol für Verunsicherung (Neptun) in der Kindheit (Mond) durch zu grosse Durchlässigkeit – finden wir häufig eine Spannungskonstellation zwischen Neptun und Merkur (Denken), Mond und Merkur oder Neptun und Saturn (Wirklichkeit), bzw. Jupiter (Glaube) und Saturn. All diese Stellungen drücken einen intensiven Konflikt aus zwischen der Welt des Konkreten, der erklärbaren Realität und psychischer sowie religiöser Ahnungen, die auf eine andere, subtilere und in gewissem Sinne jenseitige Welt hindeuten würden. Da diese Spannungen ja auch genau das Thema der Fische/Jungfrau-Achse oder des Fische/Jungfrau-Zeitalters zum Ausdruck bringen (Mond, Neptun und Jupiter für die Fische-Komponente; Merkur und Saturn für die Jungfrau-Komponente), ist es verständlich, dass viele Menschen mit solchen Spannungen besonders stark für den Konflikt zwischen dem verstandesmässigen Pol und jenem der transzendentalen Wahrnehmung sensibilisiert sind. Liegt nun vom elterlichen Einfluss her eine starke Aufforderung vor, den rationalen Pol auszubauen, so wird der Gegenpol als damit unvereinbar abgelehnt und verdrängt. Dies war und ist zum Teil noch heute beim männlichen Geschlecht, dessen Vertreter die wissenschaftliche Welt zur Hauptsache dominieren, aufgrund der gesellschaftlichen Rollenverteilung besonders häufig der Fall.

Schauen wir uns als Beispiel dazu das Horoskop von Professor Bart Bok an, dem Organisator des ›Manifestes von 186 Wissenschaftlern gegen die Astrologie‹ (Fig. 2).

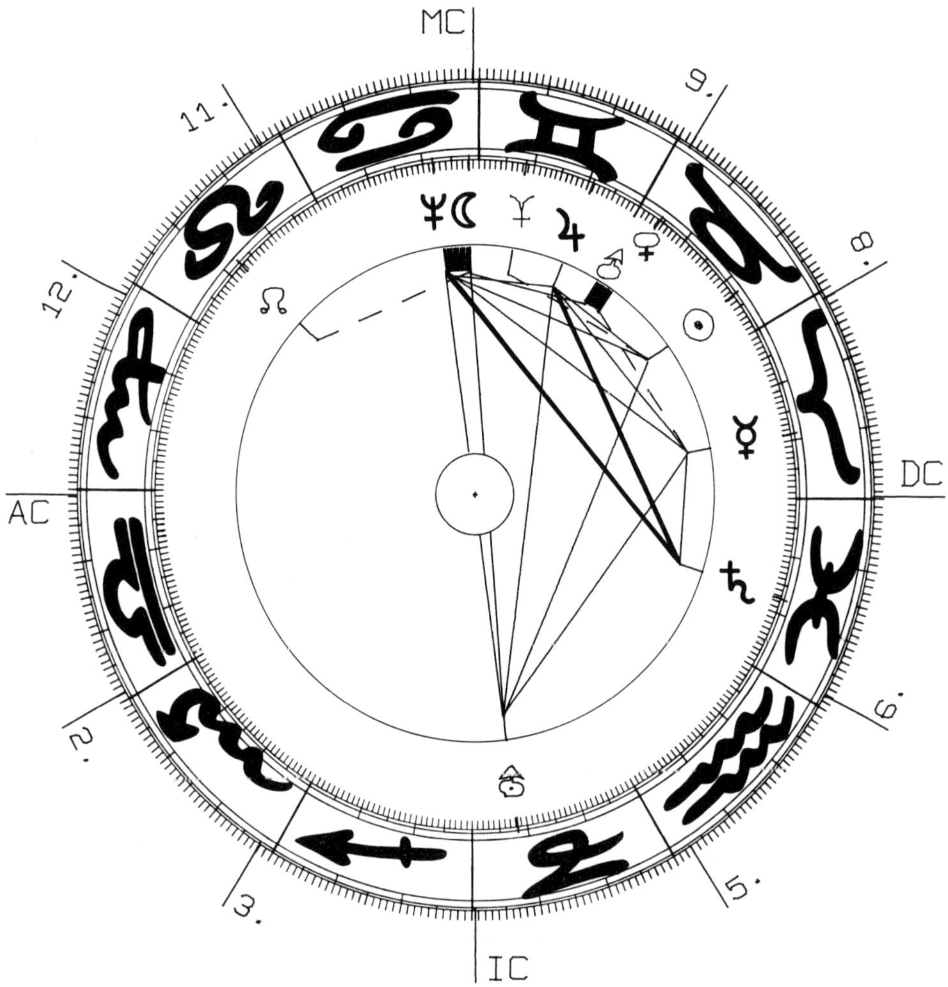

Figur 2: Geburtshoroskop von Bart Bok, 28.4.1906, 15.40, Hoorn/NL (Koch-Methode),
(Quelle: 2001, The Penfield Collection, 1976)

Wir erkennen darin eine ganze Reihe der beschriebenen Themen. Diese sind in der Abbildung fett eingezeichnet: Zunächst einmal stehen Neptun und Merkur in der Nähe der Hauptachsen in einem Quadrat zueinander, was darauf hinweist, dass beide Prinzipien stark gestellt sind, sich aber zueinander in Spannung befinden. Dies ergibt einen Konflikt zwischen Ratio und Transzendenz. Entscheidet man sich für die Ratio, so wird der Gegenpol als Bedrohung durch das Chaotische und Unerklärbare empfunden. Durch die Anwesenheit des Mondes in der Nähe von Neptun wird die Energie, welche für den Verdrängungsmechanismus notwendig ist, verstärkt. Der Kampf gegen das Irrationale, Strukturauflösende kann die Ausmasse eines ›Heiligen Kampfes‹ gegen die Mächte des Dunklen annehmen. Weitere Stellungen intensivieren diesen Konflikt. So steht auch Saturn, als Symbol für die materielle und erklärbare Welt, im Quadrat zu Jupiter, dem Prinzip des Glaubens und dem traditionellen Herrscher des Fischezeichens. Saturn steht andererseits im Fischezeichen, was auch wieder eine Angst (Saturn) vor dem Unerklärbaren (Fische) anzeigt.

Solange das Fische-Neptun-Jupiter-Mond-Prinzip nicht akzeptiert wird, muss es infolge Projektion über die Aussenwelt erlebt werden. Die Motivation dazu ist stärker als alle rationalen Argumente, so dass das Denken, welches sonst durchaus logisch und präzise sein kann, im Zusammenhang mit paranormalen Phänomenen ins Schlepptau der verdrängten Gefühle gerät und sämtliche Rationalisierungen damit sekundären Charakter erhalten. Zuerst steht fest, was bekämpft werden muss, und die angeführten Gründe dienen lediglich dazu, die vorgefasste Meinung zu bestätigen.

Skript und Schicksal

Die mythologische Entsprechung von Saturn oder Kronos legt zwei Themen nahe: Einerseits symbolisiert er die Fähigkeit, die Zeit einzuteilen, eine chronologische Ordnung zu schaffen und sich dadurch ein Bild der Welt zu machen. Er verhilft dem Menschen zu Überzeugungen, die sein Handeln leiten. Andererseits können diese Überzeugungen eine Starrheit auslösen, wenn der Mensch deswegen nicht mehr durchlässig ist für neue Erfahrungen. Er lebt dann nur noch nach dem Bild, das er sich von der Welt gemacht hat, und ist nicht mehr offen für neue Informationen. Diese zweite Entsprechung ist dann zu erwarten, wenn Saturn nicht integriert wurde, das heisst als Schatten zum Ausdruck kommt. Dann haben wir das Bild des kinderfressenden Ungeheuers, welches das Lebendige und Erneuernde verneint.

Es gibt jedoch noch eine andere Entsprechung für einen nicht integrierten Saturn: Die Projektion des Saturn-Prinzips nach aussen. Dann wird Saturn zum Schicksal, zu jener unkontrollierbaren Macht, welche das Leben des Menschen bestimmt. Etwas davon klingt im Mythos des kinderfressenden Saturn an, welcher dem Schicksal entgehen will, das ihm vorausgesagt wurde. Diesen Schicksalsverlauf hat er allerdings selbst ausgelöst, indem er seinen Vater kastrierte. Dies tat er andererseits, weil seine Mutter ihn dazu aufforderte.

In diesem Licht scheint es kein Entweichen aus der Schicksalsthematik zu geben. Für die alten Griechen stellte sich ja die Frage, ob Kronos den Auftrag hätte ablehnen können, überhaupt nicht. Dadurch war er jedoch bereits im Schicksalsrad gefangen. Dieses Thema beherrscht die griechischen Tragödien in einem solchen Masse, dass wir mit Recht annehmen dürfen, es hätte damals keine individuelle Entscheidungsmöglichkeit gegeben, um sich dem Schicksalsverlauf zu widersetzen oder das Schicksal selbst in die Hand zu nehmen. So ist es auch verständlich, dass Saturn bis in die Neuzeit hinein in der Astrologie als der grosse Übeltäter bezeichnet wurde. Es gibt genügend Zeugnisse dafür, dass die Menschen bis zur Aufklärung fest an das Schicksal glaubten; und dementsprechend wurde das Können eines Astrologen an seiner Fähigkeit gemessen, Ereignisse, insbesondere so schicksalhafte wie Unfälle und Tod, vorauszusagen.

Ein klassisches Beispiel dafür ist die Geschichte des Königs Heinrich II. Ihm wurde 1555, als er 37 Jahre alt war, von einem Astrologen vorausgesagt, er käme im Sommer seines 42. Lebensjahres während eines Einzelkampfes an einem geschlossenen Ort durch eine Kopfverletzung in Lebensgefahr. Im gleichen Jahr, 1555, veröffentlichte Michel de Nostredame (Nostradamus) seine ›Centuries‹, in denen folgender Vers stand: (4)

»Le lyon ieune le vieux surmontera,
En champ bellique par singulier duelle,
Dans cage d'or les yeux luy crevera,
Deux classes une puis mourir mort cruelle.«

(Der junge Löwe wird den alten überwinden,
auf dem Kampffeld in einem Turnier,
im goldenen Käfig wird er ihm die Augen durchbohren,
in einem der beiden Kämpfe; danach stirbt er eines grausamen Todes.)

In diesen Prophezeiungen wurde zwar der König nicht beim Namen genannt, aber er war an der Beschreibung seines goldenen Helms mit dem Löwenabzeichen leicht zu erkennen. Keiner der in die Prophezeiung Eingeweihten zweifelte an deren Eintreffen, und so stand für viele der baldige Thronwechsel bevor.

Zum vorausgesagten Zeitpunkt und ganz genau wie beschrieben trat dann das Ereignis ein. Anlässlich des zweiten Kampfes im Rahmen eines Turniers zum Anlass der Feierlichkeiten der Heirat seiner Tochter rutschte die vom vorherigen Kampf bereits abgebrochene Lanze seines Gegners, des Grafen von Montgomery, auf der Rüstung Heinrichs II ab, hob das Visier des Helmes des Königs in die Höhe und drang in sein rechtes Auge, um beim Ohr wieder auszutreten. Der König starb nach zehn Tagen eines qualvollen Todes. (5) Interessant ist dabei die Präzision einiger Details. Der Graf von Montgomery hatte als Wappen ebenfalls den Löwen, und der Unfall ereignete sich anlässlich der zweiten Kampfrunde des Turniers der beiden Männer.

Wenn wir uns die Geschichte Heinrichs II vergegenwärtigen, so erstaunt es uns nicht, dass die Menschen der damaligen Zeit, wenn er so unerbittlich ihr Schicksal bestimmte, Saturn als grossen Übeltäter bezeichneten. Bei Durchsicht der heutigen astrologischen Literatur fällt auf, dass diese Bezeichnung verschwunden ist und stattdessen der Begriff eines Lehrmeisters, der uns immer wieder auf den uns gemässen Weg bringen will, vorherrscht. Dabei entsteht deutlich der Eindruck, dass Saturn nun nicht mehr als ausschliesslich äussere Schicksalsmacht erlebt wird, sondern als ein Prinzip, das uns zugänglich ist und nur dann als Schicksal in Erscheinung tritt, wenn wir seine Warnungen konsequent überhören. Wir sehen, dass man deshalb den Begriff des Schicksals mit Vorteil durch jenen des Skripts ersetzt, einem Lebensplan, zu dem wir uns einmal entschieden haben, welcher jedoch durch Neuentscheidungen grundsätzlich wieder abgeändert werden kann. Dieser Lebensplan wird nur dann zum Schicksal, wenn er unbewusst bleibt. Wir wollen uns im folgenden mit der Frage beschäftigen, wie es zur Integration des saturnischen Prinzips gekommen ist und wie sich dieser Prozess in einer wichtigen geschichtlichen und geschichtswissenschaftlichen Entwicklung abgezeichnet hat.

Saturn und die Frage nach Ursache und Wirkung

Gemäss dem Kulturhistoriker Jean Gebser (6) können wir den Beginn der Wissenschaft, wie wir sie heute verstehen, im alten Griechenland um das Jahr 500 v. Chr. ansiedeln. Zu jener Zeit wurde von einigen Denkern die bisherige magische Verflechtung des Menschen mit dem grossen Ganzen der Natur ansatzweise aufgelöst. Die Frage nach dem ›Warum‹ wurde gestellt und Experimente durchgeführt, um Gesetzmässigkeiten herauszufinden. Damit bezog der Mensch die Position eines Subjektes, das die Natur als Objekt untersucht. Diese Frage interessierte frühere Epochen offensichtlich kaum. Sie erlebten sich durch ihre Sinne als Bestandteil einer über das Gefühl erfahrbaren Welt. Alles um sie herum war beseelt, jeder Stein, jeder Ort, und es wäre ihnen fremd gewesen, diese als ›Objekte‹ untersuchen zu wollen.

Wie Gebser aufzeigt, wechselte zu dieser Zeit bei den alten Griechen die Auffassung darüber, wo sich das Zentrum des menschlichen Wesens befindet: War es bisher in der Zwerchfellgegend angesiedelt (aktuell noch zu Zeiten Homers), so wurde es seit dieser Zeit im Gehirn gesehen, und der Verstand wurde somit zum wesentlichen Wahrnehmungs- und Erkenntnisinstrument. Diese Schwerpunktverlagerung geht auf Alkmaion von Kroton zurück. Pythagoras, der um die gleiche Zeit lebte, führte dann die zum verstandesmässigen Erfassen der Gesetzmässigkeiten notwendige Mathematik ein. Die Wirkung äusserer Faktoren – wie etwa der Witterung – auf den Menschen sowie verschiedene Formen von Erkrankungen wurden kurz danach von Hippokrates untersucht. Psychologisch betrachtet könnten wir sagen, dass der westliche Mensch sich zu jenem Zeitpunkt vom Erlebnis eines ozeanischen Gefühls des Eingebettetseins in ein Ganzes, das ihn umfasst, löste, um das, was ihn umgibt, in Bestandteile zu zerlegen, die er einzeln untersuchen kann. Dieses Verhalten ist vergleichbar mit dem eines Kindes, welches beginnt, Personen der Umwelt als getrennte Wesen wahrzunehmen, deren Verhalten beobachtet und daraus seine Schlüsse zieht.

Saturn und die Entdeckung des Raumes: Die Zeit der Renaissance

Obwohl bereits um 500 v. Chr. im alten Griechenland die Frage nach dem ›Warum‹ und damit nach der Ursache gestellt wurde und der menschliche Geist begann, die äussere Wirklichkeit systematisch zu untersuchen und über den Verstand Gesetzmässigkeiten herauszufinden, war der westliche Mensch bis zur Zeit der Renaissance doch sehr stark dem äusseren Schicksal und göttlicher Gnade unterworfen. Wir haben diese Haltung als eine Projektion der Strukturen, die für das Gefühl von Sicherheit massgeblich sind, kennengelernt, seien dies nun die Götter, sei es Gott oder die Mächte des Schicksals.

Wir müssen uns immer wieder vergegenwärtigen, dass die Menschen nicht immer so gedacht haben, wie wir heute denken. Nicht nur waren die aufgenommenen Informationen andere, auch der Denkprozess war nicht derselbe wie heute. Die Entstehung eines Denkens im heutigen westlichen Sinne geht auf die Zeit der Renaissance zurück. Hingegen waren die vorangegangenen 15 Jahrhunderte christlicher Epoche ein Kampf zwischen einem rationalen Angehen der Wirklichkeit und einem intuitiven Erfassen der äusseren Welt im Rahmen religiöser Leitkonzepte, wobei diese Konzepte ihrerseits meist logisch begündet wurden (besonders ausgeprägt bei Thomas von Aquino).

Zur Zeit der Renaissance geschah nun etwas sehr Wichtiges, das dem verstandesmässigen Erfassen der Wirklichkeit einen wesentlichen Auftrieb gab. Es handelt sich sowohl um die Entdeckung des individuellen Potentials des Menschen als auch um die Entdeckung des Raumes. Diesen zweiten Punkt hat Jean Gebser (6) als wesentliches Charakteristikum der Zeit um 1500 herausgestrichen.

Die Entdeckung des Raumes erfolgte auf den verschiedensten Gebieten. Im Bereich der Kunst können wir als typischen Repräsentanten der Renaissance Leonardo da Vinci ansehen. Er führte als erster systematisch die Perspektive und damit die Darstellung des Raumes im zweidimensionalen Bild in die Kunst ein. Um die gleiche Zeit entdeckte Christoph Kolumbus Amerika. Dies war ebenfalls eine gewaltige Erweiterung des Raumbewusstseins, welche auf die damaligen Menschen wie eine Revolution des Geistes gewirkt haben muss. Zur selben Zeit lebte Kopernikus, der bereits 1512 sein Weltbild, wonach sich die Erde um die Sonne dreht, entwarf. Wir haben auch hier eine totale Veränderung der bisherigen Sichtweise. Wie beunruhigend diese neue Betrachtungsweise für viele Zeitgenossen gewesen sein muss, erkennen wir daran, dass es weit mehr als ein Jahrhundert brauchte, bis diese Erkenntnis akzeptiert wurde. Galilei, der ein Jahrhundert später lebte, musste seinen diesbezüglichen Überzeugungen abschwören, weil die Kirche sie nicht akzeptierte.

Bereits um 1500 waren jedoch die Grundsteine für ein neues räumliches Bewusstsein gelegt. Wir können in diesem Zusammenhang noch etwas anderes anführen: Um 1500 herum kam mit Gutenberg der Buchdruck auf. Es war nun plötzlich möglich, ein Manuskript nicht mehr nur an eine einzige Person weiterzugeben, sondern in die Breite, also in die räumliche Dimension zu streuen.

Die Erweiterung des Raumbewusstseins führte zum wissenschaftlichen Denken, welches die westliche Menschheit noch heute beherrscht. Die wichtigsten Prämissen dazu wurden ein Jahrhundert später auf eine Art formuliert, die uns heute bereits etwas einseitig erscheint, jedoch noch immer einen wesentlichen Bestandteil des Weltbildes des westlichen Menschen ausmacht. Es handelte sich dabei sowohl um die Forderung von Galilei, ›alles zu messen, was messbar ist und alles messbar zu machen, was es noch nicht ist‹, als auch um das Selbstverständnis von Descartes in Form seines ›Ich denke, also bin ich‹. Es erscheint uns heute vielleicht naiv, dass jahrelange Kogitationen notwendig waren, um zu diesem Satz zu kommen. Wir können das nur verstehen, wenn wir realisieren, dass es diesem westlichen Mathematiker und Philosophen darum ging, etwas zurückzulassen, das dem Ballast der vorhergehenden Jahrtausende entsprach. Auf alle Fälle weist dieser Kernsatz auf eine wichtige Option hin: Die Entscheidung, die äussere Welt mit Hilfe des Verstandes zu analysieren und auf logisch-kausale Dimensionen zurückzuführen. Damit begann der Siegeszug der westlichen Naturwissenschaften, der einerseits mit einer klaren Spaltung zwischen Naturwissenschaft und Religion verbunden war, andererseits der westlichen Welt ungeheure materielle Errungenschaften brachte. Das Gesuchte, nämlich die Beherrschung der Materie durch den menschlichen Verstand, wurde gefunden, das Erstrebte realisiert. Das, was nicht Objekt der Untersuchung war, nämlich das Vorhandensein von rational nicht erklärbaren Phänomenen, ging dabei zunächst einmal verloren und schlich sich erst viel später wieder ein, und zwar um das Jahr 1900 über die Untersuchung der kleinsten Bestandteile der Materie.

Wir wollen jedoch, bevor wir im nächsten Kapitel auf die Erneuerung der Naturwissenschaft eingehen, verfolgen, wie sich die Entdeckung des Raumes im 17. und 18. Jahrhundert fortsetzte, um im wissenschaftlichen Materialismus eine einseitige Manifestation zu finden.

Das materialistische Weltbild

Man kann sagen, dass der endgültige Durchbruch zu einer Wissenschaft, die sich an der Materie orientiert, mit Kepler, Galilei und Newton erfolgte. Noch war die

Abspaltung vom Ganzen jedoch zögernd. So schreibt Kepler (1571–1630) im letzten Band seiner ›Kosmischen Harmonie‹:

»Dir sage ich Dank, Herrgott, unser Schöpfer, dass Du mich die Schönheit schauen lässt in Deinem Schöpfungswerk, und mit den Werken Deiner Hände frohlocke ich. Siehe, hier habe ich das Werk vollendet, zu dem ich mich berufen fühlte; ich habe mit dem Talent gewuchert, das Du mir gegeben hast; ich habe die Herrlichkeit Deiner Werke den Menschen verkündet, welche diese Beweisgänge lesen werden, soviel ich in der Beschränktheit meines Geistes davon fassen konnte.«

Eine ähnliche Bescheidenheit und das Bewusstsein, mit dem Ganzen verbunden zu sein, spricht aus den folgenden Worten Isaac Newtons (1643–1727):

»Ich weiss nicht, als was ich der Welt dereinst erscheinen werde; aber ich selbst komme mir nur wie ein am Meeresstrande spielender Knabe vor, der im Spiel hier und da einen glatteren Kiesel oder eine schönere Muschel als gewöhnlich findet, während der grosse Ozean der Wahrheit ganz unentdeckt vor meinen Blicken liegt.« (7)

Diese Bescheidenheit, wonach Naturgesetze nur im Zusammenhang mit der jeweiligen Fragestellung und entsprechend für begrenzte Gebiete ihre Gültigkeit haben, wurde allerdings bereits von Descartes, ebenfalls im 17. Jahrhundert, zurückgelassen. Seine Forderung nach dem ausschliesslichen Gebrauch des Verstandes als Erkenntnisinstrument öffnete den Weg zu einer mechanistischen und materialistischen Anschauung der Welt. Für ihn waren die Gesetze der Natur mit denen der Mechanik identisch. Dieses Weltbild gipfelte dann in der Auffassung, die von Julien Offray de la Mettrie (1709–1751) vertreten wurde, wonach der Mensch als Maschine beschrieben werden konnte. In seinem Werk ›Der Mensch – eine Maschine‹ schrieb er:

»Kommt es nicht vor, dass der eine versteht, ohne nachsprechen zu können, was er versteht (wenigstens wenn erst einige Zeit nach einem Schlaganfall vorüber ist), und dass ein anderer, der nichts auffasst, dessen Zungennerven im Gehirn aber frei sind, maschinenmässig alle Träume, die ihm durch den Kopf gehen, erzählt? Solche Erscheinungen können aufgeklärte Ärzte durchaus nicht überraschen. Sie wissen, woran sie sich in bezug auf die Natur des Menschen zu halten haben; von zwei Ärzten ist, nebenbei bemerkt, immer derjenige der bessere und vertrauenswürdigere, der in der Physik oder Mechanik des menschlichen Körpers bewandert ist und die Seele und alle die Besorgnisse, die dieses Hirngespinst den Narren und Nichtwissern einflösst, beiseite liegen lässt und sich nur um die reinen Naturwissenschaften bekümmert…« (8)

Zusammenfassend können wir sagen, dass die Entdeckung des Raumes sowie der Gesetzmässigkeiten der Materie und damit verbunden die Fähigkeit des menschlichen Verstandes, dadurch Abläufe zu verstehen und vorauszusagen, die innere Sicherheit des Menschen im Kampf gegen die Kräfte der Natur gestärkt hat. Durch sein Verständnis der Naturkräfte war er nicht mehr wehrlos äusseren Faktoren ausgesetzt. Der erste Ansatz in dieser Richtung fand zur Zeit der Renaissance statt. Während der Aufklärung schlug diese Orientierung dann in eine Einseitigkeit um, welche alles rational nicht Erklärbare ausschalten wollte und bestenfalls davon ausging, dass solche Phänomene im Laufe der Zeit durch die Gesetze der Mechanik ihre Erklärung finden würden. Im Zusammenhang mit diesem Prozess können wir eine Integration des Saturnprinzips erblikken, allerdings gepaart mit den Einseitigkeiten, die oft damit einhergehen: Alles wird auf die Materie reduziert, alles ist erklärbar, seelische und geistige Prozesse sind entweder Hirngespinste oder Glaubenssache. Wenn diese Phänomene nicht gänzlich verneint werden, so werden sie bestenfalls dem Bereich der Religion zugeordnet. Dadurch wird gleichzeitig das Individuum und das Ego gestärkt; es vertieft sich jedoch der Graben zwischen Mensch und Natur.

Die Zyklen grosser Zeitalter

Wir haben im vorhergehenden Abschnitt die Frage offengelassen, weshalb um 500 v. Chr. im alten Griechenland plötzlich nach dem ›Warum‹ gefragt wurde, was ja der erste Ansatz zu einer wissenschaftlichen Fragestellung war, wie wir diese heute verstehen.

Wenn wir auf die Parallelen dieser Fragestellung zum Saturn-Kronos-Mythos hingewiesen haben, so war dies nicht eine Erklärung, sondern vielmehr eine Analogie. Würde man das Aufkommen dieses Mythos als Ursache für die Entwicklung des verstandesmässigen Denkens auffassen, so bliebe zu klären, warum dieser Mythos gerade im alten Griechenland aktuell wurde. Die zentrale Frage lautet aber vielmehr, ob es irgendeine Möglichkeit gibt, die vorherrschenden Motivationen und Ströme einer Epoche als Gesetzmässigkeiten eines qualitativ feststehenden linearen oder zyklischen Ablaufes zu erkennen.

Studieren wir alte Schriften, wie beispielsweise die indischen Veden, so stossen wir auf das Konzept eines Hauptzyklus von 4320 Millionen Jahren, welcher in verschiedene Perioden (Yugas) unterteilt wird. Es handelt sich dabei um riesige Zeiteinheiten, die für uns schwer überblickbar sind. Als nützlicher und überblickbaren Dimensionen angemessener können wir die Einheit des ›grossen Jahres‹ von 25908 Jahren von Pythagoras und Platon ansehen. Dieses ›platonische Jahr‹ wird unterteilt in 12 platonische Monate von 2159 Jahren. Dieses zyklische Denken finden wir noch bei Ptolemäus. Der Siegeszug des Christentums und die biblische Chronologie vermochten dann diese Auffassung im Westen in den Hintergrund zu drängen. Erst im 19. Jahrhundert wurden diese Vorstellungen von Nietzsche und von Historikern, wie Spengler oder Toynbee, wieder aufgegriffen.

Das Interessante an diesem Konzept ist die Tatsache, dass es eine astronomische Grundlage besitzt. Es handelt sich um die Präzession des Frühlingspunktes, d.h. die Verschiebung des Frühlingsanfangspunktes (Null Grad Widder) im astrologischen Zodiak gegenüber dem Fixsternhimmel oder fixen Zodiak. Diese Verschiebung, welche mit der ellipsoiden Form der Erde zusammenhängt, beträgt durchschnittlich ca. ein Grad in 72 Jahren.

Gemäss Charles Jayne (9) beträgt der mittlere Wert für die Wanderung des Frühlingspunktes durch den ganzen Tierkreis 25695 Jahre, wobei der effektive Wert um plus/minus 281 Jahre davon abweichen kann. Der jetzige Umlaufszyklus beträgt 25868 Jahre, so dass der von Plato angegebene Wert als recht präzis angesehen werden kann. Dies gilt auch für den in der grossen Pyramide der Ägypter gefundenen Wert von 25827,5 Jahren. Man geht ferner davon aus, dass das Zusammenfallen von Null Grad Widder im astrologischen Zodiak mit dem Beginn der Fixsternkonstellation des Widders in der Zeit von 100 bis 300 v. Chr. angesiedelt werden kann.

Begnügen wir uns für unsere Betrachtungen mit dem Durchschnittswert, der für die Präzession des Frühlingspunktes durch den Tierkreis heute meist angegeben wird, nämlich 25800 Jahre. Aufgeteilt in die 12 Tierkreiszeichen ergibt dies pro Zeichenachse eine Zeitperiode von 2150 Jahren. So war für die letzten zwei Jahrtausende die Jungfrau/Fische-Konstellation relevant, während wir uns jetzt am Übergang zum Wassermann-Zeitalter befinden. Man könnte nun geneigt sein zu fragen, wann denn dieser Übergang genau stattgefunden hat oder stattfinden wird. Dies ist leider in dieser Form nicht zu beantworten; Übergänge von einer Zeichenachse zur nächsten (infolge der rückläufigen Bewegung des Frühlingspunktes immer in die vorhergehende) sind fliessend.

Wenn wir beobachten, zu welchem Zeitpunkt das Bewusstsein der breiteren Öffentlichkeit erste Impulse einer Veränderung erfahren hat, und dies als Beginn des Wassermann-Zeitalters definieren wollten, so würden wir wahrscheinlich die 70er Jahre dieses Jahrhunderts anführen, in denen uns die Grenzen eines linearen, quantitativen und damit die Notwendigkeit eines qualitativen Wachstums bewusst wurden.

Dieser Prozess setzt sich nun in den 80er Jahren fort, indem die Folgen des quantitativen Wachstums in Erscheinung treten (Umweltverschmutzung, Maximierung des Waffenarsenals, usw.). Entsprechend könnten wir als Beginn des Fischezeitalters durch Subtraktion von 2150 Jahren dann die Zeit um 180 v. Chr. annehmen.

Richten wir unser Augenmerk jedoch auf die wissenschaftlichen Errungenschaften, die wir mit dem Wassermann-Zeitalter in Verbindung bringen können, so stossen wir auf die Relativitätstheorie, welche ein neues Zeitalter einläutete.

Von diesem Kriterium ausgehend würden wir den Beginn des Wassermann-Zeitalters anfangs dieses Jahrhunderts ansetzen. Wir können jedoch im Zusammenhang mit dem Wechsel zu einem neuen Zeitalter auch noch eine andere Ebene betrachten: Vorläufer, welche die Themen des kommenden Zeitalters philosophisch vorwegnehmen.

Beim Studium der Wichtigkeit der Philosophen der letzten 2500 Jahre sind sich viele Historiker der Philosophie einig, dass nach Plato und seinem Schüler Aristoteles, den letzten wesentlichen griechischen Philosophen, Kant der erste war, der im Westen wirklich etwas Neues hervorgebracht hat. Der existentialistische Philosoph Karl Jaspers sagt dazu:

> »Kants Schritt ist einzig in der Weltgeschichte der Philosophie. Seit Plato ist im Abendland kein Schritt getan, der in der herben Luft des Denkens so umwendende Folgen hat.« (10)

Es ist nun interessant festzustellen, dass Platos und Kants Geburts- und Todesdaten 2152 und 2151 Jahre auseinanderliegen, was sehr genau der Präzession des Frühlingspunktes für ein Tierkreiszeichen entspricht. Wir werden im nächsten Kapitel sehen, dass Immanuel Kant in seiner ›Kritik der reinen Vernunft‹ wesentliche Themen des Wassermann-Zeitalters philosophisch vorweggenommen hat, während Plato zusammen mit Aristoteles die Prinzipien definierte, welche die ganze christliche Zeit bis zu Kant massgeblich beeinflusst haben. Ist es in diesem Zusammenhang nicht ebenfalls interessant, dass Plato die Vernunft zum obersten Prinzip erhob, während Kant genau ein Zeitalter später (ca. 2150 Jahre) die ›reine Vernunft‹ einer Kritik unterzog?

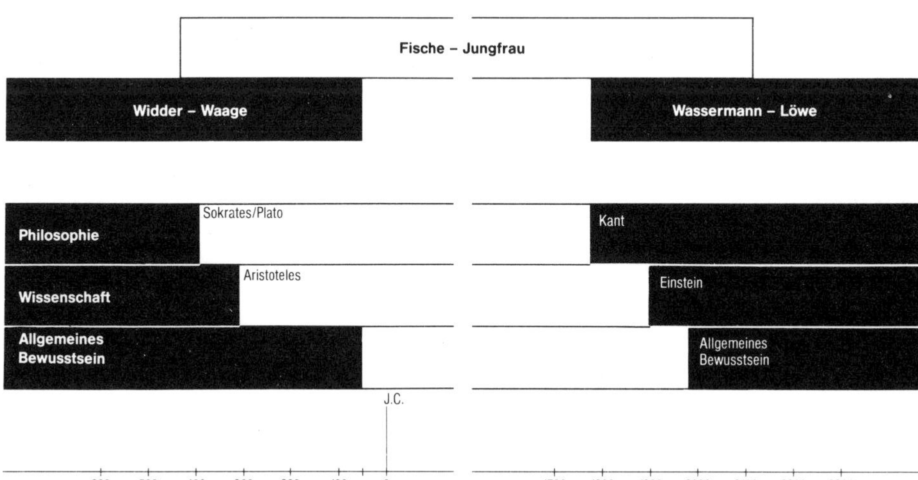

Figur 3: Die astrologischen Zeitalter

Das Fische/Jungfrau-Zeitalter

Wir wollen uns zunächst mit der Thematik der Fische/Jungfrau-Periode, die an sich hinter uns liegt, uns aber in unseren Denk- und Erkenntnisprozessen weiterhin stark prägt, auseinandersetzen und in diesem Zusammenhang einige von Platos Gedanken diskutieren. Sein Werk ist so umfassend, dass wir hier natürlich nur einzelne Themen herausschälen können.

Astrologisch gesehen entspricht die Fische/Jungfrau-Achse einer Aufteilung in zwei Pole: Der Fische-Pol symbolisiert die Dimension des Religiösen, die mystische Weltschau. Hier finden wir das Ideal einer perfekten kosmischen Ordnung, eines Jenseitigen, welches nicht erklärbar ist, sondern höchstens durch religiöses Eintauchen erfahren werden kann. Es ist der Bereich des Geistes, im Gegensatz zum Jungfrau-Pol, welcher den Körper und die alltäglichen Verrichtungen symbolisiert. Letzterer ist der materielle Pol, der Pol der weltlichen Ordnung. Hier muss alles seinen richtigen Platz finden, jeder muss wissen, was er zu tun hat, damit das Räderwerk der gesellschaftlichen Organisation möglichst gut funktioniert. Dementsprechend finden wir hier auch die Einteilung in verschiedene Berufsklassen mit unterschiedlichen Aufgaben. Gemäss dem Jungfrau-Prinzip reinigt sich der Mensch durch Arbeit und Pflichterfüllung.

Diese Dualität von Geist und Körper, welche das Christentum später aufgegriffen hat, stammte von Plato. Er stellte in Form einer Schilderung der letzten Lebensstunden des Sokrates seinen Idealmenschen dar. Das Verhältnis des Menschen zu Gott wurde mit dem des Viehs zu seinem Eigentümer verglichen. Man wäre mit Recht ärgerlich, sagte er, wenn sich ein Ochse die Freiheit nähme, sich selbst aus dem Weg zu räumen. Es ginge darum, den Tod nicht zu fürchten, ihn vielmehr willkommen zu heissen, aber sich nicht das Leben zu nehmen, weil dies ein Verstoss gegen das Gesetz wäre. Andererseits solle man sich nicht auf den Körper, sondern auf die Seele konzentrieren, denn der Tod, so sagte der von Plato zitierte Sokrates, schiede die Seele vom Körper. Dabei sei die Seele höherstehend als der Körper: Von der Erde stammt der Leib, vom Himmel die Seele. Eine asketische Haltung dem Leben gegenüber ist wichtig. So dürfe sich der Philosoph nichts aus den Freuden der Liebe, aus Kleidung oder äusserem Schmuck machen. Er solle ausschliesslich an die Seele denken, nicht an den Körper, und für den Tod bereit sein, diesen jedoch nie selbst erwirken. Dies drückte Plato deutlich in den folgenden Worten aus:

> »Denn wenn es nicht möglich ist, mit dem Leibe irgend etwas rein zu erkennen, so können wir nur eines von beiden: entweder niemals zum Verständnis gelangen oder erst nach dem Tode. Und so rein der Torheit des Leibes entledigt, werden wir wahrscheinlich mit eben solchen zusammen sein und durch uns selbst alles Ungetrübte erkennen, und dies ist eben wohl das Wahre. Dem Nichtreinen aber mag Reines zu berüh-

ren wohl nicht vergönnt sein... Und wird nicht das eben die Reinigung sein, dass man die Seele möglichst vom Leibe absondere? Heisst aber dies nicht Tod: Erlösung und Absonderung der Seele von dem Leibe?... Und sie zu lösen streben immer am meisten nur allein die wahrhaft Philosophierenden...« (11)

Wir erkennen hier die grosse Bedeutung des Jenseits. So ist das irdische Leben lediglich eine Vorbereitung auf jenes Stadium. Plato lässt auch Sokrates sagen: »Das Untersuchen und Lernen ist durchaus nichts als Wiedererinnerung.« (12) Das Wissen besitzt die Seele also schon bei der Geburt, und strenggenommen ist Erkenntnis nur so oder durch mystische Schau zu erlangen. Wir können hier eine deutliche Überbetonung des Fischezeichens erkennen, dessen dominanter Einfluss sich im Bereich der Philosophie und Religion bis ins 15. Jahrhundert verfolgen lässt.

Wie steht es nun aber mit dem Jungfrauzeichen? Und wie wird diese Komponente in Platos Lehre integriert? Sie scheint der Dimension des Verstandes zu entsprechen, im Gegensatz zur Vernunft, welche für Plato höher steht. Die Vernunft bezieht sich auf reine Ideen, während der Verstand der Vernunft dadurch unterlegen ist, dass er von Hypothesen ausgeht, die er nicht belegen kann. Die Hierarchie zwischen den beiden Prinzipien drückt sich auch darin aus, dass ein Staat von Philosophen regiert sein soll. Von Kindheit an soll eine strenge Zensur herrschen in bezug auf die der Jugend zugängliche Literatur und Musik. Das Körpertraining muss streng sein, andererseits sollen Jugendliche bis zu einem bestimmten Alter nichts Hässliches oder Lasterhaftes sehen. Erst wenn die Zeit reif ist, sollen sie Erschütterungen und Härtetests ausgesetzt werden. Gegen vom Staat bestimmte Ehen dürfen die Partner nichts einwenden. Sie sollen vom Pflichtbewusstsein geleitet sein und nicht von der Art von Gefühlen, die von den Poeten verherrlicht werden. Die Bürger werden in drei Klassen aufgeteilt: Das gemeine Volk, die Soldaten und die Wächter. Letztere sollen vom Gesetzgeber bestimmt werden und sich einer langjährigen Schulung unterziehen, die ihre Liebe zu Gerechtigkeit und Philosophie entwickeln soll. (13)

Diese Staatslehre oder erste formulierte Utopie weist auf eine wichtige und für das Fische/Jungfrau-Zeitalter charakteristische Ausrichtung: Der Mensch ist nicht auf dieser Welt, um individuelle Bedürfnisse zu befriedigen, sondern er wurde geboren, um dem göttlichen Prinzip zu dienen. Seine individuellen Antriebe stammen aus dem Bereich des Körpers und der Sinne und stehen seiner geistigen Entwicklung im Wege. Die äusserliche Welt ist bloss eine Welt der Erscheinung. Was zählt, ist die Welt der Ideen; sie ist die Wirklichkeit und im Gegensatz zur Erscheinung vollständig und vollkommen gut.

Diese für die ganze Zeit bis 1500 herrschende Auffassung verhinderte die Erforschung der äusseren Wirklichkeit, weil diese gemäss der Überbetonung der

Fischequalitäten als etwas Minderwertiges abgestempelt wurde. Mit der Renaissance um 1500 herum finden wir den Beginn einer gegenläufigen Entwicklung, welche ihrerseits eine Überbetonung der Materie und des Details einleitete (Jungfrau-Pol). Dies führte zu einer Wissenschaft, welche die Welt der Erscheinungen überbewertete und diese zum besseren Studium in einzelne Bereiche unterteilte, wodurch dann letztlich die Sicht des Ganzen verlorenging. Die religiöse Haltung, die bei Plato so überbetont war, geriet damit in die Verdrängung. Dabei beeinflusste sie aber nichtsdestoweniger als unbewusster Gegenpol die Einstellung zur körperlichen Sphäre sowie zum Bereich der Triebe und Instinkte in Form einer Abwertung der Körperlichkeit. Dabei wurde die im Bewusstsein von Plato noch so wichtige geistige Welt durch die Welt des Intellekts ersetzt.

Interessant ist auch die Tatsache, dass sich der Gegensatz zwischen dem Fische- und Jungfraupol im Unterschied zwischen Plato und seinem Schüler Aristoteles äusserte. So finden wir in den zwei Jahrtausenden der christlichen Ära popularitätsmässig ein Alternieren zwischen Plato und Aristoteles, wobei der Haupteinfluss von Aristoteles im Bereich der Logik und Naturwissenschaft lag. Aristoteles übersetzte alles in Lehrsätze. So war er mehr ein Wissenschaftler und Lehrmeister als ein Philosoph. Jaspers dazu:

> »Aristoteles nun führt wohl durch seine Folgen auf den Weg, auf dem die Philosophie verloren wird. Aber er selbst steht durchaus noch im Philosophieren, das, obgleich schon brüchig erscheinend, uns angeht. Das zeigt sich auch in den Sätzen, in denen er selber vom Wesen der Philosophie spricht... Aber er hat für die eigentliche Wissenschaft und eigentliche Philosophie eine lähmende Wirkung. Er ist Förderung alles Schulmässigen, der Technik von Diskussionen und denkerisch exakten Schreibgebilden, aber wesentlich überall dort, wo es weder mit Wissenschaft im Sinne von Forschung noch mit Philosophie im existentiellen Sinn Ernst ist. Daher ist er brauchbar, wo der Ernst anderswo liegt: Im Glauben und im konservativen Willen zu unveränderter Dauer.« (14)

Welch eine treffende Definition eines grossen Philosophen für die Thematik des Jungfrau-Zeichens!

Wir erkennen in der Überbetonung eines abstrakten religiösen Prinzips, welche dann überwechselt zum Gegenpol einer rein materialistischen, auf experimentell Nachweisbares beschränkten Haltung, in den Themen dieser Fische/Jungfrau-Achse unsere vergangene westliche Geschichte. Sicher kann man argumentieren, dass die Thematik in dieser Form nur für die jüdisch-christliche Welt zutrifft und Asien andere Entwicklungen durchgemacht hat. Dies ist zweifellos richtig, geht aber am Problem vorbei. Die Kultur, die sich in den letzten zwei Jahrtausenden zur weltbeherrschenden durchgesetzt hat, ist eben die jüdisch-christliche mit der Entwicklung ihres komplementären Pols, der verstandesmässigen Erfassung der Welt – das, was wir heute die westliche Zivilisation nennen, wozu natürlich auch der kommunistische Ostblock zählt. Diese Kultur entsprach der Zeitqualität des Fische/Jungfrau-Zeitalters und wurde deshalb zur beherrschenden, welche sich machtmässig gegenüber anderen Kulturen durchsetzte.

Was im Rahmen dieser auf ideelle Transzendenz oder Existenz (Überleben) ausgerichteten Fische/Jungfrau-Achse verlorenging, ist das Recht auf individuelle Verwirklichung und individuellen Lebensgenuss. Aus »Liebe Deinen Nächsten wie Dich selbst« ist die unrealistische Forderung geworden: »Liebe Deinen Nächsten mehr als Dich selbst.« Dies führte dazu, dass die Zuwendung zu sich selbst nur heimlich, d.h. als verdrängte Qualität, stattfinden konnte. Wir mögen es als Ansatz zur Ablösung vom bisherigen Zeitalter erblicken, dass in den vergangenen Jahrzehnten so viele Methoden entwickelt wurden, um ›sich selbst zu entdecken‹ und ›sich selbst zu verwirklichen‹.

Die verschiedenen Gesichter des Saturn

Wir haben gesehen, dass Saturn gemäss seinem Mythos dem Bedürfnis nach Sicherheit entspricht. Dabei gibt es zwei Manifestationen: Eine statische, welche darin besteht, die Zeit aufhalten zu wollen, so dass sich nichts ändert, und die andere, dynamische, die darauf hinzielt, die Zeit zu strukturieren, um dadurch Kontrolle über die Naturphänomene zu erhalten. Durch sein Bedürfnis nach Chronologie, nach einem gerichteten Zeitablauf, gab Saturn bereits ca. 500 v. Chr. Anlass zur Frage nach Ursache und Wirkung. Diese Fragestellung hat in der westlichen Kultur die letzten zweieinhalb Jahrtausende beeinflusst.

Gemäss der Thematik Fische/Jungfrau wurde Sicherheit während dieser Zeit zuerst aussen in Form der Religion gesucht und Unsicherheit ebenfalls von aussen in Form des Schicksals erlebt. So war Jupiter, welcher mythologisch seinen Vater Saturn besiegte, als Prinzip des Glaubens und der Religion der grosse Wohltäter, während Saturn das Schicksal sowie die Angst vor seinen Schlägen symbolisierte und damit zum grossen Übeltäter wurde. Bis 1500 hatte das Individuum kaum eine eigene Berechtigung, denn es konnte sich höchstens als Teil des göttlichen Plans oder als Spielball der Mächte des Teuflischen erleben.

Um 1500 herum wurden wichtige Schritte unternommen, um die Naturgesetze zu verstehen. Der Mensch traute sich plötzlich zu, die Natur wenigstens ansatzweise verstehen zu können und durch das Erfassen von Gesetzmässigkeiten Zeitabläufe zu strukturieren. Dazu gehörte die Entdeckung der räumlichen Dimension. Die Renaissance kann man als eine Wiedergeburt des individuellen Menschen bezeichnen. Man konnte plötzlich in die Ferne reisen (Amerika wurde entdeckt), sich individuell weiterbilden (der Buchdruck wurde erfunden) und gleichzeitig, dies ist ein interessantes Detail, stand die Einteilung der Zeit dem Individuum zur Verfügung, indem durch die Entdeckung der Feder transportable Uhren hergestellt wurden. Diese waren nicht mehr von der Schwerkraft (Blei als Saturnprinzip) abhängig, wie dies die bisherigen Standuhren waren.

Diese Entdeckung der Fähigkeit des Menschen, die Natur zu verstehen und damit Kontrolle über die Naturphänomene zu erlangen, führte zu einer neuen Sicherheitsutopie, die nun im Gegensatz zu früher ihre Verankerung nicht mehr im Geistigen fand, sondern in der Materie und im Verstand. Dies ergab die Grundlage für die materialistische Anschauung, welche ihrerseits alles Geistige oder Seelische abwertete. Während sich früher der Mensch als Teil eines grösseren Ganzen erlebt hatte, meinte er nun, er sei das Zentrum des Ganzen.

Mitten in die arrogante Selbstgefälligkeit einzelner, die das bisherige System, weil es ihnen zugutekam, aufrechterhalten wollten und alle Anzeichen, welche es bereits ernsthaft in Frage stellten, übersahen, platzte 1781 die Entdeckung des Uranus, eines neuen Prinzips, jenem der Zeitqualität. Seine Bedeutung wurde jedoch erst sehr viel später erkannt. Und dennoch, dieses Prinzip, welches besagt, dass ein kurzer Zeitmoment materielle und räumliche Strukturen gänzlich verändern kann, fand bereits acht Jahre später in Form der französischen Revolution seinen Niederschlag. Damit wurden jahrtausendealte Institutionen von einem Tag auf den andern völlig auf den Kopf gestellt. Im nächsten Kapitel werden wir untersuchen, welche Implikationen Uranus, das Prinzip der Zeitqualität und gleichzeitig astrologischer Herrscher des Wassermann-Zeitalters, mit sich bringt. Seit Aristoteles hiess es »Die Natur macht keine Sprünge« – nun wurde sichtbar, dass die Natur sehr wohl Sprünge macht.

5. Uranus und die Entdeckung der Zeit – Die modernen Naturwissenschaften

Die Entdeckung des Uranus und ›Die Kritik der reinen Vernunft‹

1781 ist rückblickend ein in mancher Hinsicht wichtiges Jahr. Politisch gesehen fanden 1781 im amerikanischen Unabhängigkeitskrieg die entscheidenden Schlachten statt, welche die Engländer bald darauf veranlassten, die Unabhängigkeit der USA zu akzeptieren. Es ist bezeichnend, dass die USA viele der Eigenschaften zeigen, die wir mit dem Planeten Uranus in Verbindung bringen, so dass dieses Land als uranusbetont gilt. Der amerikanische Freiheitskampf beeinflusste andererseits in grossem Ausmass die Stimmung in Frankreich, was einige Jahre später (1789) zur französischen Revolution führte.

Aber 1781 war auch im Bereich des Denkens sowie in der Astronomie und Astrologie ein enorm bedeutendes Jahr: Zu diesem Zeitpunkt entdeckte Wilhelm Herrschel den Planeten Uranus, und Immanuel Kant, der häufig als der wichtigste moderne Philosoph des Westens bezeichnet wird, veröffentlichte seine ›Kritik der reinen Vernunft‹.

Wir haben bereits darauf hingewiesen, dass die Geburts- und Todesdaten von Immanuel Kant im Vergleich zu jenen von Plato, dem wohl wichtigsten Philosophen der Antike, um sehr genau einen platonischen Monat verschoben liegen (2152 und 2151 Jahre). Diese Periode von ca. 2150 Jahren entspricht ihrerseits der Verschiebung des Frühlingspunktes um ein Tierkreiszeichen (einer astronomisch messbaren Grösse). Wie wir bereits gesehen haben, hat der Philosoph Plato die ganze christliche Epoche, welche der Achse Fische/Jungfrau entspricht, massgeblich beeinflusst.

Uranus ist nun, wie die Astrologie lehrt, Herrscher des nächsten Zeichens, in welches der Frühlingspunkt eintritt (Wassermann/Löwe-Zeitalter). So stellt sich die Frage, ob zwischen den drei Ereignissen, nämlich der Entdeckung des Uranus, dem siegreichen amerikanischen Freiheitskampf und der Veröffentlichung der ›Kritik der reinen Vernunft‹ eine sinngemässe Verbindung besteht. Auch der Titel des von Kant veröffentlichten Werkes lässt uns in diesem Zusammenhang aufhorchen, denn für Plato war die Vernunft das oberste Prinzip, und die Zeit, in der Kant als Philosoph wirkte, wird als Epoche der ›Aufklärung‹ bezeichnet; eine Zeit, in der die Vernunft – allerdings in einer etwas anderen Form als bei Plato – erneut zum wichtigsten Prinzip wurde. Nun wird von Kant aber gerade diese Vernunft ›kritisiert‹. Wir mögen uns deshalb fragen, ob dem Werk von Kant vielleicht die Bedeutung eines Meilensteins zukommt, ob Kant vielleicht mit seinen Ideen die Themen eines neuen Zeitalters vorwegnahm, welche mit dem Planeten Uranus zusammenhängen. Dass der amerikanische Freiheitskampf für die folgende Epoche von grosser Bedeutung war, braucht andererseits nicht besonders betont zu werden. Wir werden noch sehen, dass auch hinsichtlich der Freiheitsideale eine Querverbindung zu Kants Schriften besteht. Zunächst wollen wir uns jedoch mit dem Prinzip des Uranus näher beschäftigen.

Uranus – mythologisch und astrologisch gesehen

Im Mythos von Kronos-Saturn haben wir gesehen, dass Kronos seinen Vater Uranus kastrierte, worauf dieser entthront wurde, was wiederum dazu führte, dass schliesslich Jupiter und Saturn (als dessen Schatten) herrschten. Welche Werte sind damit verlorengegangen, die mit der Entdeckung des Planeten Uranus wieder in Erscheinung treten könnten?

In der griechischen Mythologie symbolisierte Uranus vor seiner Absetzung den Himmel. Ergänzungspol und Partnerin des Uranus war Gäa, welche über die Erde herrschte. Nicht nur für die alten Griechen, sondern auch in anderen Kulturen war der Himmel von jeher ein Symbol der Freiheit im Sinne einer Ungebundenheit von der Materie und der Möglichkeit, ein Gefühl für zeitliche Abläufe zu entwickeln und sich dadurch auch an der Zeit zu orientieren. Am Himmel wird für die Orientierung im Kleinen die Polarität von Tag und Nacht (Sonne/Mond) sichtbar; für die Orientierung im Grossen der Zyklus der Jahre, charakterisiert durch die mit dem Sonnenlauf zusammenhängenden Jahreszeiten. Am klarsten ist dieses Prinzip im Taoismus erkennbar, wo das eine der beiden Grundprinzipien, das Yang-Prinzip, nicht nur Symbol des Hellen und Aktiven ist, sondern auch des Himmels und der Zeit, während dem Yin-Prinzip nicht nur das Dunkle und Empfangende entspricht, sondern auch das Räumliche und Körperliche. Man kann diese Eigenschaften folgendermassen verdeutlichen:

Yang	Yin
das Helle	das Dunkle
der Himmel	die Erde
die Zahl	die Form
die Zeit	der Raum
die Qualität	die Quantität
der Geist	die Materie
die Sonne	der Mond
das Bedingende	das Bedingte
das Gebende	das Empfangende
das Männliche	das Weibliche

Yang oder der Himmel ist nur in Wechselwirkung mit Yin, dem Prinzip der Erde, denkbar. Beide zusammen ergeben das, was als das Tao oder der SINN bezeichnet wird. Über das Tao steht im I-GING folgendes:

»Am Himmel bilden sich die Erscheinungen, auf Erden bilden sich Gestaltungen; daran offenbaren sich Veränderung und Umgestaltung.« (1)

»Indem man emporblickend mit seiner Hilfe die Zeichen am Himmel verständnisvoll betrachtet und niederblickend die Linienzüge der Erde untersucht, erkennt man die Verhältnisse des Dunkeln und Hellen. Indem man an die Anfänge zurückgeht und die Dinge bis zu Ende verfolgt, erkennt man die Lehren von Geburt und Tod.« (2)

»Durch seine Weite und Grösse entspricht es (das Tao) Himmel und Erde. Durch seine Veränderungen und Zusammenhänge entspricht es den vier Jahreszeiten. Durch die Bedeutung des Lichten und Dunkeln entspricht es Sonne und Mond.« (3)

Wir verstehen leicht, dass die Integration des uranischen Prinzips des Himmels zu einer Neubewertung des Verhältnisses zwischen Yang und Yin oder Zeit und Raum führt. Unter dem Einfluss des von Jupiter und Saturn (Schatten) beherrschten Fische/Jungfrau-Zeitalters war die Komplementärfunktion von Geist-Seele und Körper verlorengegangen. Der Körper war das, was zurückgelassen werden musste. Gemäss dem Polaritätsprinzip, wie es sich im I-GING ausdrückt, sind hingegen Geist (Himmel) und Körper (Erde) sich ergänzende Prinzipien, so dass das eine nicht ohne das andere existieren kann.

In der Astrologie symbolisiert Uranus all jene Prozesse, in welchen der Zeit eine eigentliche Qualität zukommt und diese ebenso wichtig oder wichtiger ist als der Raum. Dazu gehören insbesondere plötzliche Zwischenfälle, wo ein Moment später alles anders ist als zuvor. Klassische Beispiele dafür sind Unfälle, wo ein kurzer Moment die bisherige Anordnung der Materie vollständig durcheinander bringen kann, aber auch der Prozess, durch den ein neues Wesen in die Existenz tritt, also eine Geburt. Mutationen, welche bewirken, dass das genetische Anlagematerial sich plötzlich verändert, gehören ebenfalls dazu.

So symbolisiert Uranus auch den Zeitgeist und die in einer bestimmten Epoche wirksamen Tendenzen, welche sich von denen einer früheren Zeitepoche unterscheiden. Schlagen wir die Brücke zum Individuum, so können wir sagen, dass die Tatsache, dass ein Mensch zu einem ganz bestimmten Zeitpunkt geboren wurde, ihm eine Qualität verleiht, welche ihn von anderen unterscheidet. Uranisch sein bedeutet auch, mit der Zeit zu gehen und die gegenwärtige Zeitqualität auch im eigenen Leben zum Ausdruck zu bringen. Dies führt dann eben zur Auflehnung in Form der Revolution, falls von denen, die an der Macht sind, Massstäbe früherer Epochen durchgesetzt werden wollen. Die Gruppe, welche sich auflehnt, folgt dann nicht der etablierten Autorität mit ihren Gesetzen und Geboten, sondern dem gemeinsamen Gefühl einer neuen Zeit, was zum vereinten Aufbruch in Richtung ganz neuer Horizonte führt.

Auch die Astrologie als solche entspricht dem Uranusprinzip. Sie führt im Bereich der Psychologie den Begriff der Zeitqualität ein. So hat jeder Augenblick seine spezielle Qualität, und die Verbindung zwischen Geburtsort und Geburtsmoment verleiht jedem Menschen eine Einzigartigkeit, die ihn von einem anderen unterscheidet. Diese Einzigartigkeit ist durch Symbole, Planeten, Tierkreiszeichen, Häuser, usw. ausdrückbar. Die Entfaltung der Zeit löst dann bei jedem Menschen zu einem unterschiedlichen Zeitpunkt die Anlagekomponenten aus, so dass jedes Leben grundsätzlich einen anderen Verlauf nimmt.

Man mag sich fragen, was dies mit dem griechischen Himmel (Uranos) zu tun hat. Eine erste Entsprechung ist darin zu erblicken, dass bei einem starken Uranus-Einfluss die geistige (himmlische) Essenz stärker ist als jene der Materie. Andererseits manifestiert sich diese geistige Essenz gemäss den Gesetzmässigkeiten, die am Himmel über den Lauf der Gestirne erkannt werden können. Dort können wir im Wechselspiel der Gestirne in Form eines Abbildes das beobachten, was noch nicht in die konkrete Erscheinungsform getreten ist. So heisst es wiederum im I-GING, dem Buch der Wandlungen (einem wahrlich uranischen Buch):

> »Der Meister sprach: Die Keime zu erkennen, das ist wohl göttlich. Der Edle... kennt wohl die Keime. Die Keime sind der erste, unmerkliche Beginn der Bewegung, das, was von Heil (und Unheil) zuerst sich zeigt. Der Edle sieht die Keime und handelt sofort. Er wartet nicht erst den ganzen Tag.« (4)

Diese Sätze drücken aus, wie durch Kenntnis der Zeitqualität das räumlich noch nicht Sichtbare wahrgenommen werden kann. Sie legen also eine Ganzheit nahe, welcher eine Synthese zwischen Raum und Zeit entspricht, und weisen darauf hin, wie der Zugang zu der Dimension Zeit einen besseren Überblick über das Räumliche ermöglicht. Die Zeichen der Zeit sind andererseits direkt am Himmel ablesbar oder aber im Nachhinein an den bereits im Räumlichen erzeugten Entsprechungen sichtbar.

Das Akzeptieren, dass die Zeit eine eigene Dimension darstellt, die zu den drei räumlichen hinzukommt, schafft ein neues Bewusstsein. Sicherheit im vierdimensionalen Suchen löst die Angst vor Veränderungen auf, denn Veränderungen im Bereich des Materiellen sind nicht mehr wirklich beunruhigend, wenn wir deren Gesetzmässigkeiten erfassen können. Beispielsweise erschreckt uns der Wechsel von Tag und Nacht oder der Jahreszeiten nicht, weil wir die Gesetzmässigkeiten ihres Ablaufes verstehen und aus der Erfahrung kennen. Dies gilt aber grundsätzlich auch für andere Veränderungen, sofern wir deren Ablauf überblicken können. Wir werden in einem separaten Abschnitt noch auf das Thema der Zeitqualität zu sprechen kommen. Für den Moment wollen wir uns den Gedankengängen Immanuel Kants zuwenden, um zu sehen, ob wir in seinen Konzepten Parallelen zum gleichzeitig entdeckten Uranus-Prinzip finden.

Kants Kritik der Vernunft

Das grundlegende Werk Kants, ›Die Kritik der reinen Vernunft‹ (5), betrachtete Karl Jaspers (6) als die wichtigste philosophische Schrift seit Plato. Was ist denn an diesem Werk so wichtig? Kant versucht uns darin klarzumachen, dass Raum und Zeit subjektive Begriffe sind:

Grundsätzlich liefern uns die Sinne, und nur sie allein, Anschauungen, d.h. Vorstellungen einzelner Gegenstände. Man könnte denken, eine solche Vorstellung, wie beispielsweise die eines Baumes, sei nicht weiter zerlegbar. Tatsache ist jedoch, dass die Sinne uns in Form von Empfindungen nur den Rohstoff zur Vorstellung ›Baum‹ liefern. Es ist noch etwas in uns, das die Empfindungen ordnet, und zwar in einer für uns Menschen ganz spezifischen Weise: In eine räumliche und zeitliche Struktur. Das Prinzip in uns, das diese Einordnung bewirkt, stammt selbst nicht aus der Empfindung.

Von allem Erfahrungsmässigen oder Empirischen können wir bei unserer Wahrnehmung absehen. Wir können uns beim Baum beispielsweise seine Farbe wegdenken. Von seiner Ausgedehntheit im Raum können wir jedoch nicht absehen, ohne die Vorstellung vom Baum zunichte zu machen. Die Raumvorstellung ist a-priori gegeben. Deshalb treten uns die Erscheinungen der äusseren Welt in räumlicher Form entgegen. Dies ist jedoch nicht eine Eigenschaft, welche die Gegenstände der äusseren Welt selbst haben. Wir sind es, welche den äusseren Gegenständen die Vorstellung von Raum überstülpen.

Das gleiche gilt für die Zeit. Auch sie ist eine a-priori gegebene Form unserer inneren Anschauung. Sie ist nicht Bestandteil der Abläufe, sondern die Bedingung, ohne die wir keine Erfahrung von ihnen haben könnten.

Es geht uns mit Raum und Zeit ähnlich wie wenn wir eine Brille mit grünen Gläsern tragen würden: Wir sehen in diesem Fall alles in Grüntönen. Die uns bei Geburt mitgegebene ›Raumbrille‹ veranlasst uns, die Dinge in räumlichen Kategorien zu sehen, und unsere ›Zeitbrille‹ lässt uns Abläufe chronologisch wahrnehmen. Diese Kategorien charakterisieren jedoch nur unsere Vorstellung der Realität und keineswegs die Realität an sich; ganz ähnlich wie unsere Umgebung nicht deshalb grün wird, weil wir sie aufgrund einer grünen Brille in Grüntönen wahrnehmen.

Da jeder Mensch eine ähnliche Wahrnehmungsbrille trägt, wird es für verschiedene Menschen kein Problem sein, sich miteinander über ihre Erfahrungen zu unterhalten und hinsichtlich räumlicher und zeitlicher Wahrnehmung einen Konsens zu finden. Der sogenannte ›gesunde Menschenverstand‹ würde die Konsistenz entsprechender Schlussfolgerungen bestätigen. Dabei handelt es sich aber höchstens um menschliche Vernunft, denn die a-priorische Verzerrung der Wahrnehmung des Raum-Zeit-Kontinuums führt automatisch zu falschen Schlussfolgerungen, wenn wir nämlich jene Kategorien von Raum und Zeit zu Hilfe nehmen, welche innerhalb unseres persönlichen Erfahrungsbereiches liegen, um Dinge zu begreifen, die über diesen Erfahrungsbereichs hinausgehen. Kant folgerte daraus, dass der ausschliessliche Gebrauch unserer Vernunft philosophisch zwangsläufig in eine Sackgasse führt. Beispielsweise kann Gott mit Hilfe unserer Vernunft weder bewiesen noch widerlegt werden, und ähnlich steht es mit anderen Dingen, die unsere Erfahrung transzendieren. Kant drückte noch weitere Gedanken aus, die einen ausgesprochen uranischen oder wassermännischen Charakter haben. So forderte er in seiner Abhandlung ›Zum ewigen Frieden‹ (1795) einen Föderalismus freier Staaten, die untereinander durch einen Vertrag verbunden sein sollten, der den Krieg untersagt. Er legte dar, dass die Vernunft den Krieg aufs schärfste ablehnt und nur eine internationale Regierung ihn verhüten kann.

Im folgenden einige Worte von Karl Jaspers zum philosophischen Werk Kants: (5)

> »Hat man Kant angeeignet, soweit das überhaupt möglich ist, so ist es wie nach der Besteigung eines höchsten Berges: man übersieht alle anderen Berge, und nun wird es leicht, sich zurückzufinden und diese anderen besser kennenzulernen... Wer aber verstehen will, muss Geduld haben. Er muss dasselbe in anderer Gestalt, bei Wiederholung, wiedererkennen. Irgendwann, plötzlich geht ihm ein Licht auf. Es handelt sich nicht um einen mathematischen Gedanken, der mit komplizierten Operationen erzwungen werden kann, sondern es handelt sich um eine mit dem Denken selber zu vollziehende geistige Umwendung. Es handelt sich nicht darum, etwas als einen Gegenstand zu begreifen, sondern im Gegenständlichen etwas Ungegenständliches zu vollziehen. Wohl ist dazu das Lernen einer philosophischen Sprache und das Begreifen partikularer Klarheiten notwendig. Aber diese haben nur Sinn, wenn eines Tages der Ruck erfolgt: der Ruck einer Einsicht, die nicht mystisch, nicht moralisch, nicht von Offenbarungscharakter ist, aber im vernünftigen Denken mit dem Denken das Denken selber transzendiert.« (6)

Der letzte Satz in der brillanten Charakterisierung von Kants Werk durch Jaspers ergibt eine der schönsten astrologischen Definitionen für die Symbolik des Uranus: Plötzliche Einsicht als Gedankenblitz der Intuition, die weder mystisch (neptunisch) noch moralisch (saturnisch) ist, sondern ein Denken darstellt, welches die Logik hinter sich zurücklässt (Uranus als höhere Oktave des Merkur). Ähnlich uranisch sind die folgenden Worte Jaspers zu Kants Werk:

»Wir werden von Kant mitgenommen auf den Weg, von einem Denker, der sich am Wegrande für seine Rast ein Haus erbaut hat, in dem weder er noch wir wohnen bleiben sollen. Das Haus, das System, ist als Mitteilungsform unerlässlich, um sich zu besinnen auf den Weg. Aber nun gibt es zwei Arten von Kantianern: die im Haus der Besinnung Wohnung nehmen für immer, und die mit Kant nach der Besinnung auf dem Wege mitgehen.

Kant ist der schlechthin Unumgängliche. Ohne ihn bleibt man in der Philosophie kritiklos. Aber keineswegs ist Kant die ganze Philosophie. Wohl eröffnet er in der Bildlosigkeit und Anschauungslosigkeit die weitesten Bereiche, aber er erfüllt sie nicht. Wohl ist er durch die von ihm gefundenen Formen von unvergleichlicher Kraft für das Sich-selbst-Ergreifen des Menschen; aber er selbst bleibt gestaltlos, weil das, was er ist und zu sagen vermochte, über alle blosse Gestalt hinausliegt.« (6)

Kant zeigte die Relativität unserer erkenntnismässigen Wahrnehmungskategorien auf. Wir sehen die Realität nicht so, wie sie ist, sondern so, wie wir strukturiert sind. Ansatzweise finden wir bei Kant auch Parallelen zu den Archetypen der Jung'schen Psychologie, wonach wir aufgrund gewisser inliegender kollektiver Muster die Dinge in und um uns herum wahrnehmen.

Der Beginn der modernen Naturwissenschaften um 1900

Wir haben gesehen, dass Kant einer der wesentlichsten westlichen Vorläufer der Theorien der modernen Physik war, insbesondere der Relativitätstheorie, der Entdeckung eines Raum-Zeit-Kontinuums, welche im Bereich der Wissenschaft um 1900 erfolgte. Wenn wir von Entdeckung sprechen, so wollen wir uns vor Augen halten, was dieses Wort bedeutet: Es heisst nichts anderes, als dass man die Decke weglegt und nun plötzlich etwas sieht, das man vorher nicht gesehen hat. Es brauchte im Jahr 1781 die Bereitschaft, Uranus nicht mehr bloss als Stern zu sehen, so wie es um 1900 die Disposition brauchte, Raum und Zeit nicht mehr zum vornherein als voneinander getrennte Dimensionen vorauszusetzen. In diesem Moment wuchs der Mensch auch im Bereich seiner experimentellen Wahrnehmung (Naturwissenschaft) über die Naivität hinaus, sein eigenes Wahrnehmungssystem als für die äussere Realität verbindlich und absolut gültig zu betrachten. Bezeichnenderweise ergaben sich diese Erkenntnisse aus dem Studium von Phänomenen, welche am Rande der normalen Erfahrungen liegen, nämlich im Zusammenhang mit der Beobachtung der Lichtgeschwindigkeit.

Wir können die Zeit um 1900 als eine Periode bezeichnen, in der – ganz ähnlich wie dies um 1500 mit dem Raum geschah – nun im Bereich der Wissenschaft die Zeit als eine den Raum beeinflussende Qualität entdeckt wurde. Die Integration der dritten Dimension, jener der Tiefe, hatte seinerzeit zur Entdeckung des Raumes wie auch zur Erforschung der Materie geführt, was sich in strengen Kausalgesetzen ausdrückte, welche in der Vorstellung gipfelten, dass die Welt wie eine Maschine organisiert sei, die nach rein mechanischen Gesetzen funktioniere. Ausgehend von der ursprünglichen Vorstellung von etwas Nichtfassbarem, Göttlichem, wurde die zeitliche Dimension schliesslich über die Entwicklung der Uhr zu etwas rein Mechanischem gemacht, das man lediglich messen und einteilen konnte. Obwohl bei Newton noch das Konzept vorhanden war, dass Gott in den Zeitablauf eingreifen könne, wurde auch diese Vorstellung später aufgegeben, um nur noch die reine Kausalität aufrechtzuerhalten. Eine ausschliesslich kausale Betrachtungsweise bedeutet jedoch, der Zeit keine eigene Qualität zuzugestehen, denn wenn die Zukunft aufgrund der Vergangenheit zum vornherein festgelegt ist, so geht dem Zeitabschnitt zwischen Vergangenheit und Zukunft jegliche gestaltende oder verändernde Qualität ab. Dies hatte zum materialistischen Weltbild geführt, welches sich auf die aristotelische Formel ›Die Natur macht keine Sprünge‹ abstützte. Natürlich musste man zur Rechtfertigung von Phänomenen, welche nicht in dieses kausalistische Korsett passten, zur Vorstellung des Zufalls greifen, wobei dieses Wort seine ursprüngliche Bedeutung von ›es fällt einem zu‹ verlor, um lediglich das Nicht-Erklärbare zu charakterisieren. In diesem Weltbild waren die drei räumlichen Dimensionen sowie die Materie die letztgültigen Realitäten, auf welche alles zurückgeführt werden musste.

Nun entwickelte kurz nach 1900 Albert Einstein die Relativitätstheorie, wodurch eine Verbindung zwischen Raum und Zeit hergestellt wurde: Raum und Zeit konnten nicht mehr getrennt voneinander betrachtet werden, sondern beeinflussten sich gegenseitig. Natürlich muss diesem Konzept die Materie als letztgültige Bezugsgrösse und Inbegriff der räumlichen Dimension zum Opfer fallen. Diese ist als ausschliessliches Mass der Dinge nicht mehr geeignet; sie kann in Energie umgewandelt werden. Auch sieht nun die Natur je nach dem Bewegungszustand des Beobachters ganz verschieden aus. Es gibt in der Aussenwelt dementsprechend keine Gegebenheiten ›an sich‹ mehr. Man kann höchstens über das Verhältnis zwischen den Dingen etwas aussagen, z.B. kann die Beziehung zwischen Subjekt und Objekt beschrieben werden, aber nicht das Objekt als solches. Durch die vierte Dimension, die Zeit, wurde die Beschreibung der Materie, des rein Räumlichen, relativiert.

Kurz danach brachten die Entdeckungen von Max Planck eine gänzliche Durchkreuzung des aristotelischen Weltbildes: Energie wurde nicht mehr auf eine kontiniuerliche Art übertragen, sondern in Quanten. Als Konsequenz daraus können wir herleiten, dass plötzlich unerwartete Resultate möglich sind. Es ist, als würden sich die Dinge im Unsichtbaren vorbereiten und im Sichtbaren durch plötzliche Erscheinungen erkennbar werden.

Durch de Broglie wurde schliesslich der Widerspruch in die wissenschaftliche Welt hineingetragen, dass Licht sowohl Welle als auch Korpuskelbewegung sein kann. Plötzlich musste man also akzeptieren, dass sich gewisse Dinge nicht klar über ein Modell oder ein Konzept beschreiben lassen. Es galten verschiedene Modelle zur gleichen Zeit. Das Licht hatte eine Doppelnatur, und man musste lernen, mit dieser Doppelnatur eines Naturphänomens umzugehen. Es wurde also sichtbar, dass wissenschaftliche Theorien nur Modelle sind, nicht Realität. Auch dies war eine Erschütterung der bisherigen wissenschaftlichen Vorstellung: Man konnte Phänomene weder mit einem Begriff noch mit einer Formel etikettieren, denn sie konnten verschiedenen Dingen entsprechen.

Wir können hier den Zusammenhang mit einer traditionellen Vorgehensweise aus dem asiatischen Raum erkennen: Wenn der Schüler dem Zen-Meister eine Frage stellt, so wird er sehr oft eine absurde Antwort erhalten. Dies deshalb, weil der Zen-Meister weiss, dass es nicht möglich ist, die Wirklichkeit mit Begriffen zu charakterisieren. Indem der Schüler mit verschiedenen absurden Antworten konfrontiert wird, kann er vielleicht auf eine andere Ebene des Verstehens gelangen.

Als nächsten Schritt im Bereich der Wissenschaft finden wir die von Heisenberg entwickelte Unbestimmtheitsrelation. Auch hier handelt es sich um eine Revolution, da dieses Gesetz beinhaltete, dass gewisse Dinge per Definition nicht präzise zu umschreiben sind. Dazu Heisenberg:

> »An der scharfen Formulierung des Kausalgesetzes ›Wenn wir die Gegenwart genau kennen, können wir die Zukunft berechnen‹ ist nicht der Nachsatz, sondern die Voraussetzung falsch. Wir können die Gegenwart in allen Bestimmungsstufen prinzipiell nicht kennenlernen.« (7)

So waren also beim Erfassen der Wirklichkeit Grenzen gesetzt, und es stellte sich einmal mehr die Frage: Was ist Wirklichkeit? Es wurde klar, dass wir diese bloss aufgrund unserer Wahrnehmungskategorien erfassen können. Bisher konnte uns die Wissenschaft die Illusion vermitteln, die Wirklichkeit gehorche unseren Wahrnehmungsmustern von Raum und Zeit. Nun wurde offenkundig, dass die Wissenschaft einen weiteren Abstraktionsschritt vorgenommen hatte und damit unser Denkvermögen bewusstseinsmässig unserem, auf sinnesmässiger Wahrnehmung beruhenden, ›gesunden Menschenverstand‹ vorauseilte. Dabei stossen wir auf die von Kant beschriebenen Grenzen unserer Vernunft.

Um 1900 herum durchkreuzte im Bereich der Biologie noch eine weitere Entdeckung das bisherige Weltbild: Die Entdeckung, dass es Mutationen gibt. Die Mutationstheorie von de Vries katapultiert uns ebenfalls aus dem Weltbild der Kontinuität in eines der Diskontinuität. Es handelte sich dabei um eine Absage an die Kausalität, gemäss welcher aus einer materiell erkennbaren Ursache eine materiell erkennbare Wirkung hervorgeht.

In der gleichen Zeit, nämlich anfangs des 20. Jahrhunderts, erschienen wichtige Schriften über die Traumdeutung von Sigmund Freud und später von C.G. Jung. Es stellte sich heraus, dass wir es im Traum mit Symbolen zu tun haben, die nicht zeitlich-kausal, sondern aufgrund von Analogien miteinander verbunden sind. Dabei wurde auch ersichtlich, dass sich die Zeitachse umkehren kann. Es gab also keine klare zeitliche Abfolge mehr, sondern viel eher eine Verknüpfung von Dingen aufgrund ihrer Analogie oder Verwandtschaft. Schon die Betrachtung der Traumdimension an sich führt zu einem anderen Zeitempfinden. Der Ablauf des Geschehens ist im Traum intensiver und schneller als im Wachbewusstsein. Somit sind die Abläufe im Traum zeitlich komprimiert und kondensiert: Die Traumzeit deckt sich nicht mit der Uhrzeit.

Die Auflösung der räumlichen Struktur durch die Zeitdimension zeigt sich jedoch nicht nur im Bereich der Wissenschaften. Hatten wir um 1500 in der Malerei die Einführung der Perspektive (der dritten Dimension) durch Leonardo da Vinci, so wurde als nächster Schritt die konkrete Form der Abbildung gesprengt, am deutlichsten in Form des Kubismus, dessen Anliegen man als ein Sichtbarmachen der Unendlichkeit des Raumes bezeichnen kann. Die Auflösung des Räumlichen finden wir auch im Konzept des durch die Zeit gekrümmten Raumes in der Physik wieder.

Erinnern wir uns daran, dass es um 1500 herum über den Buchdruck plötzlich möglich wurde, Wissen in die Breite, d.h. in den Raum zu streuen, so erleben wir im 20. Jahrhundert in Form von Film und Fernsehen die Möglichkeit, nicht nur statische Informationen und Bilder weiterzugeben, sondern bewegte, die in einer zeitlichen Abfolge dargeboten werden. Die ersten Filme wurden um 1900 herum gezeigt. Fünfzig Jahre später kam dann auch der Computer dazu.

Ein neuer Umgang mit der Dimension Zeit bedeutete auch, Mittel und Wege zu entwickeln, um in kurzer Zeit räumliche Distanzen zu überwinden. Schnelle Fortbewegungsmittel ermöglichten die Überwindung der räumlichen Trennung zwischen Ländern und Kontinenten. Um 1900 wurden bereits die ersten Automobile angeboten und die ersten Versuche mit Gleitflügen gemacht, während die Luftschiffe als Vorläufer der Flugzeuge eine Betrachtung der Welt von oben ermöglichten. 1903 gelangen Wright die ersten Motorflüge.

Wir erkennen anhand dieser Beispiele, dass im 20. Jahrhundert einerseits der Zeitbegriff im Bereich der Wissenschaft eine Neudefinition erfährt, andererseits ganz neue Möglichkeiten entstehen, die für die räumliche Fortbewegung erforderliche Zeit zu straffen. Gleichzeitig bahnt sich die Möglichkeit an, den Luftraum zu erobern, um sich dadurch nicht nur schnell fortzubewegen, sondern symbolisch gesehen auch einen Überblick über das Treiben auf der Erde zu gewinnen. Wir erkennen hier eine ganze Anzahl von Entsprechungen zum Uranus-Prinzip: Der Mensch erhebt sich zum Himmel und entwickelt die Hoffnung, sich von seiner Verkettung an die Materie, an das Dreidimensionale zu befreien. Dies führt dann auch soweit, dass er fähig wird, die Materie zu zertrümmern. Damit wird er allerdings bald zum Zauberlehrling, denn er hat von seinem Bewusstsein her noch nicht gelernt, mit den vielen Möglichkeiten, die sich ihm eröffnen, harmonisch umzugehen.

6. Die zwei Gesichter der Zeit – Tote und kreative Zeit

Unter ›toter Zeit‹ verstehen wir eine Zeit, die ihrer Qualität beraubt worden ist. Dies ist dann der Fall, wenn wir die Zeit als eine Grösse sehen, die wir quantitativ messen können, aber nicht bereit sind, innerhalb des Zeitflusses qualitative Unterschiede zwischen einem Zeitpunkt und dem nächsten zu berücksichtigen. Wir verschieben dann die Zeit, als wäre sie ein toter Körper, wir behandeln sie als Konstante.

Ein Beispiel möge diese heute sehr verbreitete Haltung veranschaulichen: Viktor, ein 50 Jahre alter Ingenieur, hat viele persönliche Wünsche, die er nicht befriedigen kann, weil ein grosser Arbeitsdruck auf ihm lastet. Er möchte malen, und er würde gerne auf einer Parzelle, die er in einer ländlichen Gegend besitzt, biologischen Landbau betreiben. Diesen Interessen kann er sich aber nicht widmen, weil ihm seine leitende Tätigkeit in der chemischen Industrie dafür keine Zeit übrig lässt. Nun hat ihm ein alter Freund den Vorschlag gemacht, mit ihm zusammen einen Betrieb für biologischen Landbau ins Leben zu rufen. Er und sein Kollege hätten zusammen die nötigen Mittel für das Startkapital. Das Projekt wäre realisierbar, aber Viktor kann sich nicht zu einem Entschluss durchringen. Er macht folgende Überlegung: Sein gegenwärtiger Job ist sicher. Die Arbeit ist zwar sehr aufreibend, und meist kommt er abends erschöpft und oft auch unbefriedigt nach Hause. Er rechnet sich jedoch aus, dass ihm sein Gehalt erlaubt, noch einige Ersparnisse anzulegen, die ihm nach der Pensionierung in 15 Jahren einen besseren Start ermöglichen werden. So schiebt er sein Vorhaben auf später auf. Zum Trost nimmt er sich vor, sich vielleicht mit 62 Jahren vorzeitig pensionieren zu lassen.

Hat er richtig entschieden? In seiner Umgebung gehen die Meinungen auseinander. Die wenigen Kollegen in der Firma, die seinen Zwiespalt kennen, bestärken ihn in seinem Entschluss. Gerade heute sei es wichtig, auf Sicherheit zu schauen, und in dieser Hinsicht biete eine Grossfirma unvergleichliche Garantien. Auch seine Ehefrau möchte ihren gewohnten gesellschaftlichen Rahmen nicht aufgeben. Es wäre für sie schwer denkbar, sich an eine gänzlich neue Situation gewöhnen zu müssen. Kritische Stimmen vernimmt er lediglich von seinen beiden erwachsenen Söhnen. Sie werfen ihm mangelnden Mut vor.

So setzt er seine Tätigkeit fort. Sein Freund findet einen anderen Partner und startet sein Projekt im Bereich des biologischen Landbaus. Im Laufe der nächsten Jahre wird Viktor beruflich immer mehr unter Druck gesetzt. Die Marktlage der Produkte, die er betreut, hat sich verschlechtert, und die Geschäftsleitung ist der Meinung, es brauche neue Ideen und mehr Flexibilität. Viktor muss seine Stellung gegen nachrückende jüngere Kräfte verteidigen. Das kostet ihn viel Energie, so dass seine Freizeit weiter schrumpft. Er klammert sich immer mehr an seinen Posten, und seine Gedanken kreisen in zunehmendem Mass um das Thema Sicherheit. Anzeichen einer Krise werden übersehen. Er hat auch immer weniger Zeit, um an die Projekte zu denken, die ihn vor einigen Jahren beflügelten. Mit seinem Kollegen, der damals mit ihm das Projekt ›Biologischer Landbau‹ starten wollte, hat er kaum mehr Kontakt; sein Erfolg schmerzt ihn.

Als Viktor 57 Jahre alt ist, bricht die Krise manifest aus: Seine Firma, die ihm als Garant für Sicherheit erschien, wird von einem grösseren Konsortium aufgekauft. Er wird zwar nicht entlassen, aber in seinen Kompetenzen zurückgestuft, was auch Auswirkungen auf sein Gehalt hat. Es bleibt ihm nur noch die Hoffnung, durchzuhalten. Er spricht nicht gerne darüber, aber er realisiert, dass er vor sieben Jahren einen grossen Fehler begangen hat. In seinem äusseren Gebaren wirkt er strenger als früher. Er muss auch in zunehmendem Masse auf seine Gesundheit achten; vieles kann er nicht mehr essen. Nur eines stimmt ihn noch heiter: Wenn er ein Buch gelesen hat über jemanden, der ohne Mittel anfing und sich in der Folge ein Imperium aufbaute, dann leuchten seine sonst trüben Augen wieder. Obwohl er nie mehr an eine vorzeitige Pensionierung denkt, kommt es dennoch dazu, aber nicht so, wie er sich das vorgestellt hat: Mit 62 Jahren muss er sich wegen eines Darmkrebses, der ihm jegliche geregelte Arbeit verunmöglicht, vorzeitig pensionieren lassen. Zwei Monate danach stirbt er.

Was ist in diesem Falle schief gelaufen? Sicher könnte man sagen, dass es Viktor an Mut gefehlt hat, etwas neues anzufangen, wozu er grosse Lust gehabt hätte. Immerhin hat er aber auf Leute gehört, denen man von ihrem Alter her eine gewisse Lebenserfahrung nicht absprechen kann, die seine Söhne, welche gegenteiliger Meinung waren, nicht hatten. Er konnte auch mit einem gewissen Recht sagen, dass es unvorsichtig gewesen wäre, das Lustprinzip in den Vordergrund zu stellen. An Lust zur Veränderung hat es ihm wahrlich nicht gefehlt. Er hat sich aber für Sicherheit und Verantwortung entschieden; seine Frau hätte eine schwierige Zeit gehabt, wenn er sich anders entschlossen hätte. Niemand konnte wissen, dass es in seiner Branche, die immer als stabil galt, nun plötzlich schlecht gehen könnte. Hat er also einfach Pech gehabt? Aber warum hatte er damals das Gefühl, dass er sich verändern sollte? Hat es etwas zu bedeuten, dass die Krise genau sieben Jahre nach seiner fraglichen Entscheidung eintrat? Es war ihm aufgefallen, dass im Abstand von sieben Jahren in seinem Leben einschneidende Ereignisse stattfanden, aber er hatte das als Zufall abgetan. Schliesslich gab es dafür ja keine Erklärung!

An diesem Beispiel wird der Unterschied zwischen linearer und zyklischer oder Chronos- (chronologischer) und Uranus-Zeit sichtbar. Die Schwierigkeit, mit zyklischer Zeit umzugehen, liegt darin, dass sie in unserem heutigen Weltbild keinen anerkannten Platz hat, weil ihre Gesetzmässigkeiten nicht allgemein anerkannt sind. Wir werden noch sehen, dass dies nicht immer so war. Zunächst wollen wir jedoch die beiden Zeitbegriffe näher erläutern.

Beim chronologischen Umgang mit dem Faktor Zeit geht man von der Annahme aus, dass sich verschiedene Momente im Leben von ihrer Qualität her nicht unterscheiden. Man geht von der Vergangenheit aus und projiziert diese in die Zukunft: Hat etwas bisher gut funktioniert, nehmen wir an, dass es auch in Zukunft gut gehen wird. Die Vergangenheit wird also der Zukunft übergestülpt, und man trachtet danach, die Zukunft wie die Vergangenheit zu gestalten. Dies erscheint einem als der sicherste Weg. In einer Zeit, in der sich die Dinge so schnell verändern wie heute, versagt aber diese Methode.

Sein Leben nach der chronologischen Zeit auszurichten, bedeutet auch eine Überbetonung des Prinzips der Pünktlichkeit und Verantwortung. Das führt meist dazu, dass kreative Regungen und Ansätze zu spielerischer Lust unterdrückt werden. Dahinter verbirgt sich die Illusion: Wenn ich nur getreu meine Pflicht erfülle und meiner Verantwortung gegenüber der Mitwelt nachkomme, dann werden die anderen (und Gott?) dafür sorgen, dass es mir gut geht. Was dabei zu kurz kommt, ist die Verantwortung, die jeder Mensch gegenüber sich selbst trägt: aus seinem Leben etwas Einzigartiges zu machen, so dass er auf dem Sterbebett sagen kann: »Das, was mir wichtig war, habe ich in diesem Leben verwirklicht.«

Der Umgang mit der zyklischen oder uranischen Zeit bedeutet eine Bereitschaft, auf seine innere Stimme zu hören und auch Dinge zu tun, von denen man mangels Erfahrung nicht weiss, wie sie herauskommen werden, die man aber dennoch tut, weil man von ihrer Richtigkeit überzeugt ist. Das erfordert den Mut, an Brennpunkten des Lebens Entscheidungen zu fällen, die man nicht erklären kann, und Dinge zu tun, die andere vielleicht vor den Kopf stossen. Diese Dimension tritt bei allen kreativen Menschen in Erscheinung. Manchmal werden, wie von C.G. Jung, die inneren Impulse als ein Dämon empfunden, der einen zum Aufbruch zu neuen Horizonten anspornt:

> »Ich hatte alle Mühe, mich neben meinen Gedanken zu behaupten. Es war ein Dämon in mir, und der war in letzter Linie ausschlaggebend. Er überflügelte mich, und wenn ich rücksichtslos war, so darum, weil ich vom Dämon gedrängt wurde. Ich konnte mich nie aufhalten beim einmal Erreichten. Ich musste weitereilen, um meine Vision einzuholen. Da meine Zeitgenossen begreiflicherweise meine Vision nicht wahrnehmen konnten, so sahen sie nur einen sinnlos Davonlaufenden.« (1).

Jung hat als uranischer Mensch diese Dimension sehr gut gekannt. Das hat ihn auch zu einer intensiven Auseinandersetzung mit Astrologie und I-GING geführt. Es ist nämlich die Spezialität der Astrologie, dass sie sich mit der zyklischen Zeit befasst und wiederkehrende Rhythmen (die Planetenzyklen) untersucht. Dabei wird deutlich, dass zyklische Zeit ihre Gesetzmässigkeiten hat, die man erfassen kann. Sie drücken sich allerdings nicht in Form von Ereignissen aus, sondern in Form von Symbolen, welche durch einen bestimmten Zeitpunkt angesprochen werden. So gibt es für jede menschliche Betätigung Momente, welche für diese Ausdrucksform geeignet sind und andere, da eine solche Ausdrucksform gegen die Zeit laufen würde. Sich einzupendeln auf die zyklische Zeit bedeutet also, sich in Harmonie zu bringen mit den kosmischen Rhythmen. Wir haben dies im Westen während einigen Jahrhunderten verlernt. Betrachtet man aber die Geschichte der Menschheit, so handelt es sich dabei um einen Sonderfall, eine ›Absonderung vom Ganzen‹, die bloss einige hundert Jahre angedauert hat und letztlich nicht überlebensfähig ist.

Wie wichtig den alten Chinesen das ›mit der Zeit gehen‹ war, drückt sich darin aus, dass im I-GING (2) eines der schlimmsten Urteile lautet: »Die Zeit hat ihn verlassen.« Nicht mehr in Einklang zu sein mit der Qualität der Zeit bedeutet Verirrung und Unheil. Das I-GING gibt als Orakelbuch Hinweise, wie wir uns in Einklang bringen können mit der gegenwärtigen Zeitqualität. In diesem Sinne schlägt es die Brücke zwischen archetypischer und moderner Zeit und erlaubt uns, das Verhaftetsein in der chronologischen oder gemessenen Zeit hinter uns zu lassen.

6.1. Die geschichtliche Entwicklung des Zeitbegriffs

Wir können uns nicht leicht vorstellen, dass die Einteilung der Zeit in Vergangenheit, Gegenwart und Zukunft dem Menschen gar nicht immer naheliegend war. So besitzen die Hopi-Indianer, wie viele andere sogenannte primitive Kulturen, in ihrer Sprache keine Vergangenheits-, Gegenwarts- und Zukunftsform. Ihre Welt kennt nur zwei Grundformen: das Manifeste, welches objektive Gestalt angenommen hat, und das Subjektive, noch nicht Manifeste. Diese Phase machen wir alle in unserer Entwicklung durch. Bis zum Alter von einem Jahr haben wir als Kind kein Gefühl für Zeit, wir leben ausschliesslich in der Gegenwart. Mit zwei Jahren ist ein Kind fähig, ein ›Heute‹ zu erkennen, mit zweieinhalb Jahren ›morgen‹ von ›heute‹ zu unterscheiden und mit drei Jahren auch ein ›Gestern‹ wahrzunehmen. Erst mit 16 Jahren gelangen wir in den vollen Besitz der von unserer Kultur verlangten Fähigkeit zur Unterscheidung verschiedener zeitlicher Einheiten (3).

Nach Ken Wilber lebten die vorgeschichtlichen Jäger und Sammler weitgehend von Augenblick zu Augenblick oder höchstens von Tag zu Tag. Ein Gefühl für ausgedehnte Zeitabläufe war nicht vorhanden. In dieser Phase bestand kein Bedürfnis, Ackerbau zu betreiben und etwas für das folgende Jahr anzupflanzen, weil das nächste Jahr im damaligen Bewusstsein gar nicht existierte. In dieser Phase der Menschheit, welche Wilber die ›typhonische‹ nennt, war jeder Tod die Folge von Gewalteinwirkung und wurde nicht als natürliches Schicksal zeitlicher Wesen angesehen. Der Tod war ein ›abruptes und magisches Geschehen, das jetzt eintreten konnte oder nicht – er war nicht etwas, das in einer fernen Zukunft eintritt‹. Wilber schreibt dazu:

> »Mit dem typhonischen Auftreten des ersten ›zentrierten‹ Ich trat auch das erste wahre Stigma des Todes in Erscheinung, weshalb zum ersten Mal eine echte oder unbewusste Form der Zeit in Anspruch genommen wurde. Dies geschah, um das Stigma des Todes durch das Versprechen zu leugnen, die Gegenwart werde nicht enden und der Mensch werde Unsterblichkeit durch eine weitere Gegenwart erlangen, von Augenblick zu Augenblick und so fort. Damit befanden die Menschen sich auf dem Weg durch die Tore von Eden hinaus in die Welt der Sterblichkeit, und als erste Verteidigungswaffe nahmen sie die Zeit mit sich.« (4)

Wir erblicken hier eine ganze Reihe von Motiven, die wir vom Kronos-Saturn-Mythos her kennen: Seine Angst vor der Zukunft, die ihn dazu führt, seine Kinder aufzufressen und die andere Entsprechung als Gott des Ackerbaus und der Unsterblichkeit. Die Doppelbedeutung von Tod und Ackerbau erkennen wir daran, dass Kronos zunächst mit einer Sichel und später mit einer Sense dargestellt wird. Als Sensemann symbolisiert er den Tod, mit dem Symbol der Sichel aber auch die Ernte. Die Sichel hat anderseits auch die Form des Mondes, was die Verwandtschaft von Saturn und Mond zum Ausdruck bringt. Durch seine wandelnde Erscheinungsform stellt der Mond in den verschiedensten Kulturen das Prinzip des Vergänglichen dar. Weiter symbolisiert er die Schattenwelt, in welche Saturn nach seiner Entthronung durch Jupiter verbannt wurde. Die Verwandtschaft zwischen Saturn und Mond ergibt sich auch durch die Umlaufszeit der beiden Himmelskörper: Zwischen zwei aufeinanderfolgenden Neu- oder Vollmondstellungen vergehen nicht ganz 30 Tage, Saturn braucht für einen Umlauf durch den Tierkreis 29 1/2 Jahre. Als weitere interessante Entsprechung wäre anzuführen, dass Saturn das Steinbockzeichen beherrscht, welches dem Mondzeichen Krebs genau gegenüberliegt.

Vielleicht von allgemeinerem Interesse ist die Tatsache, dass mit Saturn und der damit verbundenen Strukturierung der Zeit auch die Identität des abgetrennten Ichs sichtbar wird. Wenn der Mensch anfängt, sich seiner selbst als abgetrennte Entität bewusst zu werden, entwickelt er zugleich die Wahrnehmung seiner Sterblichkeit. Damit tritt der Begriff der chronologischen Zeit in sein Leben und gleichzeitig die Angst vor dem Tod wie auch vor dem Schicksal. Kronos-Saturn symbolisiert all diese Komponenten.

Damit ist auch die Voraussetzung geschaffen, um die Frage nach dem ›Warum‹ zu stellen und den Raum zu untersuchen. Es entsteht das, was Gebser (5) als die ›mentale Struktur‹ und Wilber als die des ›solaren Egos‹ bezeichnete. Den Beginn dieser mentalen Struktur siedelte Gebser um die Zeit von 500 v. Chr. an, während Wilber für die Entstehung des Bewusstseins eines solaren Egos eine frühe, eine mittlere und eine späte Phase unterscheidete (frühe

Phase 2500-500 v. Chr., mittlere Phase 500 v. Chr. bis 1500 n. Chr., späte Phase ab 1500 n. Chr.).

6.2. Archetypische Zeit

Wir haben gesehen, dass sich um 500 v. Chr. wichtige Veränderungen ergaben, indem nun plötzlich die Frage nach dem ›Warum‹ gestellt wurde und damit Kausalitätsbetrachtungen aufkamen. Das waren die ersten Ansätze einer gerichteten Zeit, deren Auswirkungen wir im nächsten Abschnitt unter dem Titel ›gemessene Zeit‹ studieren wollen. Vor diesem Zeitpunkt war der Zeitbegriff zyklischer Natur, d.h. dass Zeit nicht mit Hilfe des Verstandes vom Ganzen abgesondert wurde. Vielmehr waren Zeit und Raum als sich gegenseitig bedingende Prinzipien komplementär oder polar aufeinander bezogen. Wir werden sehen, dass dies in den überlieferten Texten der chinesischen Kultur am ausgereiftesten zum Ausdruck kommt. Zunächst wollen wir uns jedoch damit beschäftigen, was in anderen Kulturen vor der chronologischen Betrachtungsweise für den Archetypus Zeit typisch war.

Die Griechen sahen die Zeit in der Entsprechung des Flusses Okeanos abgebildet, der die Erde umkreist und den Kosmos umschliesst, also als Strom oder als eine sich in den Schwanz beissende Schlange, welche auf ihrem Körper den Tierkreis trägt. Dieser Fluss hiess auch Chronos und wurde später mit Kronos gleichgesetzt (6). Als Vater des Himmelsgottes Zeus erschien Kronos chronologisch früher als Zeus oder Jupiter. Die Gleichsetzung von Chronos mit Kronos stellt den Augenblick dar, da durch das Aufkommen des abgetrennten Ichs die Zeit in ihrer Gerichtetheit gesehen wurde. Vorher regierte Uranos (der Vater von Kronos), der jedoch bei den Griechen mythologisch gänzlich in den Hintergrund trat. Wir finden bei ihnen keine Anzeichen einer Verehrung des Himmelsgottes Uranos (7). Es scheint, dass vor der Gleichsetzung von Kronos mit Chronos (Zeit) der Gott Aion die Zeit symbolisierte. Er entsprach sowohl dem Lebenssaft als auch der Lebensspanne und dem Schicksal der Lebewesen. Diese Entsprechung galt vor der chronologischen, gerichteten Betrachtungsweise des Zeitfaktors. Aion stellt viel eher ein Prinzip des Seins dar.

Eine ähnliche Entsprechung haben wir auch im ägyptischen Sonnengott Re, der ebenfalls über die Zeit herrschte. Auch bei den Ägyptern wurde die Zeit durch das Schlangensymbol dargestellt.

Die Zeit als Zahl – die Zahl als Qualität

Die Gleichsetzung des Prinzips der Zeit mit dem des Seins finden wir am eindrücklichsten im Taoismus dargestellt. Die Zeit als Yang-Prinzip hebt das Prinzip des Empfangenden (Yin) aus der Latenz und macht es sichtbar. Die Dinge existieren zunächst in einer keimhaften Form und sind zu diesem Zeitpunkt noch ausserhalb der Zeit. In diesem Zustand können sie vom Menschen noch beeinflusst werden. Durch die Wirkung der Zeit werden sie zu manifesten Tatsachen, die dann nicht mehr verändert werden können.

Beim Entstehen konkreter Manifestationen fungiert Yang als strukturgebendes Prinzip der Qualität und Yin als formgebendes Prinzip der Quantität. Dementsprechend drückt sich Qualität in Form der Zahl aus und Quantität in Form des Materials. Für Yang wird auch das Sonnensymbol verwendet und für Yin das Mondsymbol. Sonne und Mond oder Zeit und Raum erzeugen Licht und Schatten und machen so die Dinge sichtbar. Räumliche Formen auf der Erde ensprechen in ihrer Vergänglichkeit stärker dem Yin-Prinzip. Sie gehören auch zur Welt der Erscheinungen (Mond-Prinzip). Hingegen sind Bilder im Himmelsbereich stärker mit dem Yang verwandt (der Himmel als Yang-Prinzip) und geben damit Aufschluss über zeitliche Entwicklungen:

> »Der Himmel erzeugt göttliche Dinge: der Heilige und der Weise nehmen sie als Muster. Himmel und Erde ändern und gestalten sich: der Heilige und der Weise ahmen ihnen nach. Am Himmel hängen Bilder, die Heil und Unheil offenbaren: Der Heilige und der Weise bilden sie ab.« (8)

Die Bilder am Himmel weisen also darauf hin, ob sich die Dinge, in irdischen Worten ausgedrückt, heilsam oder unheilsam entwickeln. Dadurch, dass man das studiert, was sich am Himmel vorbereitet, und das Resultat auf der Erde betrachtet, lernt man die Wirkung der Zeit auf den Raum verstehen:

> »Indem man emporblickend mit seiner Hilfe die Zeichen am Himmel verständnisvoll betrachtet und niederblickend die Linienzüge der Erde untersucht, erkennt man die Verhältnisse des Dunkeln und Hellen. Indem man an die Anfänge zurückgeht und die Dinge bis zu Ende verfolgt, erkennt man die Lehren von Geburt und Tod.« (9).

Aus diesen Zeilen geht eine zyklische Betrachtungsweise der Zeit klar hervor. Am Himmel sind die Zeichen in Symbolgestalt sichtbar. Man könnte sagen, dass es sich dabei um archetypische Raum-Zeit-Gebilde handelt, in dem Sinne, als das Archetypische nicht der vergänglichen Zeit untersteht, sondern die vergängliche Zeit transzendiert. Anderseits erkennt man das Wesen der irdischen Dinge, indem man ihren Anfang untersucht, als die Zeit ihren Schnitt durch den Raum vollzog und diesen befruchtete.

Interessant ist auch die Gleichsetzung der Zahl mit dem Prinzip der Qualität, welche wir bei Pythagoras finden. Bekanntlich hat Pythagoras gesagt: »Alle Dinge sind Zahlen.« Für ihn war die leidenschaftliche, einfühlende Kontemplation intellektueller Natur und mündete in mathematische Erkenntnis. Mathematik war im pythagoräischen Sinne somit eine religiöse Form der geistigen Versenkung, welche die Struktur des Kosmos offenbarte. Es ist bezeichnend, dass später mit der überhandnehmenden Materialisierung der Zeit auch eine Materialisierung der Zahl erfolgte, so dass Zahlen heute für die meisten bloss noch ein quantitatives Prinzip repräsentieren. Das qualitative Prinzip der Zahl drückt sich andererseits über die heute wieder populärer werdende Numerologie aus.

Den Unterschied von Qualität und Quantität in der Bedeutung der Zahl finden wir in vielen früheren Kulturen, bei den Griechen und den Chinesen jedoch am klarsten ausgedrückt. Am nächsten beim Yang-Prinzip der Zahl sind die Bilder, die ›am Himmel hängen‹. So wurde im alten China die Qualität der Bilder gegenüber der Schrift betont. Entsprechend heisst es im I-GING:

> »Der Meister sprach: ›Die Schrift kann die Worte nicht restlos ausdrükken. Die Worte können die Gedanken nicht restlos ausdrücken.‹
> Dann kann man also die Gedanken der Heiligen und Weisen nicht sehen?
> Der Meister sprach: ›Die Heiligen und Weisen stellten die Bilder auf, um ihre Gedanken restlos auszudrücken, sie stellten Zeichen dar, um Wahr und Falsch restlos auszudrücken. Sie fügten dann noch Urteile bei und konnten so ihre Worte restlos ausdrücken.‹« (10)

Das wichtigste Kriterium der Qualität, welche sich über diese Bilder ausdrückt, ist ihre Vielschichtigkeit. Bilder sind weder gut noch böse, während Worte oft mit solchen Vorstellungen verbunden werden. Allerdings erkennen wir an den verschiedensten Wortstämmen, dass Worte ursprünglich ebenfalls eine Qualität zum Ausdruck brachten, ohne dass die Quantität (positiv oder negativ) im Wortstamm enthalten war. So wies Gebser darauf hin – und bezog dabei die Wortstämme mit ein –, dass es »jeder Struktur zu eigen scheint, dass sie anfänglich qualitativ betont ist und dann eine allmählich zunehmende quantitative Entwertung einsetzt«. (11). Er verweist auf die Ähnlichkeit zwischen dem deutschen Wort ›kalt‹ und dem italienischen ›caldo‹ oder französischen ›chaud‹, die das Gegenteil bedeuten. Weitere Entsprechungen wären das lateinische ›deus‹ und das französische ›dieu‹, welche auf das gleiche Sanskritwort ›deva‹ zurückgehen wie das englische ›devil‹ und das deutsche Wort ›Teufel‹. Oder: ›Logos‹ für ›Licht‹ und andererseits ›Lüge‹ für das Dunkle. Auch Muss und Musse oder Höhle und Helle, wozu man wohl auch den Begriff Hölle zählen könnte.

Die Qualität wie auch die Zeit als Qualität sind hier noch im Rhythmus eingebettet, in dem ein Prinzip unvermittelt in sein Gegenteil überwechseln kann. Dementsprechend kippt im Orakelbuch I-GING eine Yin- oder Yang-Linie, wenn sie ihren Höhepunkt erreicht hat, in ihr Gegenteil um. Jung übernahm diese Entsprechung, als er darauf hinwies, dass extreme psychologische Zustände häufig in ihr Gegenteil umschlagen: Liebe in Hass, Triebunterdrückung in triebmässige Ausschweifung, Skepsis und Zweifel in kritiklose Gläubigkeit, usw. Dies ist beispielsweise dann gegeben, wenn die vom Bewusstsein nicht zugelassene Schattenfunktion zwischendurch die Führung übernimmmt.

In der Astrologie ist die Wechselwirkung zwischen qualitätsmässig zueinandergehörenden Gegensatzpaaren täglich zu beobachten. So wird jemand, der mit den Qualitäten eines bestimmten Zeichens Mühe hat, sehr oft extreme Züge des Gegenzeichens zum Ausdruck bringen. Wir mögen dabei nur an das wechselweise Auftreten von missionarischem Glauben und wissenschaftlichem Ausschliesslichkeitsanspruch in den letzten 2000 Jahren denken, welche dem zusammengehörenden Gegensatzpaar Fische/Jungfrau entsprechen.

Im Volksmund sagt man, dass das Pendel, wenn es extrem auf die eine Seite ausgeschlagen hat, nach der Gegenseite umschlägt. Das Pendel ist aber ein wichtiges Prinzip bei der Entwicklung präziser Chronometer (welche die Zeit – Chronos – auf die lineare, räumliche Masseinheit des Meters reduzieren). Auch die heutigen Weiterentwicklungen dieses Mechanismus beruhen alle auf Schwingungen, welche eine Periodizität erzeugen.

Die biologische Uhr

Zum Thema der zyklischen Zeit gehört auch das Phänomen der biologischen Uhr bei Mensch, Tier und Pflanzen. Augustin de Candolle fand bereits anfangs des 19. Jahrhunderts heraus, dass die innere Uhr von Pflanzen schneller läuft, wenn sie keine Möglichkeit haben, sich an der Tageslänge zu orientieren, weil sie beispielsweise ständig dem Licht ausgesetzt werden. Anderseits entdeckte de Candolle Pflanzen, welche ihren Zyklus nicht umkehrten, obwohl sie nachts künstlich beleuchtet und am Tag der Dunkelheit ausgesetzt wurden (12). Diese in der Zwischenzeit mehrfach überprüften Beobachtungen zeigen, dass innere Uhren sowohl von einem inneren Rhythmus als auch von äusseren Reizen gesteuert werden.

Entsprechende Mechanismen lassen sich auch im Zusammenhang mit Vorbereitungen für den Winterschlaf beobachten. Solche Verhaltensmuster scheinen mit den veränderten Wetterverhältnissen oder der Abnahme der Tageslänge zusammenzuhängen. Das Phänomen ist bei gewissen Tierarten wohlbekannt. Bei Menschen kommt etwas ähnliches in Form von Herbstdepressionen vor. Einzelne Individuen leiden anfangs Winter »unter schweren Enttäuschungen und sehen diese Zeit ihres Lebens als ungünstig an – wie der Bär aktivieren sie Reaktionen, die zu Gewichtszunahme, Trägheit und Hypersomnia führen«. (13)

Es scheint, dass viele Meereslebewesen ihren Rhythmus nach dem Mond oder dem Sonne-Mond-Zyklus ausrichten. Dies hat Frank A. Brown, Professor an der North-Western University, 1957 bei Austern nachgewiesen (14). Er sammelte an der Küste von New Haven, Connecticut, eine Anzahl Austern und transportierte sie über eine Strecke von 1500 Kilometern in sein Labor in Evanston, Illinois. Er sagte sich, falls die innere Uhr der Muscheln durch lineare, chronologische Zeit gesteuert sei, müssten die Austern, welche in zugedeckten Salzwasserbehältern unter Lichtausschluss und gleichen Temperaturbedingungen gehalten wurden, ihre Schale zur gleichen Zeit öffnen wie in New Haven. Das geschah tatsächlich während einiger Tage. Aber innerhalb von zwei Wochen öffneten sie sich synchron mit der Stellung des Mondes in Evanston. Dieselbe Mondstellung fällt an allen Orten der Welt mit Ebbe und Flut zusammen. Die Öffnung der Austern fand jedoch auch in Evanston statt, obwohl dort weit und breit kein Ozean vorhanden ist und somit auch keine Ebbe- und Flut-Bewegungen stattfinden. Die Austern richteten sich nach etwas aus, was sie nach bekannten Kriterien weder sehen noch fühlen konnten.

Zahlreiche Versuche an anderen Tieren und Pflanzen führten Dr. Brown zur Erkenntnis, dass viele Lebewesen äussere Veränderungen bis zwei Tage im voraus spüren und sich darauf einstellen. (15)

Studien am Palolo-Wurm, welcher auf Fidji und Samoa vorkommt, zeigten, dass diese Tiere in der Lage sind, ihre Paarungszeit genau auf den Moment höchster Ebbe und Flut abzustimmen. Auch hier ist der Sonne-Mond-Zyklus am Werk, so dass Professor Brown zu folgender Aussage kam:

> »Die vorhandene Evidenz zwingt uns zur Annahme, dass die Sonne-Mond-Lebensuhren entweder doppelt gesteuert sind durch innere sowie subtile äussere Mechanismen oder ausschliesslich durch äussere Mechanismen.« (14)

Dass solche Steuerungen auch beim Mensch vorhanden sind, steht ausser Zweifel. Wahrscheinlich besitzen wir mehrere biologische Uhren, ohne jedoch im einzelnen zu wissen, wie sie funktionieren.

6.3. Gemessene Zeit

Wir haben bereits darauf hingewiesen, dass Zeitmessung und Zeiteinteilung eng mit dem Ackerbau und der damit verbundenen Planung zusammenhing. Der Kronos-Mythos bringt dies mit dem Symbol der Sichel und seinen sonstigen Verknüpfungen mit dem Ackerbau sehr klar zum Ausdruck. Damit verbunden ist die Entwickung des Menschen aus einer Situation des Eingebundenseins in die Natur zum Erlebnis seiner Abgesondertheit. Zu einem Zeitpunkt, da Zeus oder Jupiter die Vorherrschaft über die Tagwelt erlangt, bestimmt Kronos-Saturn aus dem Bereich des Verdrängten, Dunklen und Weiblichen das Schicksal und beherrscht somit die Gestaltung der Zeit. Die saturnische Bemühung des Menschen, die Zeit zu messen und einzuteilen, ist ein Versuch, einer ebenfalls saturnischen Fremdbestimmung durch das Schicksal zu entrinnen. Dass es sich bei beiden Polen um einen inadäquaten Umgang mit der Saturn-Dimension handelt, geht aus dem das ganze Fische/Jungfrau-Zeitalter beherrschenden Saturn-Mythos hervor, welchem eine zunehmende Materialisierung der Zeit zugrundeliegt.

Für die Yin-Entsprechung des Saturn (Yin als Prinzip des Dunklen, der Materie und des Raumes) gibt es viele Hinweise. So wird Saturn nach seiner Überwältigung in die Schattenwelt verbannt. Im Gegensatz zu Zeus/Jupiter, der auf dem himmelsnahen Olymp residiert, muss Saturn in der Höhle hausen. Er wird oft dargestellt mit einem Halbkreis, der den gestirnten Nachthimmel symbolisiert. Eine spätere Entsprechung davon dürfte die Krone sein als Symbol für denjenigen, der die Tradition verkörpert und alles Interesse hat, die Erneuerung durch die Zeit aufzuhalten. Es ist sicher als eindeutiges Prinzip der Materialiät zu deuten, wenn Kronos-Saturn seine Kinder, welche eine für ihn unliebsame Erneuerung bewerkstelligen könnten, verschlingt, um sie in seinem Inneren gefangenzuhalten. Erst der Weisen Metis gelingt es durch ihren Trank, Kronos zur Herausgabe seiner verschlungenen Kinder zu zwingen. Die schwangere Metis wird später von Jupiter/Zeus wegen eines gefahrverheissenden Orakels ebenfalls verschlungen, aber im Unterschied zu Kronos-Saturn war Jupiter bereit, das mit Metis gezeugte Kind Athene freizulassen. Dies geschah, indem Hephaistos (oder nach einer anderen Fassung Prometheus) mit einer Axt seinen Kopf spaltete, so dass die Zeus-Tochter Athene austreten konnte. Athene wurde später bekannt als Göttin der Weisheit und des praktischen Wissens.

Wir wollen nun die verschiedenen mythologischen Gegebenheiten, welche mit Kronos, Metis und Athene zusammenhängen, näher untersuchen.

Zunächst fällt die Analogie und spätere Gleichsetzung des Begriffes Zeit (Chronos) und Kronos für den Gott auf, der durch das Verschlingen seiner Kinder die Zeit zum Stillstand bringen wollte. Wie Jean Gebser (16) aufzeigte, lassen sich die beiden fast homonymen Wörter auf die gleiche Wurzel ›Gher‹, ›Ger‹, bzw. ›Ker‹ zurückführen. Diese Wurzel bedeutete gemäss Gebser ›begehren, streben, bedürfen‹ und enthält die Wurzelgruppe, die wir auch in ›gerade‹ oder ›gerichtet‹ vorfinden, mit ihrer Spiegelwurzel ›regh‹, welche mit ›rechts‹ verwandt ist. Das ist die Richtung, welche im damals neu aufkommenden Bewusstsein für die Zukunft wie auch für die Schriftrichtung gewählt wurde. Dem Namen Metis liegt die Wurzel ›Ma‹ oder ›Me‹ zugrunde, welche wir in ›mater‹ oder ›Materie‹ wie auch in ›Meter‹ finden. Es braucht nicht viel Phantasie, um aus der Verbindung zwischen Chronos und Metis zum Chronometer zu kommen, dem späteren Instrument materialisierter Zeitmessung.

Was symbolisiert nun Athene, die Tochter der Metis, die in voller Rüstung dem Kopf von Zeus/Jupiter entsprang? Sie war anfänglich vor allem ein Ausdruck von Mut und praktischem Können, während sie später als Göttin der Weisheit verehrt wurde. Zusammenfassend kann man wohl sagen, dass sie den praktischen, auf das Sichtbare gerichteten Verstand manifestiert. Von ihrem

Vater Zeus erlernte sie eine positive, auf das Diesseits gerichtete Haltung, von ihrer Mutter Metis einerseits List, andererseits Wissen und vielleicht auch Weisheit. Interessant ist dabei, dass der Sonnengott Helios bei der Geburt der Athene, als sie in voller Rüstung dem Kopfe des Zeus entsprang, derart erschrak, dass er für kurze Zeit seinen Lauf unterbrach. Wir erkennen auch hier den Gegensatz zwischen dem Verstand (Athene), der sich dazu aufmacht, die Zeit zu teilen, und dem zyklischen Zeitablauf, der den Lauf des Sonnengottes symbolisiert.

Diese mythologischen Verkettungen enthalten alle Bestandteile, welche für die Epoche des verstandesmässigen Erkennens der Welt mit ihrer Reduzierung der Zeit auf räumliche Grössen (Materialisierung oder Metrisierung der Zeit) bezeichnend sind. In dieser Epoche, die im Abendland etwa 500 v. Chr. einsetzte, wurde die Zeit in zunehmendem Masse zu einer Vorstellung und einem Begriff, die Dualisierung der Zeit zu einem beliebten Denkspiel der Philosophen. So argumentierte Aristoteles »dass das ›Jetzt‹ inexistent sei, da es stets zugleich Ende der Vergangenheit und Anfang der Zukunft ist, und er deutete es als blosses ›Zwischenhinein‹, das als Raumpunkt eine anfangslose und endlose Zeit unterbricht oder ineinanderkettet.« (17) Gebser zeigte, wie dieser ›Räumlichungsaspekt‹ auch in der Sprache zum Ausdruck kommt und wie das verräumlichende Denken von der europäischen Mentalität Besitz ergriff. Ein klassisches Beispiel dafür ist das französische ›maintenant‹, das soviel heisst wie ›in der Hand haltend‹. Eine Verbindung zwischen der zeitlichen Gerichtetheit des Saturn-Prinzips mit Rechtssprechung einerseits und Oralität andcrseits finden wir auch im Wort ›Gericht‹ wieder, welches nicht nur eine Instanz der Rechtsprechung, sondern auch etwas Essbares meint. Alles ist nun ›rechts‹-seitig und -gerichtet, wozu auch die rechte Hand gehört, die zum Essen verwendet wird.

In diesem Zusammenhang ist auch die Wurzel des Wortes ›Zeit‹ aufschlussreich. Es geht, wie auch das englische ›time‹, das lateinische ›tempus‹ und das französische ›temps‹ auf die indogermanische Wurzel ›da‹ zurück. Diese Wurzel ist dem griechischen Verb ›daio‹ gemeinsam, welches im Ionischen (der ursprünglichen Sprache der griechischen Philosophie) ›teilen, zerteilen, zerlegen, zerreissen‹ bedeutet. Aus der gemeinsamen Wurzel ›da‹ gingen die Sanskritwörter ›dayate‹ und ›dayati‹, (er teilt, er schneidet) wie auch unser Wort ›Teil‹ hervor (18). Auch das Wort ›Tag‹ (englisch ›day‹) hängt damit zusammen. Der Tag war ursprünglich Einteiler und Zerschneider der Nacht (vgl. Tagesanbruch). Überhaupt erhält das Taghafte bald das Übergewicht über das Nachtprinzip, so dass die täglichen Dinge immer wichtiger werden. Während die Nachtwelt als Prinzip der Vergangenheit in die linke Richtung weist, ist das Prinzip des Tages und der Zukunft nach rechts gerichtet.

Interessant ist auch, wie die Zeitmessung im Abendland in zunehmendem Masse durch materielle und mechanische Mittel vorgenommen wird. Obwohl die Sonnenuhr lange Zeit eine übergeordnete Rolle spielte, wurden kleinere Zeitabschnitte durch die Gravitation flüssiger oder fester Körper gemessen. Die

Wasseruhr, welche in der klassischen Antike weit verbreitet war, scheint auf die Chaldäer oder Ägypter zurückzugehen. Sie diente in Athen und Rom dazu, im Gericht die Ansprachen zeitlich zu begrenzen. Später, seit dem 14. Jahrhundert, kamen Sanduhren in Umlauf. Bezeichnend ist dabei, dass all diese Uhren dem Prinzip der Schwerkraft unterstehen, welche dem Saturn entspricht. Dies gilt auch für das Blei, welches als Lot dient und später benutzt wurde, um mechanische Uhren durch die Wirkung der Schwerkraft in Gang zu halten. Saturnisch ist auch das Prinzip des Zahnrades, das im 12. Jahrhundert für Uhren entwickelt wurde. So war bis zur Entdeckung der Feder neben dem Zahnrad die Schwerkraft das wesentliche Prinzip, um eine Uhr in Gang zu halten. Zahnrad und Schwerkraft waren auch die Komponenten, die herangezogen wurden, als man später, im Zeitalter des Materialismus, den Menschen als Maschine darstellte.

Es dauerte allerdings lange, bis man sich von der Vorstellung löste, dass die Uhr ein Abbild der göttlichen Anordnung der Welt sei. Die Uhr wurde erst im 18. Jahrhundert zum Automaten, der mit Gott keine Verbindung mehr hatte. In der extremsten Ausprägung wurde dieser Automat zum Abbild für die Anordnung der Natur. Damit war die Zeit gänzlich auf eine materielle Ebene reduziert worden. Einen typischen Ausdruck der Vorstellung einer linearen Zeitachse finden wir in der heute noch weitgehend akzeptierten Darwin'schen Abstammungslehre.

Wir haben gesehen, dass das Wort ›Zeit‹ ursprünglich mit dem Prinzip des Teilens zusammenhing. Richtig verstanden wäre die Zeit also das Prinzip, welches den Raum teilt. Versuchen wir nun dieses teilende Prinzip einzuteilen, so kehren wir die Situation um und negieren die Qualität der Zeit bis hin zur Feststellung, ›dass wir keine Zeit mehr haben‹. Eine solche Formulierung wäre noch vor ein paar Jahrhunderten kaum denkbar gewesen.

6.4. Moderne Zeit

Es erscheint nicht möglich, den heutigen Umgang mit dem Faktor Zeit in wenigen Worten zu charakterisieren, weil eine neue Art, mit der Zeit umzugehen, sich erst vorbereitet. Wir stehen in dieser Hinsicht an einem ähnlichen Punkt wie der Mensch der Renaissance: Die auf dem ptolemäischen Weltbild beruhende Raumvorstellung befriedigte ihn immer weniger, doch hatte er die Vorstellungsmöglichkeit des kopernikanischen Weltbildes noch nicht zur Hand.

So stecken wir auch im Zusammenhang mit dem Zeitbegriff gegenwärtig in einer schweren Krise. Die Zeit und der Umgang mit der Zeit sind für den modernen westlichen Menschen zu einem Problem geworden. Die phantastischen Möglichkeiten, über bewegte Bilder (Fernsehen und Film) vielfältige Informationen praktisch ohne zeitliche Verschiebung zu übermitteln sowie die Überwindung räumlicher Distanzen durch blitzschnelle Fortbewegung (Flugzeugverkehr) haben den Menschen in seiner Biologie und Psychologie überfordert. Dies dürfte besonders darauf zurückzuführen zu sein, dass heute immer noch Massstäbe gelten, die aus einer Epoche stammen, in der die Zeit durch die Messung materialisiert wurde. Das heisst beispielsweise, dass die modernen Errungenschaften vor allem dazu eingesetzt wurden, mehr und schneller zu produzieren. Auch wenn dabei die Freizeit als immer notwendiger werdende Erholungsphase eingebaut wurde, so kommt auch sie häufig unter das Primat des Nützlichkeitsprinzips und der Rationalisierung. Deshalb gibt es viele Menschen, die einen grossen Teil ihrer Freizeit dafür einsetzen, sich für den Arbeitsprozess wieder fit zu machen, z.B. mit Jogging oder Turnen nach feststehendem Programm. Damit schrumpft die zur freien und kreativen Verfügung stehende Zeit erneut zusammen.

In seinem Film ›Modern Times‹ hat Charlie Chaplin dramatisch auf die Gefahren einer durchrationalisierten, zur höchsten Produktionssteigerung mechanisch eingeteilten Zeit hingewiesen. Er bediente sich dabei des Zeitraffers, um das Phänomen so zu übertreiben, dass es uns in seiner Monstruosität bewusst wurde.

Seither hat sich sicher einiges verändert. Man ist aufgrund der gemachten Erfahrungen von fliessbandartigen Abläufen abgekommen und lässt, wenn auch widerwillig und letztlich recht unsystematisch, den menschlichen Faktor als irrationales Element wieder gelten. Genauer betrachtet ist dies eine Absage an die Rationalisierung und damit an die Ratio im bisherigen Sinne. Man hat den Betriebspsychologen eingeführt, der dazu beitragen soll, aufgrund seiner Beobachtungen und Erfahrungen die Härten eines Systems, welches dem Menschen nicht mehr gerecht wird, zu mildern.

Ein neues, integrales Konzept, welches das frühere rationalistische Modell ersetzen würde, hat man allerdings noch nicht gefunden. Dafür gibt es höchstens Ansätze, und in vielen Fällen schwankt man lediglich hin und her zwischen Rationalisierung und Improvisation. Dabei ist die Ablösung des Menschen als Ausführer von rein rational festgelegten Aufgaben bereits in den Bereich realistischer Möglichkeiten gerückt. Mit der Erfindung des Computers sind rationales Denken und strukturierte Ausführung rational erdachter Aufträge durch eine Maschine möglich geworden. Symbolisch gesehen wäre es naheliegend, dass mit dieser Erfindung die rationale Periode abgeschlossen ist und der Mensch sich nun einem kreativeren Umgang mit Raum und Zeit widmen könnte.

Die Sprengung des rationalen Bezugsrahmens

Anzeichen für einen Ausbruch aus dem bisherigen Bezugsrahmen ergeben sich aus den neuesten Zweigen der Wissenschaft, insbesondere der modernen Physik. Nun wird das, was Kant schon im 18. Jahrhundert postuliert hatte, evident: Wir sehen nicht die Realität an sich, sondern immer nur eine Realität, die von unserem Bezugsrahmen, von unseren Kategorien abhängt. Dabei wird offensichtlich, dass Raum und Zeit letztlich nicht voneinander getrennt werden können. Nicht nur zu Kant lässt sich in diesem Zusammenhang eine Verbindung ziehen, sondern viel weiter zurück, zu Hinduismus, Taoismus und Buddhismus, wie dies Fritjof Capra in seinem Buch ›Das Tao der Physik‹ unternimmt. Er zitiert einen buddhistischen Text mit den folgenden Worten:

> »Der Buddha lehret, o Mönche, dass ... die Vergangenheit, die Zukunft, physikalischer Raum ... und Individuen nichts als Namen, Wörter des allgemeinen Gebrauchs, lediglich oberflächliche Realitäten sind.« (19)

Die Ebene des Raum-Zeit-Kontinuums kann, weil sie den in den üblichen Kategorien von Raum und Zeit denkenden Verstand transzendiert, nur über paradoxe Feststellungen angegangen werden, wie wir sie in den buddhistischen Koans finden. Ein Beispiel: »Du kannst das Geräusch von zwei klatschenden Händen erzeugen. Wie ist jetzt das Geräusch einer Hand?« Diese Koans haben Lösungen, die einem Meister nicht verborgen sind. Hat der Schüler einmal die Lösung gefunden, so ist das Koan nicht mehr paradox. Weil es darum geht, eine verborgene Ebene, jenseits des verstandesmässig Erfassbaren, sichtbar werden zu lassen, verzichten zahlreiche buddhistische Schulen auf konkrete positive Aussagen über die Realität und arbeiten ausschliesslich mit solchen Koans.

Einer ähnlichen Thematik begegnen wir in der astrologischen Praxis im Bereich des Uranus. Im Gegensatz zu Saturn, der die gemessene Zeit symbolisiert, entspricht Uranus bekanntlich in der astrologischen Erfahrung der kreativen Zeitqualität. So erlebt man in Zusammenhang mit der Uranusstellung im Horoskop nicht nur plötzliche Veränderungen, welche die Kontinuität des Zeitflusses durchbrechen, sondern auch solche paradoxalen Erfahrungen, wie sie über einen buddhistischen Koan zu Übungszwecken verwendet werden. Bereits als Kind wird man im Bereich des Uranus mit widersprüchlichen Botschaften der Eltern konfrontiert. Auf der einen Seite wird über Worte beispielsweise eine Anweisung gegeben, während gleichzeitig die Mimik und Körpersprache des anweisenden Elternteils etwas gänzlich anderes zum Ausdruck bringt. So kann es sein, dass der Vater dem Sohn den Ratschlag gibt, er solle mit seinen Streichen aufhören und sich anstrengen, um in der Schule gute Noten zu erzielen, und damit das Fundament für eine höhere berufliche Bildung zu legen. Gleichzeitig schmunzelt der Vater über die Abenteuer seines Sohnes und erzählt später in seiner Anwesenheit, welch aufregende Zeit es damals war, als er selber mit seinen Kameraden die Gegend unsicher machte. Der gleiche Vater könnte seine Tochter schelten, weil sie sich bereits im Alter von zwölf Jahren die Lippen schminkt und parallel dazu voll heimlichen Stolzes seinen Freunden gegenüber äussern: »Die hat's in sich.«

Solche Situationen sind für ein Kind ebenso paradox wie ein Koan für einen buddhistischen Schüler, nur dass sie nicht offen als Paradoxon dargestellt werden. Sie sind viel eher auf zwei verschiedene Ebenen verteilt: einerseits auf die verbale Ebene, auf welcher die ›vernünftige‹ Empfehlung abgegeben wird und anderseits auf die psychologische Gefühlsebene, auf welcher (heimlicher) Spass gezeigt wird. Der Effekt ist ähnlich, nur weniger bewusst: Das Kind realisiert, dass das Wesentliche nicht über die Worte ausgedrückt wird oder ausgedrückt werden kann. Es ist mit einem Widerspruch konfrontiert, den es selbst lösen muss. Macht es sich auf diesen Weg, so wird es realisieren, dass die Wahrheit nicht bei irgendwelcher Autorität gefunden werden kann, sondern selbst erfahren werden muss, dass Worte nie das Ganze ausdrücken und, wie J. Krishnamurti dies formuliert hat, »eine Wahrheit, wenn sie über Worte weitergegeben wird, keine Wahrheit mehr ist«.

Das immer deutlicher wirkende Uranus-Prinzip (Herrscher des Wassermann-Zeitalters) lehrt uns, dass Wesentliches nur subjektiv erfahren werden kann. Man hat gewiss die Möglichkeit, von anderen zu lernen, aber jeder muss seinen eigenen Weg gehen. Ebenfalls gemäss diesem Prinzip macht man die für die Wahrheitsfindung ausschlaggebenden Erfahrungen zu ganz bestimmten Zeitpunkten, die für das betreffende Erlebnis ›richtig‹ sind. In der Mythologie verkörpert Kairos – eine ähnliche Gestalt wie Hermes/Merkur – die zum Handeln günstige Koinzidenz von Umständen. Man muss ihn beim Schopf packen, sonst verschwindet er, und man hat die Gelegenheit verpasst.

Synchronizitätsprinzip und Kausalität

Das uralte Prinzip Raum-Zeit-bezogener qualitativer Verbindung zwischen den Dingen entdeckte C.G. Jung in diesem Jahrhundert in Form seines Synchronizitätsprinzips wieder. In seinem Vorwort zur amerikanischen Ausgabe des I-GING von Richard Wilhelm (20) stellt Jung die Verbindung zwischen dem Synchronizitätsprinzip und dem Raum-Zeit-Konzept her, das dem I-GING zugrundeliegt:

> »Derjenige, der das I-GING erfand, wer immer es war, war davon überzeugt, dass das Hexagramm, welches zu einem bestimmten Zeitpunkt ausgearbeitet wurde, mit diesem sowohl qualitätsmässig als auch zeitlich übereinstimmte. Für ihn war das Hexagramm der Exponent des Moments, in welchem es erstellt wurde … in dem Sinne, als das Hexagramm ein Indikator der zu diesem Zeitpunkt vorherrschenden Situation ist.
>
> Diese Annahme bringt ein merkwürdiges Prinzip ins Spiel, welches ich Synchronizität genannt habe, ein Konzept, welches einen der Kausalität diametral entgegengesetzten Standpunkt zum Ausdruck bringt.

Während letztere (die Kausalität) lediglich einer statistischen Wahrheit entspricht und nicht absolut ist, handelt es sich dabei um eine Arbeitshypothese zur Erklärung, wie ein Ereignis aus einem anderen hervorgeht, während Synchronizität das Zusammenfallen von Ereignissen in Raum und Zeit zum Gegenstand hat. Damit handelt es sich um mehr als blossen Zufall, nämlich um eine eigenartige Wechselwirkung, sowohl zwischen den Ereignissen untereinander als auch zwischen dem Ereignis und dem subjektiven (seelischen) Zustand des Beobachters oder der Beobachter.

Die Sicht der alten Chinesen vom Kosmos kann mit der des modernen Physikers verglichen werden, der nicht abstreiten kann, dass sein Modell der Welt eine eindeutig psycho-physikalische Struktur besitzt. Mikro-physikalische Ereignisse schliessen den Beobachter ebenso mit ein, wie das dem I-GING zugrundeliegende Wirklichkeitsmodell die subjektiven, d.h. seelischen Bedingungen in die Ganzheit der gegenwärtigen Situation einbezieht. So wie Kausalität die zeitliche Abfolge von Ereignissen beschreibt, handelt für den Chinesen die Synchronizität von der zeitlichen Koinzidenz von Ereignissen. Der kausale Gesichtspunkt erzählt uns eine dramatische Geschichte, wie D zustandekam: Es wurde von C erzeugt, welches vor D existierte, während C seinerseits von B kommt, usw. Der synchronistische Gesichtspunkt versucht im Gegensatz dazu ein ebenso sinnvolles Bild einer Koinzidenz zu entwerfen. Wie kommt es, dass A', B', C', D' alle im selben Moment und am selben Ort in Erscheinung treten? Dies geschieht, weil die physikalischen Ereignisse A' und B' dieselbe Qualität wie die seelischen Ereignisse C' und D' besitzen und weil sie alle Exponenten ein und derselben momentanen Situation sind. Von dieser Situation wurde angenommen, dass sie ein lesbares oder verstehbares Bild biete.« (20)

Da in der modernen Physik – im Gegensatz zum Ansatz der alten Chinesen – die Möglichkeit fehlt, die Qualität des Zeitmoments formelmässig mit einzubeziehen, kommt es im Zusammenhang mit Elementarteilchen zur Formulierung statistischer Gesetzmässigkeiten, klassisch ausgedrückt in der ›Unbestimmtheitsrelation‹ von Heisenberg. Diese ist eine Absage an das Kausalgesetz in seiner präzisen, determinierenden Form. Es sagt aus, dass es prinzipiell nicht möglich ist, den Ort und die Geschwindigkeit eines Elementarteilchens gleichzeitig mit beliebiger Genauigkeit anzugeben. Man kann entweder den Ort sehr genau messen, dann verwischt sich dabei durch den Eingriff der Beobachtung die Kenntnis der Geschwindigkeit bis zu einem gewissen Grade, während sich umgekehrt die Ortskenntnis durch eine genaue Geschwindigkeitsmessung verwischt.

Diese Erkenntnisse der Quantenphysik führen zu einer Wahrscheinlichkeitsfunktion. Da für die Beobachtungssituation keine Quantifizierung möglich ist, diese jedoch in den Vorgang eingreift, kann eine Beobachtung im Bereich der

Elementarteilchen nicht raum-zeitlich genau quantifizierbar definiert werden. Heisenberg spricht sogar davon, dass der Übergang vom Möglichen zum Faktischen während des Beobachtungsprozesses stattfindet.

Bekanntlich konnte sich Albert Einstein mit dieser statischen Definition von Naturvorgängen nie anfreunden. Sein Ausspruch »Gott würfelt nicht« ist bekannt. Wenn wir jedoch annehmen, dass die Zeitqualität oder das Vorhandensein des Beobachters in einen Ablauf des Experimentes eingreift, so bleibt nichts anderes übrig, als diese Einwirkung unbekannterweise als einen Faktor einzubeziehen, welcher die Quantifizierbarkeit der Messwerte beeinflusst. Fritjof Capra meinte dazu:

> »Wir können niemals sagen, dass ein atomares Teilchen an einem bestimmten Ort existiert, noch können wir sagen, dass es nicht existiert. Da es eine Wahrscheinlichkeitsstruktur ist, hat das Teilchen Tendenzen, an verschiedenen Orten zu existieren, und manifestiert so eine sonderbare Art von physikalischer Realität zwischen Existenz und Nicht-Existenz. Wir können daher den Zustand des Teilchens nicht in festen gegensätzlichen Begriffen beschreiben. Es ist nicht an einem definitiven Ort anwesend, noch ist es abwesend. Es ändert einen Ort nicht, noch bleibt es in Ruhe. Was sich ändert, sind die Wahrscheinlichkeitsstruktur und somit die Tendenzen des Teilchens, an gewissen Orten zu existieren.« (21)

Capra zieht hier eine Verbindung zu den alten indischen Texten der Upanischaden, wo wir folgende Worte finden:

> »Es bewegt sich. Es bewegt sich nicht. Es ist weit, und es ist nahe. Es ist in all diesem, und es ist ausserhalb von all diesem.« (22)

Wir erkennen auch hier wieder die paradox anmutenden Aussagen, zu denen man gezwungen ist, wenn man etwas untersucht, das auf der potentiellen Ebene vorhanden ist, aber erst durch den Beobachtungsvorgang in die manifeste Ebene tritt. Es klingt hier das Thema der Ebene der ›Keime‹ an, der Dinge, die sich vorbereiten, aber in diesem keimenden Zustand nur von hellsichtigen, d.h. weisen Personen erkannt werden können. Man könnte auch sagen, dass nur jemand, der Zugang hat zur vierten Dimension, nämlich jener der Zeit, die Phänomene, die sich vorbereiten und vor ihrer Manifestation lediglich als Potentialität existieren, erkennen kann. Dies setzt aber möglicherweise voraus, dass der betreffende Beobachter sich selbst immer wieder im Zustand des Keimens, d.h. des Nicht-Festgelegten erleben kann.

Der moderne Physiker David Bohm hat eine Theorie entwickelt, welche in der Untersuchung der Beziehung zwischen Bewusstsein und Materie wohl am weitesten in neue Bereiche vordringt. Seine Untersuchungen münden auf eine

Ordnung aus, welche ein kosmisches Gewebe von Zusammenhängen auf einer tieferen ›nicht-manifesten‹ Ebene beinhaltet. Er nennt dies eine ›implizite‹ oder ›eingefaltete‹ Ordnung. Zur Veranschaulichung dieser Strukturen dient das Hologramm, welches in jedem seiner Teile das Ganze enthält. Bohm ist der Meinung, die reale Welt sei gemäss den Prinzipien des Hologramms strukturiert und das Ganze sei in jedem seiner Teile eingefaltet. Gemäss seiner Auffassung sind Geist und Materie gegenseitig voneinander abhängig, jedoch nicht kausal verbunden, sondern sich gegenseitig ergänzende Entsprechungen einer ganzheitlicheren Realität, welche als solche weder Materie noch Bewusstsein ist (23).

Diese Auffassung ist wohl derjenigen des Taoismus am nächsten. Auch im Taoismus bedingen Yang und Yin einander gegenseitig. Sie sind beide Teile, d.h. Entsprechungen des Ganzen, des Tao. Yang symbolisiert Himmel, Geist und Zeit, während Yin Erde, Materie und Raum verkörpert. Erst durch das Zusammenkommen von Yin und Yang werden die Dinge manifest. Vorher existieren sie lediglich in ihrer potentiellen Form.

Die moderne Physik ist bis zum Punkt vorgedrungen, wo sie erkennt, dass in der Gleichung für Naturphänomene eine Variable nicht definiert werden kann, nämlich jene der Zeit. Deshalb muss sie sich mit Unbestimmtheiten und statistischen Wahrscheinlichkeiten behelfen. Das Problem wurde erkannt, das Instrumentarium zum Erfassen der Qualität der Zeit fehlt jedoch noch. Wir werden noch sehen, wie die Astrologie in diesem Bereich einen wichtigen Beitrag erbringen kann.

Moderne Rätsel und die Suche nach einem Schlüssel für die Zeitqualität

1935 war aufgrund der Entwicklungen der Quantentheorie die moderne Physik von einem Konzept statischer Wahrscheinlichkeiten beherrscht. Sichtbare Ereignisse konnten nur dann vorausgesagt werden, wenn eine grosse Menge individueller Elementarteilchen mit im Spiel war. Allerdings war die Quantenphysik nicht in der Lage, das Verhalten eines einzelnen Elementarteilchens in allen Bestimmungsstufen exakt zu definieren. Aufgrund der Unbestimmtheitsrelation Werner Heisenbergs war dies grundsätzlich nicht möglich. Das Konzept von Ursache und Wirkung musste für das Verhalten einzelner Teilchen aufgegeben werden.

Wie bereits erwähnt, missfielen Albert Einstein diese Entwicklungen in zunehmendem Masse. Es entsprach nicht seiner Aufassung, dass wesentliche Naturphänomene lediglich durch statistische Gesetzmässigkeiten regiert werden sollten. So entwickelte er 1935, zusammen mit Nathan Rosen und Boris Podolsky, ein Argument, durch welches er glaubte, die Quantentheorie widerlegen zu können (24). Einstein und seine Kollegen leiteten aus strikt mathematischen Folgerungen her, dass, wenn die Quantentheorie stimmen sollte, folgendes zutreffen müsste: In einem System von zwei Teilchen, welche ursprünglich zusammengehörten (ein Zwei-Teilchen-System bildeten), müsste eine Änderung in der Drehung (im sogenannten »spin«) des einen Teilchens mit einer gleichzeitigen Änderung der Drehung des zweiten Teilchens zusammenfallen, auch wenn die beiden Teilchen in der Zwischenzeit getrennt wurden und vielleicht extrem weit auseinanderlagen.

Dies schien ein Ding der Unmöglichkeit, denn wie sollte das eine Partikel wissen, dass das andere gerade seine Drehung geändert hat? Dazu müsste doch irgendein energetisches Signal übertragen werden, und dies könnte – wenn überhaupt – sicher nicht gleichzeitig geschehen, sondern gemäss der Relativitätstheorie höchstens mit Lichtgeschwindigkeit. Mit dieser Argumentation glaubte man der Quantentheorie hinsichtlich ihrer universellen Anwendungsmöglichkeit einen entscheidenden Stoss versetzt zu haben.

Es kam jedoch ganz anders heraus, auch wenn die weiteren Forschungen einige Zeit in Anspruch nahmen. 1964 erbrachte der Physiker J.S. Bell in Form eines Theorems eine Erklärung dafür, dass das, was Einstein für unmöglich hielt, tatsächlich höchst wahrscheinlich sei: Gleichzeitige Veränderungen in weit auseinanderliegenden Entitäten sollten möglich sein. 1972 gelang Professor Clauser dafür auch der experimentelle Nachweis.

Wohl mit Recht sprach der Physiker Henry Stapp im Zusammenhang mit dem Nachweis von J.S. Bell von ›der wichtigsten wissenschaftlichen Entdekkung‹ (25). Die revolutionäre Schlussfolgerung, welche aus dem nun nachgewiesenen Bell'schen Theorem gezogen wurde, war die Existenz einer zum ersten Mal nachgewiesenen Interdependenz verschiedener Naturphänomene, wie wenn sie im kosmischen Gewebe durch feine, unsichtbare Fäden miteinander verbunden wären.

Dies schien in einem dreidimensionalen Modell nicht möglich, aber durch die Annahme von bloss einer zusätzlichen Dimension zu den drei räumlichen verschwindet, wie David Bohm aufzeigt, die scheinbare Widersprüchlichkeit des Experiments von Einstein, Podolski und Rosen. Wir werden noch sehen, dass dies tatsächlich der Fall ist, wenn wir der Zeit die Qualität einer zusätzlichen Dimension zuordnen.

Wir kennen uns bereits sehr gut aus in der Beschreibung der Struktur von Objekten oder räumlichen Anordnungen. Dies war bis 1900 der wesentliche Gegenstand der wissenschaftlichen Forschung. Jetzt geht es jedoch um die Erfahrung der Struktur zeitlicher Abfolgen, wo der Zeitdimension eine effektive Qualität zukommt, in dem Sinne, als der Ablauf nicht durch die mechanistische, d.h. kausale Konsequenz von Fakten der Vergangenheit bestimmt ist.

Wenden wir uns zum besseren Verständnis dieser Vorgänge Beobachtungen zu, die nicht zum Bereich der modernen Physik gehören, sondern mit dem täglichen Leben in Zusammenhang stehen. Es handelt sich um Beobachtungen, welche bei eineiigen Zwillingen, die unmittelbar nach ihrer Geburt getrennt wurden, angestellt werden konnten. Dabei zeigte sich, dass die Zwillinge nicht nur die zu erwartenden ähnlichen Charaktermerkmale und äusseren Erscheinungsformen besassen, sondern dass wesentliche Episoden und Auslösungsmomente in ihrem Leben gleich und zum Teil synchron verliefen. Dazu seien die Resultate der ›Minneapolis‹-Studie angeführt, die seit 1979 unter der Leitung von Professor Thomas Bouchard an der Universität Minneapolis in den USA durchgeführt wurde. Dabei wurden bis 1983 31 Paare von erbgleichen Zwillingen analysiert, die in verschiedenen Familien von teilweise sehr unterschiedlichem Niveau aufwuchsen, und von denen viele nie zuvor miteinander in Verbindung standen. Man stiess in diesem Zusammenhang nicht nur auf naheliegende Ähnlichkeiten hinsichtlich Charakter, Intelligenz und Verhaltensgewohnheiten, sondern auch auf unglaubliche Übereinstimmungen der Lebensgeschichte und im Schicksalsablauf. Ein Beispiel:

Es handelt sich um Jim Springer und seinen Zwillingsbruder Jim Lewis. Diese Zwillinge hatten, ohne voneinander zu wissen, beide eine Zeitlang als Tankstellenwärter, dann als Hilfssheriff gearbeitet. Jeder hatte in seinem Garten eine Bank um einen Baum herum gebaut. Beide waren in erster Ehe mit einer Frau namens Linda, in zweiter Ehe mit einer Betty verheiratet. Darüber hinaus hatte sich jeder eine Tischlerwerkstatt in seinem Keller eingerichtet, beide machten Urlaub im gleichen, weit entfernten Badeort, beide rauchten dieselbe Zigarettenmarke. Nicht nur ihre beiden Ehefrauen hiessen gleich, sondern die ältesten Söhne beider erhielten im ersten Fall den Namen James Allen, im zweiten Fall James Alan mit einem ›l‹. Darüber hinaus hatten beide in ihrer Jugend einen Hund namens ›Toy‹. Diese Gemeinsamkeiten zeigten sich, obwohl die beiden keinen Kontakt miteinander hatten (26).

Ein weiteres Beispiel: Die Schwestern Irene und Jeannette hatten die merkwürdige Eigenschaft entwickelt, beim sommerlichen Baden nur bis zu den Knien ins Wasser zu gehen, und dies rückwärts. Zwei andere Zwillingsschwestern, Bridget und Dorothy, trugen beide sieben Ringe an den Fingern, und zwar die gleiche Anzahl links und rechts. Einen ebenfalls interessanten Fall stellen die Schwestern Andrea und Barbara dar: Beide heirateten früh, Andrea mit 19 und ihre Schwester mit 18 Jahren. Beide hatten zwei Kinder im gleichen Alter, nämlich drei und sieben Jahre alt, und beiden wurden im Alter von fünf Jahren am selben Tag die Mandeln entfernt. (27).

Dies ist bloss eine kleine Auswahl der vielen bekannten Fälle von eineiigen Zwillingen, die – obwohl sie kurz nach der Geburt voneinander getrennt wurden und getrennt aufwuchsen – erstaunliche gemeinsame Merkmale entwickelten und teilweise im zeitlichen Ablauf synchrone, d.h gleichzeitige Auslösungen erlebten. Sie erinnern uns an die gemäss dem Bell'schen Theorem gleichzeitig reagierenden Elektronen, die, ohne miteinander im Kontakt zu sein, zur gleichen Zeit ihre Drehung ändern.

Da sich aus anderen Beobachtungen ebenfalls zeigt, dass eineiige Zwillinge nicht nur oft zur selben Zeit Operationen oder Unfälle erleben, sondern häufig auch zur gleichen Zeit Schmerz oder Freude verspüren, haben Parapsychologen hier telepathische Übertragungsphänomene vermutet. Dies ist sicher möglich und sogar wahrscheinlich, als Erklärungsprinzip jedoch zu wenig umfassend, es sei denn, man würde auch den Elementarteilchen telepathische Fähigkeiten zuordnen. Dies scheint etwas weit hergeholt, und es ist anzunehmen, dass wir es hier mit einem umfassenderen Prinzip zu tun haben.

Vielleicht kommen wir einer Erklärung näher, wenn wir uns fragen, was die anfänglich zusammengehörenden Elementarteilchen mit den eineiigen Zwillingen gemeinsam haben. Das auffallendste ist dabei, dass sie anfänglich Teil eines zusammengehörenden Ganzen waren. In diesem Sinne dürften ihnen ähnliche Strukturmerkmale oder ›räumliche Anlagekomponenten‹ zu eigen sein. Verfolgen wir diesen Gedanken weiter und lehnen wir uns an das chinesische Denken an, welches davon ausgeht, dass erst das Zusammenkommen der Urkräfte Yin und Yang konkrete Erscheinungsbilder erzeugt, so würden wir im vorliegenden Falle sagen, dass durch ein ähnliches Yin (Anlagestruktur) die Zeit als Yang in ähnlicher Weise, d.h. synchron und mit ähnlichen Effekten auf diese Struktur reagiert oder, korrekter formuliert, diese Struktur in ähnlicher Weise befruchtet und aus der Latenz hebt. Wir könnten uns hier auch an das Synchronizitätsprinzip von Jung anlehnen und sagen, dass die Anlagestrukturen der Zwillinge oder der beiden Elektronen gleichzeitig reagieren, weil sie ›sinngemässe Querverbindungen‹ aufweisen.

Jung hat sein Synchronizitätsprinzip dem Kausalitätsprinzip entgegengestellt. Dies ist sicher notwendig, wenn wir den Kausalitätsbegriff so eng halten wollen, dass im kausalen Ablauf die Zeit lediglich als Multiplikator einer in der Anlage schon vorhandenen Thematik wirkt. Im kausalen und deterministischen Denken folgt ja das Weitere aus dem Vorangegangenen. In diesem Sinn würde sich die Zeit lediglich als Brutkasten für den Embryo auswirken, in dem die spätere Erscheinungsform schon enthalten ist. Dies hiesse jedoch, der Zeit keine eigene, verändernde Kraft zuzusprechen.

Gehen wir jedoch weiter und ordnen wir der Zeit die Qualität des bewirkenden, gebenden Prinzips (Yang) zu, so können wir spätere Ereignisse, auch überraschender Art, erklären, ohne annehmen zu müssen, dass sie in ihrer Vollständigkeit im Vorherigen bereits enthalten sind. Wir können dann von einer immer wieder stattfindenden Befruchtung des Anlagematerials durch die Zeitqualität sprechen, einer Qualität, welche sich in einem ständigen Wandel befindet.

In diesem Konzept hat auch die traditionelle Kausalität ihren Platz. Dabei würde es sich um einen Spezialfall handeln, bei dem die Zeitqualität nicht in Erscheinung tritt. Dies wäre dann gegeben, wenn zwischen räumlicher Struktur und Zeitqualität keine befruchtende oder Neues schaffende Begegnung stattfindet, wenn also zwischen räumlicher Struktur bzw. Anlagestruktur und Zeitqualität keine Verwandtschaft oder sinngemässe Entsprechung vorhanden ist, oder im Falle grober, stabil angeordneter Materie. Je bewegter und beweglicher Materieteilchen sind, umso stärker würden sie hingegen auf die Zeitqualität reagieren, was damit die Ungültigkeit der traditionellen Kausalgesetze für Elementarteilchen erklären würde. Wie die modernen Physiker feststellen, kann man die Eigenschaften dieser Teilchen dementsprechend nur noch in einem Raum-Zeit-Kontinuum darstellen, und wenn man sie mit materiellen Instrumenten messen will, nur von statistischen Verhaltenswahrscheinlichkeiten sprechen. Dies ist folgerichtig, denn statistische Methoden muss man dann verwenden, wenn einem nicht alle Faktoren bekannt sind und ein nicht definierter oder nicht definierbarer Faktor für Abweichungen vom erwarteten Wert sorgt. Wenn man beispielsweise die Feststellung macht, dass Männer weniger lang leben als Frauen, so trifft dies statistisch zu, jedoch sicher nicht in jedem Einzelfall. Durch die statistische Methode der Durchschnittsbildung werden die nicht bekannten genetischen und individuellen Unterschiede ausgeschaltet.

Zeit-Kausalität

Wie wir aus den Beispielen der Zwillingsforschung schliessen können, ist Zeitkausalität auch beim Menschen und wahrscheinlich bei allen Lebewesen am Werk, was erklärt, dass ähnliche Anlagestrukturen im gleichen Moment auf Stimuli der Zeit reagieren.

Übrigens scheint eine Unterbrechung des materiell-kausalen Verlaufes auch bei Maschinen am Werk zu sein, die nach elektro-magnetischen Gesetzmässigkeiten arbeiten, oder wo kleine Teilchen in schneller Bewegung eine grosse Rolle spielen. Typische Maschinen dieser Art wären die modernen Computer. Der kausale Ablauf ist durch das Programm und die eingespeicherten Daten vorbestimmt. Dementsprechend erwartet man von einem Computer bei gleichbleibendem Programm und unveränderten Daten immer das gleiche Resultat, unabhängig vom Zeitpunkt, da man den Computer befragt. Nun ist uns in unserem Betrieb aufgefallen, dass der Computer häufiger ausfällt oder Störungen zeigt, wenn sich bestimmte Personen in seiner Nähe aufhalten. Das geschah besonders dann, wenn sich die betreffenden Personen in einer starken inneren Spannung befanden. Dies schien sich auf den Ablauf der Computeroperationen und somit auf Abläufe materieller Teilchen auszuwirken. Auf die Interaktion zwischen unterschiedlichen räumlichen Gebilden (in diesem Falle Mensch und Computer) in Abhängigkeit der Zeitqualität kommen wir noch zurück. Zunächst wollen wir die drei verschiedenen Formen von Kausalität festhalten. Dabei sind die zwei ersten Formen in der dritten Form als Spezialfälle enthalten:

- grobstoffliche Kausalität
- statistische Kausalität
- Zeit-Kausalität

Im Gegensatz zu den beiden ersten Formen, die nur für grobstoffliche Prozesse oder solche, bei denen grössere Mengen im Spiel sind, ihre Gültigkeit haben, erlaubt die dritte Kausalitätsform, die in diesem Abschnitt beschriebenen Phänomene der Zwillingsforschung und des Bell'schen Theorems zu erklären. Damit richtet sich aber unser Augenmerk auch in zunehmendem Masse auf die Frage, ob es für das Erfassen der Zeitqualität irgendeinen Schlüssel gibt. Die moderne Physik ist nämlich nicht über diesen Punkt hinausgekommen. Sie hat festgestellt – und das ist ihr grosses Verdienst –, dass die Zeit zusätzlich zum Raum für die Erklärung des Verhaltens von Elementarteilchen in die Gleichung mit einbezogen werden muss. Die Physiker mussten dann jedoch auf eine statistische Kausalität ausweichen, um mit diesem Konzept praktisch arbeiten zu können. Dabei wurden folgende Themen eingeführt, ohne sie näher umschreiben zu können:

1. Die Anwesenheit des Beobachters beeinflusst den Ablauf des Experimentes. Dabei wird statt einer näheren Präzisierung der Raum- und Zeitkomponenten das Bewusstsein des Beobachters als diejenige Instanz eingeführt, welche eine Raum-Zeit-Potentialität in eine Raum-Zeit-Manifestation bringt (Quantentheorie).

2. Der Teilvorgang des Experimentes ist Ausdruck des kosmischen Gewebes von Zusammenhängen auf einer tieferen, ›nicht-manifesten‹ Ebene, welche auf eine ›implizite‹ oder ›eingefaltete‹ Ordnung hinweisen. Der Teilvorgang kann somit nur im Zusammenhang mit dem Ganzen erklärt werden. Auch hier spielt das Bewusstsein eine wichtige Rolle als Verbindung zwischen Geist und Materie (Konzept der impliziten Ordnung von D. Bohm).

Diese Ansätze der modernen Physik sind philosophisch beeindruckend, umso mehr, als sie uraltes esoterisches Wissen der Menschheit bestätigen. Dennoch sollten wir uns fragen, ob es denn nicht eine Möglichkeit gibt, räumliche und zeitliche Strukturen genauer zu beschreiben, als es den modernen Physikern in ihren Arbeiten gelungen ist. Dass wir dazu nicht mehr im Bereich der ausschliesslichen Materie zu suchen haben, ist augenscheinlich, denn gerade die moderne Physik nahm dort ihren Ausgang und hat damit die Möglichkeit materieller und materialistischer Herleitungen wohl ausgeschöpft. Dass sie immer mehr vom Vorgang des Bewusstseins spricht, bringt die Psychologie und damit wohl auch ihren kosmischen Ahnherr, die Astrologie, auf den Plan. Gerade über Zeitqualität behauptet die Astrologie ja Aussagen machen zu können, während sich die Psychologie – ausser im Zusammenhang mit dem Erfassen des ›Jetzt‹ oder chronologischer Lebensphasen – darüber ausschweigt.

Zeit und Raum im Taoismus

Das Verhältnis zwischen Anlagestruktur (z.B. Geburtskonstellation) und zeitlicher Wirkung lässt sich anhand der taoistischen Definition der Wechselwirkung zwischen Yang und Yin sehr schön darstellen. Wie wir gesehen haben, symbolisiert Yang neben der Zeit auch die Zahl und den Himmel. Zudem ist es das gebende Prinzip. Yin als Prinzip der Erde hat mit den dreidimensional-räumlichen Dingen zu tun. Es vollendet die durch das Zusammenkommen von Yang und Yin erschaffenen Dinge oder Wesen. Zudem ist es das Prinzip des Empfangenden.

Man könnte also sagen, dass das Yang-Prinzip den schöpferischen Anfangsimpuls gibt und das Yin-Prinzip die Ausgestaltung der konkreten, sichtbaren Form bewirkt. Diese sichtbaren Zusammenhänge sind in folgendem Zitat aus der Richard Wilhelm-Übertragung des I-GING erkennbar:

> »Das Schöpferische erkennt die grossen Anfänge. Das Empfangende vollendet die fertigen Dinge. ...Das Schöpferische wirkt die unsichtbaren Keime allen Werdens. Diese Keime sind zunächst rein geistig, daher kann ihnen gegenüber kein Handeln, Behandeln stattfinden. Ihnen gegenüber wirkt die Erkenntnis schöpferisch. Während das Schöpferische im Unsichtbaren wirkt und sein Feld der Geist, die Zeit ist, wirkt das Empfangende im räumlich verteilten Stoff und vollendet die fertigen, räumlichen Dinge. Es ist hier der Vorgang der Zeugung und der Geburt in ihre letzten metaphysischen Tiefen zurückverfolgt.« (28)

Zu diesen Aussagen ist es wichtig hinzuzufügen, dass das schöpferische oder das empfangende Prinzip für sich allein betrachtet keine sichtbaren und erkennbaren Manifestationen ergibt. Es wird ausgedrückt, dass das Schöpferische im Unsichtbaren und das Empfangende im räumlich verteilten Stoff wirkt. Auch der räumlich verteilte Stoff ist in dieser Form noch nicht sichtbar. So kann der Mensch grundsätzlich nur die Verbindung beider Prinzipien erkennen, d.h. die Wechselwirkung zwischen dem Schöpferischen und dem Empfangenden. Wenn wir also davon ausgehen, dass dem Yang-Prinzip Geist, Zeit, Zahl und Himmel entspricht, und dass am Himmel die ›Bilder‹ hängen, dann stellt die letztgenannte Entsprechung bereits eine Verbindung mit dem Yin-Prinzip dar. Die Bilder sind zwar dem reinen Yang-Prinzip noch sehr nahe, aber dadurch, dass sie (wenn auch erst zweidimensional) erkennbar sind, symbolisieren sie bereits eine Wechselwirkung mit dem Yin-Prinzip.

Etwas Ähnliches können wir über das reine Yin-Prinzip und die ihm nahestehenden räumlichen Entsprechungen sagen. Das reine Yin-Prinzip wäre Ursubstanz in ihrer noch ungestalteten Form. Nach heutigem Wissen würden wir von einer Potentialität des Seins sprechen. Erst durch die Wechselwirkung mit dem Yang- oder Zeitprinzip werden daraus konkrete, erkennbare Formen. Heisenberg drückt diesen Vorgang über den Eingriff des Beobachtens und Messens, der ja in Raum und Zeit stattfindet, folgendermassen aus:

> »Der Übergang vom Möglichen zum Faktischen findet also während des Beobachtungsaktes statt... Wir können sagen, dass der Übergang vom Möglichen zum Faktischen stattfindet, sobald die Wechselwirkung des Gegenstandes mit der Messanordnung und dadurch mit der übrigen Welt ins Spiel gekommen ist.« (29).

Das unter dem Einfluss des Yang (der Zeit) manifest gewordene Yin-Prinzip wäre dann das, was R. Wilhelm als ›Vollender der räumlichen Dinge‹ bezeichnete. Durch den Einfluss der Zeit, der Zahl und damit von Gesetzmässigkeiten tritt das Yin in die manifeste, materiell erkennbare Form. Folgende Analogie mag den dabei stattfindenden Prozess veranschaulichen: Unterkühltes Wasser befindet sich in flüssigem Zustand und hat somit noch keine konkrete Form. Nun fällt ein Stäubchen in diese Flüssigkeit, und augenblicklich erstarrt sie zu Eis. Das Stäubchen hat als Katalysator für den Übergang in die feste Form gewirkt. Eine ähnliche Qualität kann in vielen Fällen einem bestimmten Moment zugesprochen werden, auch wenn die Wirkungsweise der ›Zeit‹ – und dies ist wichtig – sich nicht in der Katalysatorwirkung erschöpft.

Bezeichnend für die Wechselwirkung von Yang und Yin ist die Tatsache, dass sie gemäss dem Taoismus nicht getrennte, sondern komplementäre Prinzipien sind, die einander gegenseitig bedingen. Gemäss Wilhelm besteht zwischen Yang und Yin zusätzlich zur Komplementarität eine qualitative Rangordnung. Er schreibt dazu:

> »An sich ist natürlich das Empfangende ebenso wichtig wie das Schöpferische. Aber durch die Eigenschaft der Hingebung ist die Stellung dieser Urkraft dem Schöpferischen gegenüber bezeichnet. Sie muss unter der Leitung und Anregung des Schöpferischen sein, dann wirkt sie heilvoll. Nur wenn sie aus dieser Stellung heraustritt und dem Schöpferischen ebenbürtig zur Seite treten will, wird sie böse. Daraus ergibt sich dann Gegensatz und Kampf gegen das Schöpferische, der für beide Teile unheilvoll wirkt.« (30)

Übertragen auf die Entsprechung von Zeit, Zahl und Himmel für das Yang wäre damit dessen Anordnung gegenüber dem Yin, der Erde, dem Raum und der Materie, gekennzeichnet. Darin könnte man auch mahnende Worte alter Weisen im Hinblick auf eine vorwiegend auf die Materie bezogene Zivilisation erblikken. Gleichzeitig wäre auch die Verwirrung aufgezeigt, welche sich einstellen muss, wenn die Zeit nur noch in räumlichen Grössen gemessen, d.h. dem Räumlichen untergeordnet wird.

Zeit und Raum in der Astrologie

Nun wollen wir uns der Frage zuwenden, wie die Astrologie mit Zeit und Raum umgeht und wie in dieser Disziplin die Rangfolge geordnet ist. Die Astrologie geht davon aus, dass die einem menschlichen Leben zugrundeliegende Anlagestruktur durch den Geburtsmoment gegeben ist. Horoskop bedeutet ›Stundenschau‹, also Schnitt der Zeit durch den Raum. Die Anordnung der räumlichen Strukturen wird im Moment der Geburt ›angeschaut‹. Man könnte in diesem Zusammenhang auch von einem Querschnitt durch die zum jeweiligen Zeitpunkt bestehende Anordnung des Yin-Pols sprechen.

Die kosmische Befruchtung und somit Materialisierung kommt durch ein Yin und ein Yang zustande, welche in diesem Augenblick zusammenkommen. Allerdings ist es in diesem Zusammenhang wichtig, auf die ursprüngliche Entsprechung der Yin-Komponente hinzuweisen, nämlich als räumlich verteilter Stoff, der im Moment der Geburt eine konkrete Form annimmt. Erst diese Betrachtungsweise erhellt, warum die später stattfindende Entfaltung der Anlagen durch die Zeit nicht etwas Festgelegtes betrifft, sondern eine ständige Neubefruchtung der ursprünglichen Strukturen oder Anlagekomponenten durch den Zeitfaktor stattfindet. Eine Geburtskonstellation hat nämlich zweierlei Charakteristiken: Einerseits ist sie durch die Einwirkung des Yang auf das Yin manifest gewordene Struktur und über die Erscheinung des Körpers manifest gewordene Form. Andererseits verhält sich jedoch die Geburtskonstellation gegenüber der weiterschreitenden Zeit wie das Yin gegenüber dem Yang.

Deshalb können wir sagen, dass die Geburtskonstellation durch den Zeitfaktor ständig neu befruchtet wird, wobei es dafür im Leben Brennpunkte gibt, an denen durch Übereinstimmung (sinngemässe Querverbindung) die Aktivierung der Geburtskonstellation durch den Zeitfaktor besonders intensiv ist. Astrologisch gesehen wären dies die Momente, in denen einzelne Geburtsstellungen von Planeten am Himmel erneut abgebildet werden, oder wenn wichtige, d.h. entsprechende Punkte des Himmelsgefüges konstellativ besetzt sind. Bei diesen Punkten handelt es sich um den mit einer Geburtskonstellation übereinstimmenden Ort am Himmel (im Tierkreis) oder um Punkte, welche dem Geburtsort gegenüberliegen, bzw. in ein ganzzahliges Teilungsverhältnis des Kreises zum Geburtsort zu stehen kommen. Dies sind in der Astrologie die Aspekte. Einige der wichtigsten sind in Fig.4 für eine Planetenstellung (Mars) am Geburtshimmel dargestellt. Als Faustregel gilt, dass die Intensität eines Aspektpunktes mit der grösser werdenden Teilungszahl des Kreises abnimmt. Dabei gilt auch, dass die Wirkung bestimmter Teilungszahlen besonders leicht erkennbar ist, weil diese Teilungszahlen eine Affinität zur Materie und zum Konkreten haben. Dies ist beispielsweise bei den Teilungszahlen zwei und vier der Fall.

Ausgehend von diesem Beispiel können wir uns jedoch noch stärkere Intensitätsgrade der zeitlichen Auslösung einer Anlagekonstellation vorstellen. Nehmen wir beispielsweise an, dass in Fig.4 Punkt 2 in der Geburtskonstellation

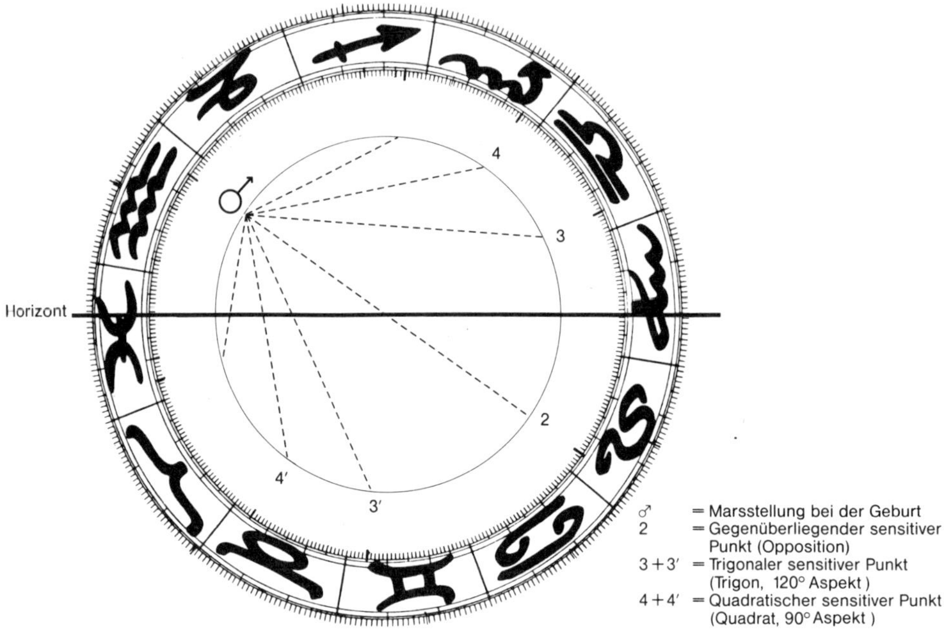

Figur 4: Wichtige Winkelbeziehungen zu einer Geburtsstellung als zeitliche Auslösungspunkte

durch die Sonne besetzt ist. Man würde in diesem Falle davon sprechen, dass jemand in seinem Horoskop eine Opposition zwischen Sonne und Mars aufweist und damit das Thema einer gewissen Voreiligkeit und Gespanntheit gegeben ist (Sonne und Mars sind beides Gestirne, welche Aktivität und Dynamik ausdrükken). Reproduziert sich nun am Gestirnhimmel zu irgendeinem Zeitpunkt erneut eine solche Opposition, beispielsweise mit der Sonne auf Punkt 4 und Mars auf Punkt 4', so wird nicht nur das Thema der Spannung zwischen Sonne und Mars, wie sie am Geburtshimmel vorhanden war, reproduziert, sondern es werden auch die sensitiven Punkte 4 und 4' aktiviert. Dies wäre ein Moment, wo dem Eigner der Geburtskonstellation seine Spannung zwischen Sonne und Mars in dramatischem Masse bewusst wird.

So kann man anhand einer Geburtskonstellation sowohl Aussagen über charakterliche Eigenschaften der Person machen als auch über die Zeitpunkte im Leben, in denen charakterliche Komponenten aktualisiert werden. Davon ausgehend könnte man leicht zum Schluss kommen, dass das Geburtshoroskop einerseits Charakter, andererseits Schickal darstellt. Dies wurde früher tatsächlich so gesehen. Wir werden noch erkennen können, dass diese Thematik etwas differenzierter betrachtet werden kann.

Zunächst wollen wir jedoch das Thema des Geburtshoroskops oder der Anlagekonstellationen im Moment der Geburt etwas weiter vertiefen. Ein Geburtshoroskop oder ›Anfangshoroskop‹ macht man nämlich nicht nur für Geburten, d.h. für den Beginn eines Lebens, sondern auch für den Beginn eines Vorhabens oder einer Unternehmung. Gehen zwei Personen miteinander eine Ehe ein, wird zwischen zwei oder mehr Personen ein Unternehmen gegründet oder findet eine Gruppe von Bürgern zur Gründung eines Staates zusammen, so wird man auch in solchen Fällen ein Anfangs- oder Gründungshoroskop erstellen können, welches Aufschluss gibt über die Eigenschaften des neu gegründeten Gefüges wie auch über zeitliche Auslösungen, d.h. wichtige Perioden. Das astrologische Konzept beinhaltet nämlich für dieses Gefüge, dass mit dem Beginn auch schon der weitere Verlauf eines Vorhabens oder neuen Projektes angezeigt ist. Heisst dies also, dass das Schicksal eines Menschen, einer Firma oder eines Staates mit dessen Gründungszeitpunkt schon feststeht? Das kann wiederum nicht so ausgedrückt werden, dies wäre eine zu materialistische Anschauung. Dadurch würde man nämlich voraussetzen, dass die Dinge in Raum und Zeit festgelegt sind. Das ist nicht der Fall, jedenfalls nicht im Sinne von konkreten Manifestationen.

Wir haben gesagt, dass durch das Zusammenkommen von Yang und Yin etwas Neues entsteht und dabei ein Übergang vom Möglichen zum Faktischen stattfindet. Das Faktische wäre beispielsweise der Körper eines Neugeborenen oder im Falle einer Firma die Gründungsurkunde, bei einem Staat die Verfassung, usw. Nebst dem faktisch Beobachtbaren in Form von Strukturen, welche eine Verbindung zwischen verschiedenen Qualitäten ausdrücken, bleibt jedoch das Potentielle, welches teilweise über den Prozess der Konkretisierung Form angenommen hat, weiterhin bestehen. Es ist das Potentielle oder Mögliche, das mit den zeitlichen Auslösungen reagiert. Dieses hat aber keine konkrete Form, sondern es besteht aus Qualitäten, aus Symbolen und Bildern, welche strukturmässig auf eine ganz bestimmte Art angeordnet sind.

Was ist nun das Wesen dieser Symbole, dieser Bilder sowie der sie verbindenden Strukturen? Zunächst einmal kann man sagen, dass es sich dabei immer um Qualitäten handelt und nie um Quantitäten. Man könnte von einer ›Gestalt‹ sprechen, welche sowohl räumlich als auch zeitlich nach Ausdruck und Vollendung strebt. Ist die ›Gestalt‹ noch offen, dann will sie geschlossen werden. Diese ›Gestalt‹ transzendiert jedoch die biologische Form in dem Sinne, als sie auch für sogenannte unbelebte Materie oder juristische Personen gilt. Sie ist höherdimensional als der Raum, weshalb wir im Zusammenhang mit unserem räumlichen Vorstellungsvermögen nur immer einzelne Aspekte davon erfassen. Aus diesem Grunde fällt es uns schwer, diese Gestalt ›Jenseits von Gut und Böse‹ zu ›be-greifen‹.

Eine Forderung nach Einpassung in die gerade aktuellen Wertmasstäbe einer Epoche kann bei etwas, welches jenseits jeglicher Festlegung in Raum und Zeit liegt, jedoch grundsätzlich nicht erhoben werden. Wir brauchen bekanntlich weniger weit zurückzugehen als bis zur Entstehung der betreffenden Symbole, um zu erkennen, dass wir in unserer Sprache Überreste dieser ganzheitlichen, nicht in Gut und Böse unterteilbaren Qualitäten haben. Wir erinnern dabei an die Einheit der Urwörter, wie wir sie beispielsweise in Form von ›Höhle‹ und ›Hölle‹, ›muss‹ und ›Musse‹, ›Logos‹ und ›Lüge‹, ›devus‹ (Gott) und ›devil‹ (Teufel), usw. vorfinden. Die Symbole haben immer diese Doppelschichtigkeit; die Möglichkeit, von einem Pol zum andern umzuschlagen. Klassisch ist dieses Phänomen im I-GING geschildert, wo ein Zeichen, sobald es seinen Höhepunkt erreicht hat, in sein Gegenzeichen umschlägt.

Es ist auch das I-GING, welches die Verbindung zwischen Bild und Zahl herstellt. Sämtliche Hexagramme sind Zahlenverbindungen in jeweils unterschiedlicher Reihenfolge. Sind sie einmal in einer bestimmten Reihenfolge angeordnet, so erzeugen sie Bilder. Durch ihre zahlenmässige Struktur wird die Verbindung zwischen dem Bild, welches auch einem momentanen Zustand entspricht, und der Zeit als Veränderungsrichtung dieses Zustandes hergestellt. Etwas Ähnliches, wenn auch weniger deutlich ausgedrückt, finden wir in der Astrologie vor. So sind die Grundelemente des astrologischen Systems, nämlich Planeten, Zeichen und Häuser, durch Entsprechungen miteinander verbunden. Beispielsweise entspricht der Sonne das Löwezeichen und das fünfte Haus. Auch in der Astrologie kann vieles statt in Form von Bildern auch in Zahlen ausgedrückt werden, allerdings ist die Verbindung nicht so eng wie im I-GING. Dies hat damit zu tun, dass das astrologische System bereits stark mit der Dualität, d.h. mit Gegensätzen arbeitet. Dadurch ist das qualitative Bewusstsein der Zahl etwas in den Hintergrund getreten. Dies macht die Astrologie für unser Bewusstsein wohl auch zugänglicher, denn wir westliche Menschen können über Bilder archetypische Inhalte leichter wieder aufleben lassen als über die Zahl. Während im Osten das I-GING als Orakel die Jahrhunderte überdauert hat, so war es im Westen das Tarot. Beim Tarot tritt die zahlenmässige Symbolik gegenüber der bildmässigen stark in den Hintergrund, wobei bezeichnenderweise bei der vulgarisierten Form des Tarot, den Spielkarten, die Zahl als Quantität wieder in Erscheinung tritt.

Wir können also feststellen, dass die Verbindung zwischen Raum und Zeit im westlichen Bewusstsein vor allem über Zeichen und Bilder erfolgt. Die am Himmel (Bereich der Zeitqualität) sichtbaren Bilder (Ausdruck des Ur-räumlichen) schaffen für uns die Verbindung zwischen Raum und Zeit. Über die Verwendung von Symbolen sind diese Bilder gleichzeitig in Formeln ausdrückbar, so dass deren zeitliche Wiederkehr Aktivierungen räumlicher Konstellationen voraussagen lassen.

Wesentlich ist bei den Symbolen jedoch, dass sie viel mehr sind als ein räumliches Abbild, dass ihnen eine ganze Anzahl von Abbildungen entspricht. Erwähnten wir im Zusammenhang mit dem Beispiel der Sonne das Löwezeichen und das fünfte Haus, so korrespondieren mit diesem Symbol die folgenden vielfältigen Entsprechungen: Sonne, Hochsommer, Gold, Herz, der König, das Selbst, Spiel und Abenteuer, Schloss, Wüste, Steppe, usw. Die Ebene, auf welcher die Entsprechung zum Zuge kommen wird, steht nicht zum vornherein fest und muss in Abhängigkeit von der jeweils gestellten Frage definiert werden. Dabei wird die Konstellation durch eine zeitliche Auslösung meist gleichzeitig auf verschiedenen Ebenen erlebt werden, wobei naturgemäss die eine oder andere Ebene wichtiger sein wird.

Eine kleine Anekdote traditioneller astrologischer Interpretationsart möge dies veranschaulichen: Einem Mann wurde vorausgesagt, dass er Gefahr laufe, durch einen Löwen ums Leben zu kommen. Er nahm die Warnung ernst und hütete sich von nun an, zoologische Gärten zu besuchen oder gar in Gebiete zu reisen, wo es Löwen gibt. Eines Abends jedoch, als er wie gewohnt das Gasthaus ›Zum Goldenen Löwen‹ betrat, löste sich aus unerklärlichem Grunde das schwere goldene Schild des Wirtshauses, welches das prunkvolle Eingangstor schmückte, just in dem Moment, als er durch das Tor schritt. Er musste mit schweren Kopfverletzungen ins Krankenhaus gebracht werden.

7. Die Resonanz von Zeit und Raum

Der resonante Raum

Bei der Auseinandersetzung mit der Qualität der Zeit haben wir festgestellt, dass wir über das Prinzip einer qualitativen Zeitkausalität zahlreiche Phänomene erklären können, die man mit Hilfe einer räumlich bedingten Kausalität nicht verständlich machen kann. Dabei wurde jedoch auch klar, dass sich bei einer solchen Betrachtungsweise die Vorstellung des Raumes verändert. Sehen wir uns das bekannte Symbol des Tao – die Verbindung zwischen Yin und Yang – an (Fig.5), so können wir erkennen, dass das Yang wie auch das Yin jeweils als kleinen Punkt einen Anteil des komplementären Gegenprinzips einschliesst. Das weist darauf hin, dass die Zeit als qualitatives Prinzip auch etwas vom quantitativen räumlichen Prinzip enthält, und der Raum als quantitatives Prinzip auch etwas vom qualitativen Prinzip der Zeit aufweist. Das bedeutet, dass sich mit der Erweiterung unseres Zeitbegriffs gleichzeitig der Begriff des Raumes verändert.

Figur 5

Das erweiterte Urprinzip des Raumes können wir beispielsweise über die Wurzel unserer Worte erleben. Wir haben bereits gesehen, dass die Wurzeln das Quantitative – Positive und Negative – als solches noch nicht beinhalten. Die Wurzeln symbolisieren das, was erst durch die Wirkung der Zeit näher definiert wird. So könnte man die Wurzeln (lat. ›radix‹) auch als Kerne deuten, die in ihrem ursprünglichen Zustand grundsätzlich nach allen Richtungen ausschlagen können. Wir erkennen diese Übereinstimmung auch in der Bezeichnung der Linie, welche vom Zentrum eines Kreises bis zur Peripherie reicht. Eine solche Linie nennen wir Radius, ein Ausdruck, der jenem für die Wurzel nahe verwandt ist. Diese Zusammenhänge werden in Fig.6 und 7 sichtbar. Fig.6 entspricht der Möglichkeit des Ausschlagens nach allen Seiten. Dies symbolisiert das Raumprinzip als Anlage, ohne dass für die Entfaltung in der Zeit schon eine Richtung vorgegeben wäre. Auf die Pflanzenwelt übertragen, würde dieses Bild einem Samen entsprechen, welcher weder durch Schwerkraft noch durch eine gerichtete Lichtquelle zum Wachstum in eine bestimmte Richtung veranlasst wird. Entwikkelt sich das System nach allen Richtungen gleichmässig, so erhalten wir in der flächenmässigen Aufzeichnung das Symbol des Kreises, im Räumlichen die Kugel. Der Kreis symbolisiert die Sonne, das Yang-Prinzip und damit die Zeit, die Kugel symbolisiert die Ganzheit.

In Fig.7 finden wir das Bild einer Pflanze, welche sich unter dem Einfluss von Schwerkraft und gerichteter Lichtquelle entwickelt (Schwerkraft und Gerichtetheit entsprechend dem Saturnprinzip). In Fig.7 dominieren somit Linie und Linearität. Während der Kreis das esoterische Symbol für Zeitfreiheit (nicht gerichtete Zeit) ist, finden wir als Symbol für den materialisierten Raum die Linie. Bei der ausschliesslich in eine Richtung verlaufenden, linearen Entfaltung liegt die Freiheit höchstens im Ausschlagen nach der Seite (fächerförmige Anordnung).

Grundsätzlich entspricht die in Fig.7 dargestellte räumliche Ausdehnung der Entwicklung aller Lebewesen, ob Pflanze, Tier oder Mensch. Sie ist durch die auf der Erde wirkenden Gesetze der Schwerkraft gegeben. Diese ist mit der Materie und der Materialität, wie wir aus der Physik wissen, direkt verknüpft. Im übertragenen Sinn kann die Schwerkraft, immer gemäss dem Kronos- oder Saturn-Prinzip, auch auf Schicksal, Skript, usw. ausgedehnt werden. So winkt Freiheit von der gerichteten Entwicklung immer nur dann, wenn man zur Wurzel oder zum Keimungszustand zurückfinden kann, welcher sich noch nicht im Feld der Schwerkraft befindet (Fig.6). Da im übertragenen Sinn die Schwerkraft auch als die Summe unserer Vorstellungen über die Welt sowie unserer Erwartungen dargestellt werden kann, bedeutet dies auch, dass Freiheit dann möglich wird, wenn wir uns von unseren Vorstellungen, wie die Dinge sein sollen, befreien können. Ansonsten werden wir immer nur das finden, was wir bereits suchten oder was wir schon wussten.

Diese Situation ist in Fig.8 dargestellt. Der gestrichelte Kreis stellt die Realität als Ganzes dar. Diese ist uns jedoch nicht zugänglich, wenn wir uns im Lichtkegel unserer vergangenen Erfahrungen und Erinnerungen bewegen. Wir sind dann empfangsmässig auf gewisse Wellenlängen fixiert, und unser Empfangsgerät kann andere Frequenzen nicht aufnehmen. Wenn jemand beispielsweise ständig Erinnerungen an Situationen, in denen er verlassen wurde, aufleben lässt, so wird er auch in Zukunft nach Bestätigungen dieser Auffassung Ausschau halten. Er wird sich immer wieder in Situationen begeben, wo er verlassen wird und dadurch sein bisheriges Weltbild laufend bestätigen. All die anderen Erfahrungen, die links und rechts des Lichtkegels von Erinnerungen und Erwar-

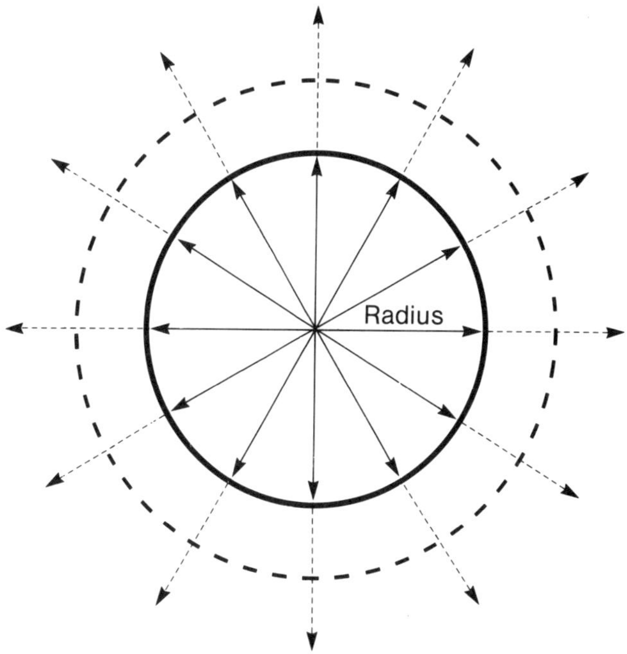

Figur 6: Kugelförmige Entfaltung des Raumpotentials im schwerelosen Feld

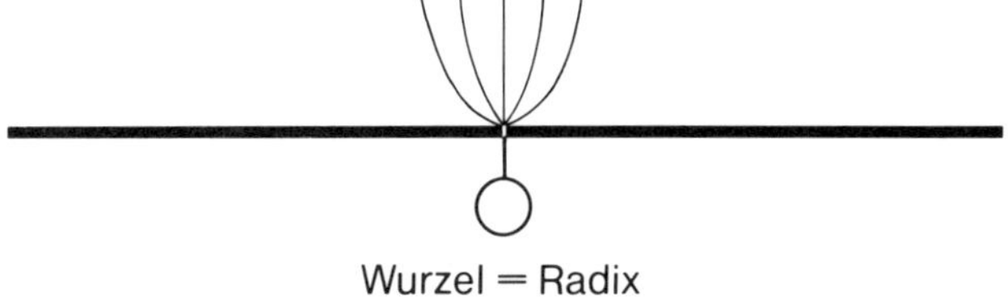

Figur 7: Lineare Entfaltung des Raumpotentials im Schwerkraftsfeld

tungen liegen, sind ihm unzugänglich. Diese Haltung löst einen ständigen Wiederholungszwang aus. Je stärker die Verknüpfung zwischen Erinnerungen und Erwartungen ist, umso statischer wird die Zeit erlebt. Sie verliert in zunehmendem Masse ihre verändernde Qualität. Die Zukunft wird wie die Vergangenheit sein und umgekehrt.

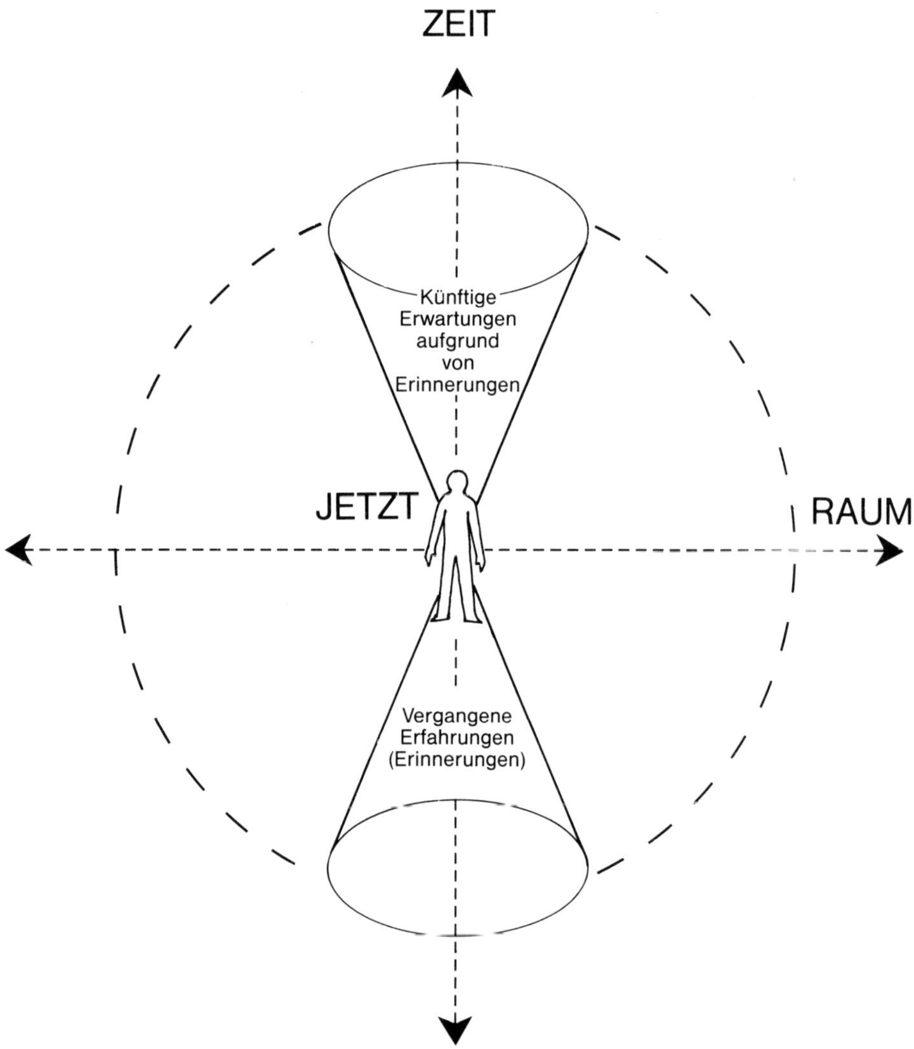

Figur 8: Eingeengtes Bewusstsein im Erinnerungs-Erwartungs-Feld

Es ist interessant, dass es in der Astrologie eine Methode gibt, welche dieser Thematik direkt Rechnung trägt. So besteht die häufigste Methode, um eine künftige Zeitqualität im voraus zu ermitteln, darin, die zur fraglichen Zeit herrschenden Gestirnstände zu ermitteln (beispielsweise nach der Transitmethode). Daneben wird von einigen Astrologen jedoch auch ein Verfahren angewandt, bei dem man rückwärts misst. Es handelt sich um die Methode der pränatalen Konstellationen. In diesem Falle werden die Konstellationen soviel Jahre und Tage vor der Geburt ermittelt wie man gerade an Jahren und Tagen alt ist, um diese dann mit den Geburtskonstellationen zu vergleichen. Das heisst, die Zeit wird numerisch auf der Zeitachse nach rückwärts (im Bild nach unten) gemessen. Es zeigt sich, dass insbesondere bei Menschen, die von ihrem Veränderungspotential wenig Gebrauch machen, diese Methode recht gute Resultate liefert. Sie ist dagegen weniger geeignet für Individuen, welche sich laufend erneuern und damit die Fähigkeit zeigen, Themen aus der Vergangenheit zurückzulassen.

Schauen wir uns nochmals Fig.8 an. Bei genauerer Betrachtung findet man in diesem Bild einen Punkt, der nicht durch die Lichtwände vom Ganzen abgetrennt ist. Es handelt sich dabei um das Zentrum des Kreises und den Schnittpunkt der Lichtkegel der Vergangenheit und der Zukunft, somit also um die Dimension des Jetzt. Einzig zu diesem Zeitpunkt, wenn wir weder in der Vergangenheit (in unseren Erinnerungen) noch in der Zukunft (in unseren Erwartungen) leben, können wir Zugang zum Ganzen finden. Wir sind dann im keimenden Zustand des Hier und Jetzt. Auch wenn der Begriff ›Hier und Jetzt‹ im letzten Jahrzehnt zu einem Modewort geworden ist, so lässt sich nicht verkennen, dass das Erreichen dieses Zustandes das Ziel aller esoterischer und mystischer Richtungen ist. An diesem Schnittpunkt zwischen Vergangenheit und Zukunft wird über das Aussteigen aus der Linearität der Zeitachse Erinnern/Begehren gänzliche Erneuerung möglich. An diesem Punkt können andere Zusammenhänge als die verstandesmässig und materiell erklärbaren gesehen und verstanden werden. Kurz: dieser Punkt ist das Einstiegstor zum universellen, vierdimensionalen Raum-Zeit-Kontinuum. In diesem sich ständig erneuernden Zustand befindet sich der Mystiker, welcher mit dem Absoluten oder Göttlichen in Berührung steht. In diesem Zustand befindet sich auch der Liebende, der seine Abgesondertheit hinter sich gelassen hat und sich vollkommen verbunden fühlt; aber auch der Erfinder, der zu einem Problem eine völlig neue Lösung findet, welche den bisherigen Rahmen, innerhalb dessen er gesucht hat, gänzlich sprengt.

In Anlehnung an die Quantentheorie könnten wir sagen, dass wir innerhalb des Lichtkegels statistische Kausalität erleben, nach der die Zukunft aus der Vergangenheit voraussagbar ist. Am Schnittpunkt der Lichtkegel erfahren wir jedoch die Unvorhersagbarkeit des Elementarteilchens, dessen Verhalten in Raum und Zeit nicht genau beschrieben werden kann (Unbestimmtheitsrelation). In diesem Zustand können wir nicht nur dem Elementarteilchen, sondern auch dem Menschen die Fähigkeit zuschreiben, Quantensprünge des Bewusstseins zu machen.

Etwas davon erleben wir, wenn wir mit den Wurzeln unseres Seins in Berührung kommen, beispielsweise über Bilder, welche über ihre Vielschichtigkeit urtümliche Grunderfahrungen aktivieren, oder auch durch Musik und Dichtung. C.G. Jung hat diese Erlebnisse beschrieben als eine Aktivierung eines Archetyps im Unbewussten des Erlebenden. Gemäss Jung sind dies Momente, wo Psyche und Materie nicht mehr als getrennte Bereiche wahrgenommen werden, sondern sich in einer sinnvollen symbolischen Situation begegnen. Dementsprechend könnte man die Symbole als in Bewegung befindliche Wurzeln oder Archetypen bezeichnen. ›Bolos‹ heisst auf griechisch ›Wurf‹, während ›Sym‹ ›zusammen mit‹ bedeutet. Somit ist ein Symbol ein Wurf verschiedener miteinander laufender Komponenten in eine bestimmte Richtung. Man könnte auch sagen, dass es eine Wurzel ist, welche durch Einwirkung der Zeitkomponente in Bewegung gekommen ist und ihre verschiedenen Facetten zum Ausdruck bringt.

Wenn wir in Fig.6 Richtungen einführen, so können wir uns von der zentralen Wurzel ausgehend eine kreisförmige Anordnung verschiedener Symbole vor-

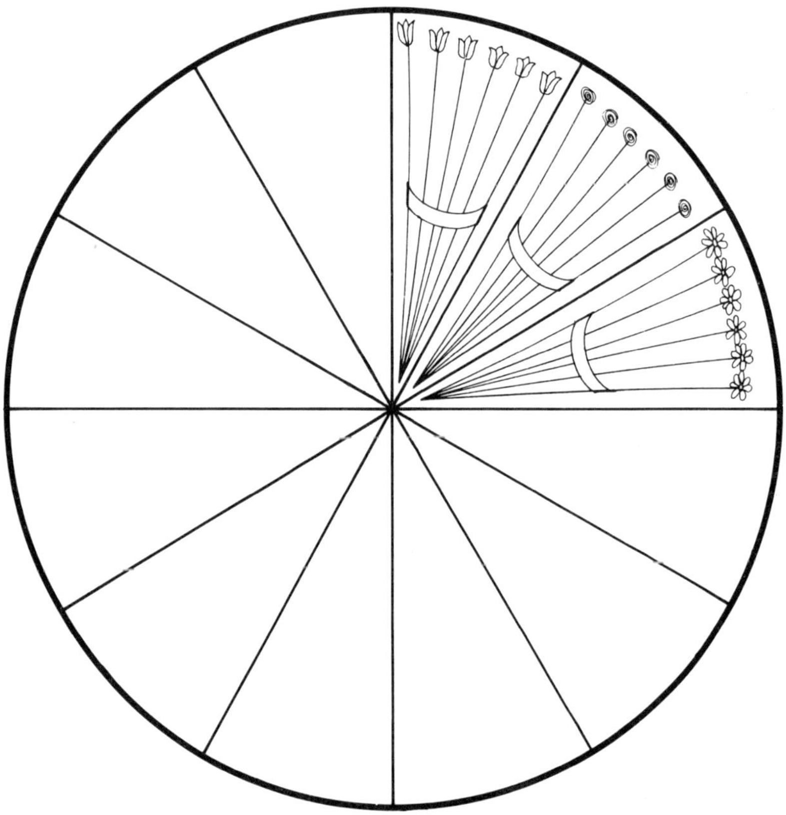

Figur 9: Die Aufteilung des Kreises im Bündel von Symbolkonstellationen

stellen, welche jeweils wie verschiedene Blumensträusse vom Zentrum ausgehend an der Peripherie des Kreises ihre verschiedenartigsten Blüten zeigen (Fig.9). Das ist auch eine in verschiedenen Kulturen beliebte Abbildungsform für die Ganzheit. Je nach Bewusstseinsstruktur einer Epoche wird der Kreis dabei in acht oder zwölf Sektoren geteilt. Während sich die Erscheinungsformen an der Peripherie sehr stark unterscheiden, besitzen sie im Zentrum einen gemeinsamen Urgrund. Wir werden noch sehen, dass wir im heutigen astrologischen System eine 12-fache Unterteilung des Kreises der Ganzheit haben, während die alten Chinesen im Zusammenhang mit ihrem Polaritätsdenken mit acht Urzeichen auskamen.

Das Gegenteil des ›Symbolon‹ ist das ›Diabolon‹. Der Wortstamm ›dia‹ bedeutet ›gegen‹ oder ›entgegengesetzt‹. Das Diabolon ist also das spaltende und das die Bahn brechende oder aufhaltende Prinzip. Das Diabolische wäre somit die Spaltung, die den ursprünglichen Sinn, welcher sich über das ›Symbol‹ manifestiert, in seinem Ausdruck unterbricht und zunichte macht. Damit in Verbindung steht auch das Prinzip des ›Scheidens‹, welches wir im arabischen und hebräischen ›Schaitan‹ (=›Satan‹) vorfinden. Das Diabolische oder Satanische ist somit immer ein Herausfallen aus dem Prinzip des verbindenden Sinns.

Dem Ursprung räumlicher Strukturen liegen die Wurzeln von Bild und Wort zugrunde. Aus diesen noch inhaltslosen Matrizen entwickeln sich dann in Abhängigkeit der Zeit (durch die Epoche) und durch die Wirkung der Zeitentfaltung die Symbole und die Bilder. Damit entsteht der mit Inhalt gefüllte Raum, welcher mit der Qualität der Zeit in Resonanz tritt. Um die Resonanz zwischen Raum und Zeit zu verstehen, muss man wissen, dass räumliche Objekte für den Beobachter oder den Beteiligten auch immer Symbolcharakter haben und über diesen Symbolcharakter, der ja unter den kulturellen Voraussetzungen einer bestimmten Epoche zustandegekommen ist, mit der Zeitqualität in eine Relation treten. Wir sollten daher in diesem Zusammenhang den früher verwendeten Begriff der Kausalität der Zeit erweitern. Wir können nämlich mit einem gewissen Recht die Auffassung vertreten, dass auch räumliche Strukturen auf Manifestationen in Raum und Zeit wirken, indem sich räumliche Strukturen den ihnen gemässen Moment aussuchen, um zeitlich in Erscheinung zu treten. Einen Hinweis dafür ergeben die Forschungen von Michel und Françoise Gauquelin im Zusammenhang mit der Frage, ob Planetenstellungen der Eltern auf das Kind vererbt werden. Das scheint tatsächlich der Fall zu sein, wobei dies nach gewählten Untersuchungskriterien (Verteilung der Planeten am Geburtshimmel im Moment der Geburt) nur für natürliche, d.h. nicht eingeleitete Geburten gilt. Nach diesen Beobachtungen scheint es so abzulaufen, dass sich der Fötus den Moment für seine Geburt aussucht und dabei starke Korrelationen mit den Stellungen der Planeten der Eltern erreicht. (1)

So kann man die kausale Wirkung wohl auch von zwei Seiten her ansehen: von jener der Zeit oder des Raumes. Dieses Konzept ist philosophisch ganzheitlicher, auch wenn wir normalerweise mit dem Konzept der Kausalität der Zeit auskommen dürften, um Naturphänomene zu erklären. Es ist jedoch beizufügen, dass die beiden Prinzipien letztlich immer gemeinsam auftreten und wir beim vorgenannten Beispiel durchaus von einer von früher her klar gegebenen Zeitqualität ausgehen können: Das Kind, welches seinen Geburtsmoment aussucht, wurde zu einem bestimmten Zeitpunkt gezeugt, die Eltern kamen wiederum zu einer ganz bestimmten Zeit zur Welt, so dass wir auch von einer sich in dieser Familie durchziehenden Zeitqualität sprechen könnten.

Die Wirkung der Zukunft auf die Vergangenheit

In unserem üblichen dreidimensionalen Denken gibt es keine mögliche Beeinflussung der Vergangenheit durch die Zukunft. Gehen wir jedoch von einem Raum-Zeit-Kontinuum aus, so ist dies keine abwegige Vorstellung. Wir haben bereits erläutert, dass die Zukunft in bestimmten Fällen ein Abbild der Vergangenheit sein kann, bis zum Konzept eines Symmetriepunktes zwischen Vergangenheit und Zukunft oder umgekehrt, welcher im Geburtsmoment liegen könnte. Wenn wir dieses Konzept als Möglichkeit akzeptieren, dann fällt es nicht schwer, der Zukunft eine Wirkung auf etwas, was vielleicht jetzt stattfindet, zuzuschreiben.

Ein Gedankenexperiment mag hier hilfreich sein. Am 23. Februar 1987 konnte man von der Erde aus die Explosion einer Supernova beobachten. Sieht man etwas, was einem gefährlich erscheint, überlegt man sich normalerweise, was man tun könnte, um das Ereignis zu beeinflussen oder aufzuhalten. In diesem Fall wären solche Überlegungen absurd gewesen, handelte es sich doch um einen Vorgang, der vor 170000 Jahren stattgefunden hatte. Das Licht dieser Explosion brauchte so lange, um die Erde zu erreichen. Wollte man nun die Zeitkausalität untersuchen, so würde man unweigerlich zum Schluss kommen, dass diese mindestens ebenso stark orts- wie zeitgebunden ist. Man müsste hier ganz klar unterscheiden zwischen der Situation im Bereich der Supernova vor 170000 Jahren und der Situation auf der Erde 170000 Jahre später, als die Signale der Explosion empfangen wurden. Explosionen von Supernovas in einer solchen Entfernung sind für die Erdbewohner bekanntlich nicht gefährlich. Anders sähe es aus, wenn sich solche Explosionen beispielsweise im Abstand von zehn bis zwanzig Lichtjahren ereignen würden. Auch hier könnten wir allerdings bis zum Erscheinen der Lichtstrahlen nichts davon sehen, obwohl das Phänomen bereits stattgefunden hätte.

Was würde nun geschehen, wenn ein Mensch tatsächlich in der Lage wäre, ein solches Ereignis auf irgendeine Weise zu erspüren? Sein Wissen um eine künftige Beeinträchtigung seiner Lebenssituation durch ein Geschehen, welches bereits stattgefunden hat, jedoch noch nicht über die Sinne erkennbar ist, würde auf sein jetziges Verhalten einwirken. Mit anderen Worten: Die intuitiv wahrgenommene Zukunftssituation, welche auf den Ort der Explosion bezogen eine vergangene Situation ist, würde seine jetzige Haltung beeinflussen, bzw. die Zukunft hätte Einfluss auf die Vergangenheit. Dieses Gedankenexperiment ist relativ leicht nachzuvollziehen, da es sich um etwas handelt, das bereits geschehen ist und somit auch gemäss logischen Überlegungen seinen Schatten vorauswirft. Entsprechend ist es natürlich ebenso evident, dass unsere Erwartungen an die Zukunft unsere Gegenwart beeinflussen.

Es gibt jedoch noch eine andere Möglichkeit, an dieses Thema heranzugehen. Wenn wir das Korsett linearer Vorstellungen zurücklassen, dann fällt es nicht schwer, für die Beeinflussung der Vergangenheit durch die Zukunft eine Analogie zu finden. Betrachten wir zunächst Fig.10A, welche eine lineare Sinusfunktion darstellt. Wir haben in der Figur die Zeit als horizontale Achse dargestellt, die Amplitude der Welle als vertikale Achse. Wenn wir auf der Zeitachse irgendeinen Punkt untersuchen, so ist die Amplitude (Schwingungsweite) exakt definiert. Es gibt dafür nur einen möglichen und gültigen Wert.

Betrachten wir nun in Fig.10B eine nicht-lineare Wellenfunktion. Während wir für den Zeitwert 1 nur eine Amplitude haben, nämlich Amplitude a, so sind bei Punkt 2 bereits zwei Werte möglich, nämlich b und f. Bei Punkt 3 schneidet die Linie, die wir vertikal durch diesen Punkt ziehen können, dreimal die Kurve, was drei verschiedene mögliche Werte für die Amplitude der Welle angibt. Die Antwort auf die einfache Frage nach der Amplitude für einen bestimmten Zeitpunkt muss bei dieser Kurve in Form von verschiedenen Alternativen ausgedrückt werden. Die Kurve offenbart jedoch noch ein weiteres interessantes Phänomen, nämlich die Tatsache, dass vom Punkt d bis f die Kurve im Vergleich zur Zeitachse rückwärts läuft. Mit anderen Worten: Im Verlauf der Kurve wirkt die Zukunft auf die Vergangenheit.

Dieses Gedankenspiel scheint rein mathematischer Natur zu sein und in diesem Sinne für viele wahrscheinlich ohne grossen Bezug zur Wirklichkeit. Gehen wir aber davon aus, dass eine bestimmte Zeitqualität durch die zu diesem Zeitpunkt vorherrschende Planetenkonstellation symbolisch beschrieben wird, können wir eine direkte praktische Analogie zu dieser mathematischen Wellenfunktion heranziehen: Obwohl die Planeten in Wirklichkeit elliptischen Bahnen folgen, erscheinen ihre Bewegungen, von der Erde aus betrachtet, unregelmässig. Sie bewegen sich meistens in Richtung des Tierkreises, führen jedoch zu gewissen Zeiten Schlaufen aus, was bewirkt, dass sie in der Folge gegen den Tierkreis laufen.

Wir haben in Fig.11 die Bewegung des Saturn im Jahr 1987 aufgezeichnet. Auf der horizontalen Achse sind die Ekliptikwerte der jeweiligen Saturnstellungen in Tierkreisgraden aufgeführt, auf der vertikalen Achse die Monate des Jahres 1987.

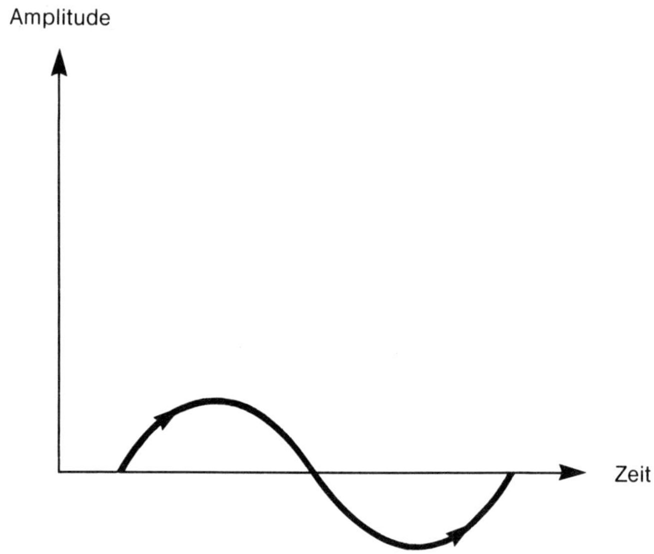

Figur 10A: Sinus-Kurve

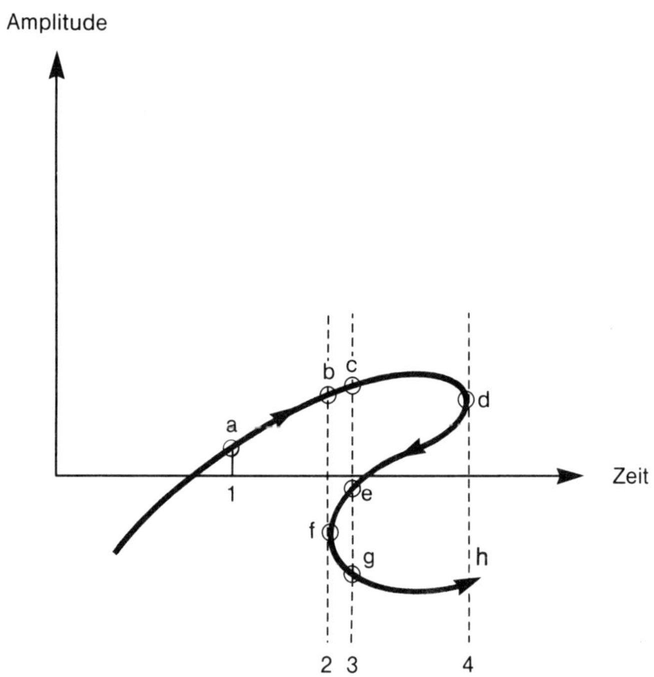

Figur 10B: Nichtlineare Wellenform als Anschauungsbeispiel für die Wirkung der Zukunft auf die Vergangenheit

In der Astrologie gilt bekanntlich die Gesetzmässigkeit, dass ein laufender Planet eine Geburtsstellung dann aktiviert, wenn er im Tierkreis über diese Stelle oder über eine wichtige Winkelbeziehung zu dieser Stelle läuft. Im vorliegenden Beispiel bedeutet das etwa für jemanden, dessen Sonne im Geburtshoroskop auf 18 Grad Schütze steht, dass Saturn anfangs Februar, dann wieder anfangs Juni und nochmals Ende Oktober diese Geburtsstellung berührt (siehe durchbrochene Linie). Im Monat April (Punkt b) spürt nun dieser Horoskopeigner nicht nur den Einfluss der Berührung Saturns mit seiner Geburtssonne gemäss Punkt a, welcher in der Vergangenheit liegt, sondern auch die Wirkung der noch vor ihm liegenden Übergänge von Saturn im Juni und Ende Oktober, gemäss Punkten c und d. Man kann somit sagen, dass auch in diesem Falle die Zukunft, nämlich die Zeit von Juni sowie Oktober, die Situation im April beeinflusst. Es findet also eine ständige Rückkoppelung zwischen Vergangenheit und Zukunft in bezug auf das Jetzt statt. Diesen Vorgang kennen intuitive und visionäre Menschen gut, auch wenn sie das, was sie spüren, naturgemäss nicht kausal erklären können. Sie sind eben in intensiverem Kontakt mit einer Fähigkeit, welche grundsätzlich jeder Mensch in kleinerem oder grösserem Ausmasse besitzt: die Fähigkeit, künftige Dinge vorauszuahnen. Manch einer mag nun argumentieren: Wenn künftige Dinge vorausgeahnt werden können, dann muss doch die Zukunft vorbestimmt sein. Dies ist eine falsche Folgerung des dreidimensionalen Denkens. Wir wollen uns im folgenden mit dieser Frage auseinandersetzen.

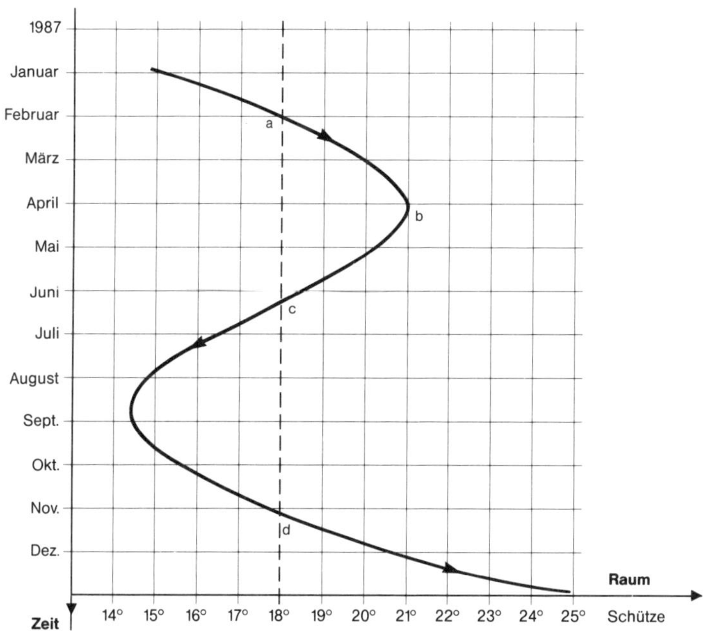

Figur 11: Bewegung des Planeten Saturn im Jahr 1987

Freiheit und Schicksal als komplementäre Prinzipien

Tatsache ist, dass wir sowohl frei als auch an ein Schicksal gebunden sind. Welche Seite vorherrscht, hängt vom einzelnen Menschen wie auch von der Lebensphase ab, in welcher er sich befindet. Es geht im wesentlichen um die Frage, wie kreativ wir mit unserem Leben umgehen. Je weniger wir der Schwerkraft unserer Erinnerungen und Erwartungen ausgesetzt sind, umso mehr haben wir die in Fig.6 dargestellte Freiheit, aus dem Zentrum heraus immer wieder neu zu entscheiden und uns in jedem Moment neu zu definieren. Voraussetzung dazu ist die Fähigkeit, im Hier und Jetzt zu leben, so dass uns nicht nur die Wiederholung des Bekannten übrigbleibt, sondern all jene Ebenen offenstehen, die nicht durch unseren von der Vergangenheit geprägten Blickwinkel definiert sind. Sind wir hingegen in der saturnischen Schwerkraft gefangen, so ähneln wir eher dem Bild der in Fig.7 dargestellten Pflanze, deren Wachstumsrichtung zum voraus gegeben ist. Immerhin hat auch diese Pflanze im Laufe ihrer Entwicklung die Möglichkeit, Knospen und Seitentriebe zu bilden, welche vielleicht nicht zum voraus festgelegt waren. Schicksal wäre dann vergleichbar mit dem Bild, welches mein Kollege Eric Weil einmal dafür gebraucht hat: Wir befinden uns in einem Zug, dessen Destination und Ankunftszeit bekannt ist. Unsere Wahl besteht nun darin, dass wir die Möglichkeit haben, in unserem Abteil sitzen zu bleiben, mit unserem Nachbarn zu plaudern oder in den Speisewagen zu gehen. Wir können jedoch weder Ankunftsort noch -zeit ändern.

Wenn wir den schicksalsmässigen Verlauf als saturnisch bezeichnet haben (man sucht Sicherheit im Bekannten und wiederholt deshalb das Vergangene), so haben wir anderseits Freiheit vom Schicksal als eine uranische Dimension dargestellt. Der Unterschied zwischen Saturn und Uranus besteht also darin, dass Uranus die vierte Dimension, jene der Zeit, einführt. Jemand, der fähig ist, diese vierte Dimension zu integrieren, wird weniger schicksalsbestimmt sein, als jemand, der der Zeitqualität keinen Eigencharakter zugesteht. Vielleicht sollte man im Zusammenhang mit der Aufgabe, die vor uns liegt, gar vom Erlangen einer ›Zeitfreiheit‹ sprechen, wie Gebser dies tut. (2) Er weist allerdings mit Recht darauf hin, dass Zeitfreiheit nur erreicht werden kann, wenn man die Zeit nicht nur relativiert, sondern als erstes konkret erlebt. Erst wenn man sic sich in all ihren Formen bewusst macht und integriert, kann man sich vom Zwang der Zeithaftigkeit befreien, ganz ähnlich, wie sich der Renaissancemensch vom Gefühl des Ausgeliefertseins an das Schicksal (nach aussen projizierter Saturn) nur befreien konnte, indem er die räumliche Dimension erforschte und dadurch die Gesetzmässigkeiten der stofflichen Welt verstehen lernte.

Bei der Frage nach Freiheit oder Schicksal handelt es sich um eine Dimensionsfrage. Wir haben einige Beispiele aufgeführt, wie man sich die vierte Dimension vorstellen kann. Da sie für unser Bewusstsein aber etwas neues ist, mag es zum besseren Verständnis nützlich sein, auf einen Bereich zurückzugehen, in dem wir uns ohne weiteres zurechtfinden. Überlegen wir uns deshalb einmal, welche zusätzlichen Möglichkeiten man durch den Übergang von zwei auf drei Dimensionen erhält. Eine plastische Illustration dazu ist das Höhlengleichnis von Plato. (3) Es stellt Menschen dar, die in einer zweidimensionalen Schattenwelt gefangen sind, und beschreibt, wie es ihnen ergeht, wenn sie mit der dritten, räumlichen Dimension konfrontiert werden. Plato zeigte mit diesem Gleichnis auch, wie sich ein Leben ohne Philosophie von jenem des Philosophen unterscheidet:

In einer unterirdischen Höhle leben Menschen, die an Schenkeln und Hals gefesselt sind, so dass sie immer nur in eine Richtung zu blicken vermögen. Hinter ihnen brennt ein Feuer, vor ihnen erhebt sich eine Mauer. Zwischen dem Feuer und den Gefesselten verläuft oben ein Weg einer niedrigen Mauer entlang. Hinter der Mauer tragen Leute, teils redend, teils schweigend, verschiedene Geräte und Säulen vorbei, welche über die Mauer hinausragen. Die Gefesselten sehen von all diesen Dingen und von sich selbst nur die Schatten, die das Feuer auf die ihnen gegenüberliegende Wand wirft. So halten sie nichts anderes für wahr als die Schatten der Gegenstände und fassen die Worte, die sie hören, als Worte der vorbeihuschenden Schatten auf.

Nun geschieht etwas Aussergewöhnliches: Einem Gefangenen werden die Fesseln abgenommen. Wird er nun gezwungen, aufzustehen und den Kopf umzuwenden, spürt er Schmerzen. Wenn er ins Feuer schaut, ist er geblendet und kann die Dinge nicht erkennen, deren Schatten er vorher sah. Er glaubt, die ihm bekannten Schatten seien wirklicher und wahrer als das, was man ihm jetzt zeigt. So wird er sich zunächst vom Feuer abwenden und den Dingen zustreben, deren Gestalt ihm geläufig ist. Nun lässt man ihm aber keine Ruhe. Man schleppt ihn gewaltsam durch einen steilen Ausgang, der aus der Höhle führt. Er erblickt das Licht der Sonne, fühlt dabei aber nur Schmerzen und kann – geblendet – nichts von den Dingen erkennen, die ihn umgeben. Er muss sich zuerst langsam an das Licht gewöhnen. Dann sieht er alles in einer Stufenfolge: Zuerst die Schatten, dann die Spiegelbilder der Menschen und Objekte im Wasser, später die wirklichen Gegenstände selbst. Als nächstes kann er in der Nacht die Erscheinungen am Himmel beobachten, das Licht der Sterne und des Mondes, dann erst am Tage das Sonnenlicht und die Sonne. Daraus schliesst er, dass sie es ist, die die Jahreszeiten und Jahre schafft, und dass sie auch Urheberin all dessen ist, was er vorher in der Höhle sah.

Er erinnert sich nun an die Ehrungen und Auszeichnungen, welche in der Höhle jenen Menschen zukamen, die die vorbeiziehenden Gegenstände am schärfsten erkannten, sich am besten merken konnten und aus der Reihenfolge ihres Auftretens am zuverlässigsten auf das Kommende zu schliessen vermochten. Jetzt will er aber lieber alles ertragen als wieder im Banne jener Trugbilder zu stehen und ein Leben in einer Scheinwelt zu führen.

So kehrt er in die Höhle zurück, um auch die anderen zu befreien. Seine noch vom Licht geblendeten Augen erkennen in der Finsternis zunächst nichts. Daher macht er sich lächerlich, wenn er in der Deutung der Schatten mit den anderen wetteifern will. Diese meinen, er sei von seinem Aufstieg mit verdorbenen Augen zurückgekehrt. Deshalb ist es nicht erstrebenswert, den Aufstieg auch nur zu versuchen: Wenn er sie lösen und hinaufführen wollte, würden sie ihn umbringen.

Soweit das Gleichnis von Plato, dessen Bezüge erstaunlich reich sind. Es vermittelt ein Bild für den Unterschied zwischen dem Menschen, welcher nur die sichtbaren Erscheinungen sieht, und demjenigen, der erkennt, was die Erscheinungen hervorgerufen hat. Es offenbart auch die Widerstände, welche der Mensch der Wahrnehmung des Ganzen entgegenstellt. Und es enthält folgende Erkenntnis: Wird man mit dem Ganzheitlichen (dem Licht) konfrontiert, muss man sich zunächst einmal an den gespiegelten Abbildern dieses Ganzen orientieren. Daraus erkennen wir auch die Bedeutung von Metaphern oder Parabeln als Angleichungen an das Ganze, welches wir – vielleicht weil es uns blenden würde – nicht direkt betrachten können.

Das Höhlengleichnis macht ein wichtiges Verhaltensmuster sichtbar: das Bedürfnis der Höhlenbewohner, an ihrem Referenzrahmen festzuhalten und ihn damit zu ihrem Schicksalsrahmen zu machen. Das gleiche erlebt man in vielen Fällen, wenn man jemandem die Mechanismen seines Wiederholungszwangs aufzeigt. Eine solche Erkenntnis muss zum richtigen Zeitpunkt erfolgen, sonst wird sie verworfen und heftig bekämpft.

Die Erfahrung zeigt, dass Schicksal auch Vorhersehbarkeit und somit Sicherheit beinhaltet. Diese gibt man erst auf, wenn man eine andere Sicherheit in Form des Erkennens von Gesetzmässigkeiten gefunden hat (im Höhlengleichnis der Lauf der Jahreszeiten). Das Bedürfnis nach Zuwendung und Anerkennung ist im Höhlengleichnis ebenfalls angesprochen: Es gibt dort Auszeichnungen für diejenigen, welche die Schatten am schärfsten wahrnehmen und sich am besten an sie erinnern können und auf diese Weise innerhalb des allgemein anerkannten Systems das künftig Eintretende am besten erraten können. Hierin erblicken wir einen wichtigen Grund, warum sich neue Erkenntnisse über Wiederholungszwänge im Verhalten trotz ihrer Plausibilität bei vielen Leuten nicht durchsetzen. Eine solche Einsicht verlangt nämlich nicht nur, dass man die Verantwortung für sich selbst übernimmt; man muss gleichzeitig auch auf frühere Formen von Zuwendung verzichten. Neue Erkenntnisse haben deshalb erst dann eine Chance für einen breiteren Durchbruch, wenn bereits eine Gemeinschaft von Menschen besteht, die ähnlich denkt und das neue Verhalten durch ihre Anerkennung stützt.

Ein Beispiel möge dies veranschaulichen: Krankheit wird von vielen als etwas Unausweichliches betrachtet. Der ›Zufall‹ hat es gewollt, dass man mit den Erregern, welche die Krankheit verursacht haben, in Berührung gekommen ist.

Dabei sind zahlreiche Bücher vorhanden, welche aufzeigen, dass uns jede Krankheit etwas ganz Bestimmtes mitteilen will und somit sehr direkt mit uns zu tun hat (vgl. T. Dethlefsen/R. Dahlke: Krankheit als Weg). (4) Solange jedoch unser soziales System so gestaltet ist, dass Krankheit oft die einzige Möglichkeit darstellt, um für einige Zeit vom Druck übermässiger Verpflichtungen befreit zu werden und von Angehörigen eine Zuwendung zu erhalten, die sonst vielleicht ausbleibt, besteht wenig Chance, dass sich diese Erkenntnisse auch ausserhalb esoterisch inspirierter Kreise durchsetzen. Ja sogar innerhalb dieser Kreise gibt es viele, die dann eine Ausnahme machen, wenn es um die eigene Krankheit geht. Plötzlich sind die ›fremden Erreger‹ wieder im Vordergrund der Betrachtung! Wird aber der Kreis derjenigen grösser, die diese Erkenntnisse ernst nehmen und gesundheitsförderndes Verhalten in ihrer Umwelt durch Anerkennung unterstützen, dann werden auch immer weniger Menschen die Tendenz zeigen, in Krankheit auszuweichen.

Familientherapeuten wissen längst, dass ein negatives Skriptverhalten (welches in ein unbefriedigendes Schicksal ausmündet) nicht behoben werden kann, wenn man lediglich den Patienten behandelt, sondern dass man alle Familienmitglieder in die Therapie miteinbeziehen muss. Sonst wird der scheinbar geheilte Patient einen Rückfall erleiden, weil er mit seinem neuen Verhalten die Zuwendung, die er früher über sein pathologisches Benehmen erhielt, nicht mehr bekommt. Es gibt sogar extreme Fälle, wo die Befreiung von bisherigen Verhaltensmustern durch Überforderung und ein Gefühl des Ausgeschlossenseins zum physischen Tod führte (vgl. letzter Satz im Höhlengleichnis: ›Wenn er sie lösen und hinaufführen wollte, würden sie ihn umbringen.‹).

Dies führt uns auf die mythologische wie auch astrologische Verwandtschaft zwischen Saturn und Mond. Saturn, der mit Schicksal in Verbindung gebracht wird, stammt aus der Nachtwelt, welche Mondcharakter hat. Diese Nachtwelt hängt auch mit dem matriarchalen Prinzip der ›Grossen Mutter‹ zusammen, also mit dem Thema von Zugehörigkeit, Geborgenheit und gefühlsmässiger Zuwendung (Mondprinzip). Wird am starren, schicksalsbedingenden Verhalten etwas geändert, so müssen neue Formen von Zuwendung gefunden werden. Dies ist im allgemeinen nur über die Gemeinschaft möglich. Erst wenn andere Formen der Zuwendung möglich sind, kann auf dauerhafte Art zwanghaftes, schicksalbedingendes Verhalten aufgegeben werden.

Nach diesen Überlegungen zur Frage, warum wir zu einem Wiederholungsverhalten neigen, wollen wir uns über ein weiteres Gedankenexperiment mit Mehrdimensionalität auseinandersetzen. Wir gehen zurück auf die bereits von Plato für sein Höhlengleichnis gewählte Zweidimensionalität, welche wir in Form einer Fläche darstellen (Fig. 12). Stellen wir uns auf dieser Fläche menschenähnliche Lebewesen vor, welche nur nach links und rechts, jedoch nicht nach oben blicken können (fehlendes räumliches Bewusstsein). Stellen wir uns weiter vor, dass von Zeit zu Zeit Steinbrocken auf diese Fläche herunterdonnern. Unsere flächenorientierten Lebewesen würden diese Vorkommnisse als Naturkatastrophen erleben und könnten weder Zeitpunkt noch Auswirkungsort für diese Katastrophen im voraus bestimmen. Sie würden sich dem Zufall und äusseren Schicksal ausgesetzt fühlen. Die weiseren unter ihnen würden vielleicht die Meinung vertreten, dass eine höhere Intelligenz am Werke sei, deren Motivationen und Wege sie jedoch aus ihrem einfacheren Bewusstsein heraus nicht verstehen können. Diese Haltung könnte auch deshalb von vielen eingenommen werden, weil es einmal einen Propheten gegeben haben soll, der in der Lage war, solche Katastrophen vorauszusagen und sogar abzuwenden. Er konnte die fallenden Steine zum Stillstand bringen, bevor sie den Lebensbereich der Flächenwesen erreichten.

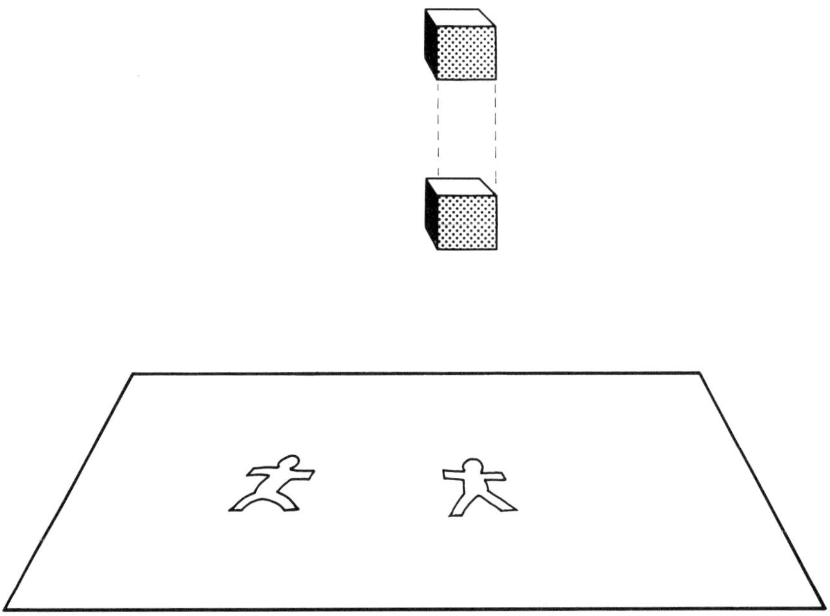

Figur 12: Wie 2-dimensionale Flächenwesen die Raumdimension erleben

Fragen wir uns nun, welches unsere Fähigkeiten im Vergleich zu diesen Flächenwesen wären. Zweifellos könnten wir ihnen bevorstehende Katastrophen unter Angabe von Zeitpunkt und Ort voraussagen; nicht auf alle Zukunft hinaus, aber zumindest vom Moment an, da die herunterfallenden Steine ins Rollen gekommen sind. Wir würden sehen, wann und wohin sie fallen. Im weiteren könnten wir den Fall der Steine aufhalten oder auch selbst Steine ins Rollen bringen. Wir könnten also nicht nur das Schicksal der Flächenwesen voraussagen, sondern es auch mitbestimmen.

Versuchten wir unser Wissen diesen Flächenwesen zu vermitteln, so würden wir jedoch mit aller Wahrscheinlichkeit scheitern. Sie könnten unsere Sprache nicht verstehen, weil unsere Begriffe und Anschauungen in ihrem Bewusstsein keinen Platz haben. Sollte eines von ihnen die Fähigkeit der Raumschau erlangen, so müsste es wahrscheinlich schweigen, weil die andern es nicht verstehen würden und im schlimmsten Fall annähmen, es bewirke aufgrund von irgendwelchen übernatürlichen Kräften die von ihm vorausgesagten Ereignisse selbst. Würden sie ihm nur halbwegs Glauben schenken, so wären sie zumindest in zwei Lager gespalten: Die einen würden behaupten, wenn jemand in der Lage sei, künftige Ereignisse vorauszusagen, dann sei alles schon vorbestimmt. Die anderen würden sagen, nur der Zufall sei am Werk.

Stellen wir uns jedoch vor, dass sich diese Lebewesen weiterentwickeln. Durch komplizierte theoretische Überlegungen erhalten sie teilweise Einblick in die Bahn der vom Himmel fallenden Körper. Durch neue Untersuchungsmethoden gelingt es ihnen, die Schatten der fallenden Körper zu erkennen (Fig.13). Da sie jedoch die Lichtquelle, welche diesen Schatten wirft, nicht sehen und diese nicht immer am gleichen Ort ist, können sie Ort und Zeitpunkt des Falls der Steine nur ungefähr angeben. Sie müssen sich der statistischen Methode bedienen, um das Eintreten der Ereignisse mit Hilfe von Wahrscheinlichkeitsfunktionen auszudrücken. Sie stellen fest: Entweder man kann den Ort des Eintreffens eines Steines bestimmen (wenn die Lichtquelle senkrecht über dem Stein

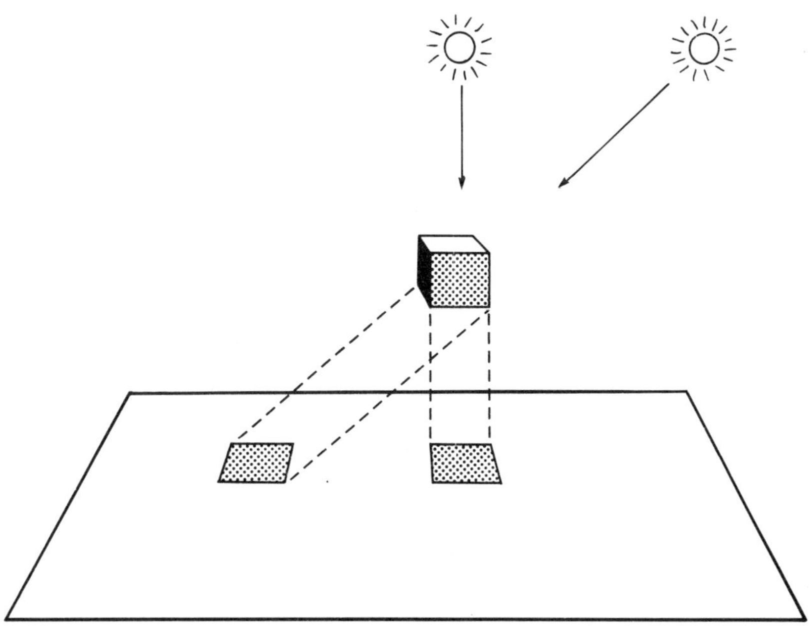

Figur 13: Wie Flächenwesen Geschehnisse im Raum abbilden könnten

liegt und der Schatten somit in der Fallrichtung sichtbar wird) oder die Geschwindigkeit eines fallenden Steines angeben (wenn die Lichtquelle schräg über dem Stein liegt, so dass sich im Verlauf des Falls der Schatten bewegt). Sie hätten keine Möglichkeit, die dritte, räumliche Dimension (Höhe) von der vierten Dimension (Zeit) zu trennen. Wir dreidimensional wahrnehmenden Menschen könnten jedoch ohne weiteres das Phänomen erklären, voraussagen und auch verändern. Die verschiedenen Theorien der Flächenwesen über Zufall oder Vorausbestimmung würden wir lächelnd abtun als ein Problem, das von einem primitiveren Bewusstseinsniveau zeugt.

Ich glaube, dass diese Analogie, auch wenn sie im Vergleich zu unserem heutigen Bewusstsein mit einer verringerten Dimensionalität arbeitet, nicht sehr weit hergeholt ist. Die beschriebenen Probleme, die wir in diesem Falle ohne weiteres als lösbar erkennen, sind den unsrigen erstaunlich ähnlich. Wenn wir die Strahlen einer in unserer ›Nähe‹, d.h. in einer Entfernung von zehn bis zwanzig Lichtjahren explodierenden Supernova nehmen, so hätten wir ein ähnliches Problem wie unsere Flächenwesen, welche die Schatten der herabfallenden Körper nicht zu sehen vermögen. Wir könnten nämlich die Explosion erst zehn bis zwanzig Jahre danach erkennen, d.h. erst dann, wenn uns die kosmischen Strahlen erreichen, welche mit grösster Wahrscheinlichkeit alles höhere Leben auf der Erde zerstören würden. (Zur Beruhigung: Das Problem ist nicht akut, da keine explosionsreife Supernova in einer solchen Nähe ermittelt worden ist.)

Dieses Beispiel zeigt uns – ebenso wie der Ausdruck Lichtjahre für eine Entfernung – folgendes: Auch wenn wir unseren normalen Erfahrungsraum erforscht haben und durch Unterscheidung von Raum und Zeit Dinge in diesem Bereich erklären können, sind wir recht hilflos, wenn es um den mikro- oder makrokosmischen Raum geht, wo unsere Gesetze von Ursache und Wirkung sowie Raum und Zeit nicht mehr gültig sind.

Das gleiche gilt offensichtlich auch für den Schicksalsbegriff sowie das Erfassen der Ganzheit. Das Wesentliche an der heutigen Zeit liegt wohl darin, dass einerseits immer mehr verschiedene Facetten dieser Ganzheit sichtbar werden und anderseits immer mehr Menschen, mindestens zu gewissen Zeiten, dieser Ganzheit ansichtig werden. Dabei handelt es sich um etwas, was lediglich erfahrbar, aber nicht beschreibbar ist. Beschreiben können wir höchstens die verschiedenen Gestalten oder Abbilder dieser Ganzheit. So ist beispielsweise die esoterische oder astrologische Abbildung des Universums eine andere als diejenige, welche wir durch das Fenster traditionell naturwissenschaftlicher, kausalistischer Forschung erhalten. In einem ganzheitlichen Konzept sind jedoch zwei verschiedene Abbildungen für das Gleiche kein Widerspruch, noch weniger muss die eine Abbildung kausal aus der anderen hervorgehen. Es verhält sich damit ähnlich, wie wenn wir beispielsweise von einer Person eine normale und eine Infrarotfotografie machen. Wir würden nicht erwarten, dass die normale Fotografie die Infrarotaufnahme erklärt oder umgekehrt. Wir können zwischen den beiden Bildern höchstens eine Beziehung herstellen, aber sicher keinen Ursache/Wirkungs-Zusammenhang. Wenn wir aber die unterschiedlichen Facetten der Wirklichkeit in verschiedene Systeme einordnen wollen, so werden wir feststellen, dass einige als Spezialfälle der anderen eingereiht werden können. So ist beispielsweise ein einfaches Röntgenbild (zweidimensionales Abbild) eines Organs in einer Computertomographie, welche das ganze Organ dreidimensional abbildet, enthalten, nicht aber umgekehrt. Das gleiche kann man von der traditionellen Physik im Vergleich zur modernen Physik behaupten.

Bezogen auf schicksalsmässige Abläufe kann es nützlich sein, dass wir nach dem Prinzip von Ursache und Wirkung verfahren, wenn wir einen Teilausschnitt unseres Lebens untersuchen. So ist die Annahme, dass wir eine Prüfung mit Erfolg bestehen, wenn wir uns in harter Arbeit gut darauf vorbereiten, sicher richtig und diesem Spezialfall angemessen. Gute Vorbereitung ist in diesem Fall die Ursache des erfolgreichen Abschlusses. Wenn wir hingegen die gleiche Denkweise auf unser Dasein anwenden und meinen, wenn wir nur hart genug arbeiteten, dann würden wir im Leben Erfolg haben, so stimmt der Gedankengang deshalb nicht, weil wir hier ein quantitatives mit einem qualitativen Element vermischen. Wir müssten zuerst wissen, was ›Erfolg‹ für uns bedeutet, und müssten uns fragen, ob nicht die Maximierung des quantitativen Prinzips, weil es um eine ganzheitliche Frage geht, ins Gegenteil umschlagen könnte. Zum Beispiel könnten wir so sehr vom Gedanken an harte Arbeit dominiert sein, dass uns im Laufe der Zeit jegliche Lebensfreude abhanden kommt und wir am Schluss den Eindruck haben, erfolglos geblieben zu sein.

Im ersten Fall war das Ziel der Anstrengungen quantitativ festlegbar, wodurch eine kausalistische Betrachtungsweise, welche dem quantitativen Prinzip entspricht, am Platze war. Im zweiten Fall versuchten wir etwas Qualitatives mit dem quantitativen Ursache/Wirkungs-Prinzip anzugehen, was scheitern musste. Dieses saturnische (raumbezogene) Angehen von etwas Raum-Zeitlichem (Uranischem) würde die Elternfigur, die Grosse Mutter oder den Weihnachtsmann implizieren, der uns am Schluss unseres Lebens für unsere Anstrengungen belohnt. Das I-GING würde wohl dazu folgenden Kommentar abgeben: »Für einen geringen Menschen kein Makel. Für den Edlen beschämend.«

8. Das astrologische System

8.1. Allgemeines

Astrologie ist, wie bereits erläutert, ein Abbildungssystem für die Interaktion oder Resonanz zwischen Zeit und Raum. So lässt sich gemäss dem System der Astrologie jeder Moment raum-zeitlich in seiner Qualität definieren. Die räumliche Qualität können wir jedoch nicht allein in Form materieller Beschreibungen oder in Form von konkreten Fakten ausdrücken. Vielmehr brauchen wir dazu Symbole. Diese sind vielschichtig und können sich auf den verschiedensten Manifestationsebenen äussern. Solchen Symbolen entsprechen beispielsweise die sieben traditionellen Gestirne, welche auch unseren Wochentagen ihre Namen gegeben haben: Sonne, Mond, Merkur, Venus, Mars, Jupiter und Saturn sowie die ab 1781 entdeckten neuen Planeten Uranus, Neptun und Pluto. Die mit den Wochentagen korrespondierenden Planeten sind für:

Montag: Mond
Dienstag: Mars (vgl. ital. martedi oder franz. mardi)
Mittwoch: Merkur (ital. mercoledi, franz. mercredi)
Donnerstag: Jupiter (ital. giovedi, jove = Jupiter)
Freitag: Venus (ital. venerdi, venere = Venus)
Samstag: Saturn (engl. saturday)
Sonntag: Sonne

Auch wenn die Planeten wichtige symbolische Qualitäten ausdrücken und gar als Fächer der wichtigsten Grundbedürfnisse des Menschen angesehen werden können, so würden wir, hätten wir die Symbolik der Planeten als einziges Element für eine Deutung, im Dunkeln tappen. Mars bedeutet zum Beispiel, um nur einige seiner Qualitäten zu nennen, Durchsetzung, Tatendrang, Kampf, schneiden, scheiden und entscheiden, eindringen und durchdringen, männliche Sexualität, Feuer, Eisen, Messer, usw. Diese Auflistung sagt uns lediglich, dass diese verschiedenen Charakteristiken gemäss dem astrologischen Symbolismus irgendwie miteinander verbunden sind. Aufgrund solcher Verbindungen könnte man vielleicht ein Deutungsbuch für Träume zusammenstellen, welches ganz unabhängig von irgendeiner psychologischen Deutungsrichtung zustandekäme, handelt es sich doch bei den sieben traditionellen Planeten um Symbole, deren Definition auf über 2000 Jahre zurückgeht.

Für die astrologische Deutung ist vor allem die Verknüpfung zwischen den verschiedenen Gestirnen wichtig. So können sich die Gestirne am Himmel verschieden ›anblicken‹, d.h. von der Erde aus gesehen unterschiedliche Winkelbeziehungen zueinander haben. Gewisse Winkelverhältnisse werden als harmonisch, andere als spannungsvoll betrachtet. Eine Spannung ist beispielsweise dann gegeben, wenn zwei Gestirne einander genau gegenüber liegen. Dies wäre bei Vollmond (Opposition von Sonne und Mond) der Fall. Diese Spannung zwischen Sonne und Mond wird auf zweierlei Arten gedeutet: Man kann einerseits davon sprechen, dass zwischen zwei Prinzipien, z.B. dem Willen, der Selbstverwirklichung und Durchsetzung der eigenen Anlagen (Sonne) und dem Fühlen sowie dem Bedürfnis nach Geborgenheit und Ruhe (Mond) eine Spannung besteht. Man kann jedoch auch darauf schliessen, dass die beiden Prinzipien einen aktiven Dialog miteinander unterhalten, auch wenn dieser oft die Form heftiger Auseinandersetzungen annimmt.

Ein Dialog zwischen zwei verschiedenen Planetenprinzipien ist auch dadurch gegeben, dass sich ein Planet zu jedem Zeitpunkt in einem bestimmten Zeichen befindet. Jedes Zeichen ist Ausdrucksprinzip eines oder mehrerer Planeten. Das gleiche gilt auch für die Häuser, einer dritten Ausdrucksform des Planetensymbols.

Fassen wir zusammen: Zu jedem Zeitpunkt, also z.B. im Moment der Geburt, steht ein Planet (oder Symbol) in Wechselwirkung zu den anderen Planeten. Dies drückt sich über die Aspekte aus. Gleichzeitig befindet sich dieser Planet in einem Zeichen und wird von ihm gefärbt. Das Haus, in dem sich der Planet befindet, weist darauf hin, in welchem Lebensbereich dieser Planet zum Ausdruck kommt. Dabei sind sowohl die Zeichen wie auch die Häuser ihrerseits Ausdrucksformen der urspünglichen Planetenenergien. Wir erkennen hier eine hologrammähnliche Anordnung: Ein Zeichen ist Ausdruck eines Planeten und wird, wie man in der Astrologie sagt, von diesem Planeten ›beherrscht‹, führt uns aber gleichzeitig auf diesen Planeten zurück. Der Planet ist im Zeichen somit enthalten, aber auch das Zeichen im Planeten. Dabei gibt es im astrologischen System eine Hierarchie: Ein Planet herrscht über ein Zeichen oder Haus, aber nie umgekehrt. Man fragt höchstens nach seiner Zugehörigkeit, d.h. wo dieser Planet ›herkommt‹.

Wollen wir das astrologische System in eine Ordnung bringen, so können wir folgende Aufteilung vorschlagen: Ein Planet als wichtiges Grundbedürfnis unserer psychischen Struktur befindet sich in einem Zeichen (räumliche Zuständigkeit) und entwickelt sich gemäss dem Haus, in dem er steht (zeitliches Entfaltungspotential). Dabei hat er Freunde, die ihn unterstützen, und Konkurrenten, mit denen er einen modus vivendi finden muss (die ihn aspektierenden anderen Planeten).

So, wie die Häuserstellung der Planeten durch die genaue Geburtszeit am Tag der Geburt bestimmt wurde, bestimmt sie das Leben massgeblich bei der Entfaltung des Anlagepotentials in der Zeit. Demgegenüber sind die Zeichenstellungen der Planeten von der Geburtsstunde und – mit Ausnahme des Mondes – auch vom Geburtstag weitgehend unabhängig. Die Stellung im Zeichen drückt viel eher die Qualität eines bestimmten Monats, Jahres oder – bei ganz langsamen Planeten – einer Generation aus. Sie entspricht im Horoskop somit eher statischen Qualitäten, nämlich Fähigkeiten, die von Anfang an gegeben sind.

In Tabelle 1 finden wir eine schematische Aufstellung der Merkmale von Planeten, Zeichen und Häusern. Es ist zu berücksichtigen, dass es sich dabei nur um Stichworte handelt, welche die Symbole unvollständig darstellen. Letztlich geht es bei der Horoskopdeutung darum, Bilder und nicht nur Worte miteinander zu kombinieren. Die Tabelle kann somit höchstens zur Illustration oder Rekapitulation dienen.

Greifen wir ein Beispiel heraus: Mars im Stier im zehnten Haus. Gemäss unserer Tabelle würde dies bedeuten, der Ausdruck von ›Energie und Aktivität‹ erfolgt ›beharrlich, langsam, bedächtig‹ im Bereich von ›Beruf und Berufung, Autorität sowie Karriere‹.

8.2. Die Planeten

Für den Astronomen ist ein Planet ein Himmelskörper grösseren Ausmasses, welcher um einen Stern kreist. Dies gilt weder für die Sonne, welche ein Fixstern ist, noch für den Mond, der als Trabant um den Planeten Erde kreist. Da sich die Astrologie jedoch nicht für die nüchterne astronomische Situation interessiert, sondern viel eher für den Blickwinkel, welcher sich für den Menschen von der Erde aus ergibt, werden im astrologischen System auch Sonne und Mond zu den Planeten gezählt. Das Wort ›Planet‹ stammt vom griechischen ›planetein‹, was ›wandern‹ bedeutet. Für den Astrologen sind Planeten dementsprechend auch Wanderer am sichtbaren Himmel.

Wir können hier nicht auf die Einzelheiten der Horoskopberechnung und der Abbildung der Planeten im astrologischen System eingehen. Erwähnt sei bloss, dass die Planeten auf der Sonnenbahn, d.h. der Ekliptik abgebildet werden, und zwar im Bezugssystem des sogenannten veränderlichen Zodiaks, welcher mit Null Grad Widder als Frühlingsanfangspunkt beginnt. Dieser ist im Vergleich zum Fixsternhimmel, dem sogenannten fixen Zodiak, um fast ein Tierkreiszeichen verschoben.

Die Planeten stellen die ursprünglichsten astrologischen Symbole dar. Diese beinhalten die wichtigsten Lebensenergien und sorgen dadurch für Dynamik und Veränderungsprozesse innerhalb der Psyche, des Körpers und der Umgebung. Setzt die Umwelt dem Ausdruck dieser Energien Widerstände entgegen, so wird das betreffende Energiepotential nicht aufgehoben, sondern verschoben. Es kann verdrängt werden und sich durch Ersatzhandlungen manifestieren. Wir können die Energie aber auch auf andere Menschen projizieren, die wir in diesem Fall zur Verkörperung des betreffenden Prinzips anregen. Wir ziehen dann nicht nur Personen an, welche geeignet sind, als Repräsentanten dieser Energie in Erscheinung zu treten, sondern wir drängen sie durch unser Verhalten noch stärker in die entsprechende Rolle.

Tabelle 1: Planeten, Zeichen und Häuser

Planeten: Grundbedürfnis – Ausdruck von	Zeichen: Modalität – wie	Haus: Lebensbereich – wo
Mars + Energie, Aktivität, Aggression, männliche Libido	*Widder* aggressiv, risikofreudig, draufgängerisch, eigenwillig	*1. Haus* Selbstdarstellung, Eigenausdruck, Erscheinungsbild
Venus – Bedürfnis nach Harmonie, Genuss, Sinnlichkeit, Ästhetik, weibliche Libido, Erotik	*Stier* beharrlich, langsam, bedächtig, besitzergreifend, sinnlich	*2. Haus* Eigensubstanz, die verfügbaren Mittel, Besitz, Absicherung, Selbstwert
Merkur + Kommunikation, Kombinatorik, Lernfähigkeit, Denken	*Zwillinge* unterscheidend, beweglich, abstrahierend, geistig aktiv	*3. Haus* Kommunikation und Austausch, Sprache und intellektueller Ausdruck
Mond Gefühl, Hingabe, Bedürfnis dazuzugehören	*Krebs* gefühlsintensiv, empfindsam und empfindlich	*4. Haus* Familie, Herkunft, Tradition, Innenleben
Sonne Kreativität, Vitalität, Selbstbewusstsein, Wille, Selbstverwirklichung	*Löwe* königlich, beschützend, risikofreudig, ehrlich, stolz	*5. Haus* Abenteuerlichkeit, Kreativität, Erotik, Bedürfnis nach Eigenausdruck
Merkur – Analyse, Unterscheidungsfähigkeit, Lernfähigkeit, Bedürfnis, sich nützlich zu zeigen	*Jungfrau* arbeitsam, zuverlässig, analytisch, ordnungsliebend, vorsichtig und ängstlich	*6. Haus* Existenz, Arbeit, Engagement in der Arbeitssphäre

Venus + Gleichgewicht und Harmonie, ästhetisches Empfinden	*Waage* harmonisierend, friedliebend, diplomatisch, entgegenkommend, charmant	*7. Haus* Partnerschaften und Verträge, Bezogenheit auf die anderen
Pluto (und Mars –) Abwehr, defensive Haltung, Bedürfnis nach Macht, Umwandlung, soziales Engagement	*Skorpion* triebhaft, tiefgründig, leidenschaftlich, zäh und ausdauernd	*8. Haus* Statusstreben, gesellschaftliches Engagement, Stirb- und Werdeprozess in Bezug auf Machtkonflikte
Jupiter + Bedürfnis nach Sinn, Glaube, Wachstum	*Schütze* idealistisch, freiheitsliebend, sinnsuchend, begeisterungsfähig	*9. Haus* Philosophie, das ferne Ausland, grosse Projekte, Bewusstseinserweiterung
Saturn – Sicherheit, Struktur, Begrenzung, Verantwortung, Kristallisation, Konzentration	*Steinbock* planend, strebend, ernst, ausdauernd, ordnungsbewusst, sachlich und kühl	*10. Haus* Beruf und Berufung, Autorität und Karriere, gesellschaftliche Verwirklichung
Uranus (und Saturn +) Intuition, Eigengesetzlichkeit, Erneuerung, Kreativität	*Wassermann* individualistisch, eigenwillig, intellektuell, abstrahierend	*11. Haus* Freunde und Gleichgesinnte, höhere Ideale, die eigene Sondergruppe, die neue Gesellschaft
Neptun (und Jupiter –) Bedürfnis nach Verschmelzung und Durchlässigkeit, Eingebungen, Illusionen, Hilfeleistung	*Fische* hilfsbereit, durchlässig und beeinflussbar, medial, mitfühlend	*12. Haus* Innenwelt, Traumwelt, Transzendenz, Unklares, Verborgenes

Nur im Zusammenhang mit solchen Mechanismen ist es gerechtfertigt, den Planeten auch Personen oder Dinge zuzuordnen, wie beispielsweise dem Saturn die Eltern, dem Mond die Frau, der Venus die Geliebte oder die Tochter, dem Mars den Liebhaber, den Sohn oder den Konkurrenten, usw. Sobald wir die Planetenenergien selbst zum Ausdruck bringen, treten diese Projektionen in den Hintergrund.

In Anbetracht der Häufigkeit von Projektionen sollte man bei den Planeten besser von Ausdrucksbedürfnissen sprechen als von Ausdruck. Wenn beispielsweise Mars das Handeln symbolisiert, so steht damit noch nicht fest, ob ich es bin, der handelt, oder ob sich jemand anders mir gegenüber handelnd betätigt, d.h. sich mir gegenüber durchsetzt. Weil dem Symbol keine definierbare Quantität anhaftet, kann man aufgrund des Horoskops nicht mit Sicherheit sagen, ob sich jemand im Plus- oder Minus-Pol befindet, ob er also eine bestimmte Qualität selbst zum Ausdruck bringt oder sie passiv erlebt. Man kann aufgrund der Horoskopkonstellation als Ganzes, des Alters, des Geschlechts und der sozialen Umgebung der Person darüber Mutmassungen anstellen, welche mit grosser Wahrscheinlichkeit den Kern treffen werden, man kann sich aber nicht mit absoluter Sicherheit festlegen.

Wir unterscheiden im astrologischen System zwischen den beiden Lichtern Sonne und Mond, den drei weiteren ›persönlichen‹ Planeten Merkur, Venus und Mars, den zwei ›gesellschaftlichen‹ Planeten Jupiter und Saturn sowie den drei ›transpersonalen‹ Planeten Uranus, Neptun und Pluto. Die Planetensymbole sind in Tabelle 2 aufgeführt.

Tabelle 2: Die Planetensymbole

☉	Sonne	♃	Jupiter
☾	Mond	♄	Saturn
☿	Merkur	⛢	Uranus
♀	Venus	♆	Neptun
♂	Mars	♇	Pluto

Sonne und Mond

Sonne und Mond können wir als direkte Repräsentanten des Yang- und Yin-Prinzips ansehen. So symbolisiert die Sonne das gebende, der Mond das empfangende Prinzip. Die Sonne entspricht dem Bewusstsein und jenem Teil in uns, der nach Individuation strebt, der Mond jenem Teil, der Zugehörigkeit braucht, der für Nahrungsaufnahme, Schlaf und Entspannung sorgt. Es fällt nicht schwer, diese Prinzipien von der Natur der beiden Himmelskörper abzuleiten, wenn wir bedenken, dass der Mond das Licht der Sonne reflektiert. Das Prinzip des Hellen und Dunklen ist überdies direkt von der Komplementarität von Tag und Nacht herleitbar.

Interessant ist in diesem Zusammenhang, dass mit dem Wechsel von einer matriarchalen zu einer patriarchalen Naturerklärung die astrologische Vorherrschaft des Mondes durch ein auf der Sonne basierendes System abgelöst wurde. Die 13 Mondmonate mussten den 12 Sonnenmonaten weichen. Zahlreiche alte Riten demonstrieren, mit welchem Eifer im Abendland die Verdrängung des Mondkultes betrieben wurde. Daraus ergibt sich auch die schwierige Beziehung zu Saturn, einem astrologischen und mythologischen Verwandten des Mondes, bis weit in die Neuzeit hinein. Das ambivalente Verhältnis vieler zur Zahl 13 dürfte ebenfalls darin seinen Grund haben.

Von seiten der patriarchal beherrschten astrologischen Tradition werden wir also kaum Relevantes, wirklich Tiefgehendes über das Mondprinzip erfahren können. Viel eher wird uns die in diesem Jahrhundert entwickelte Psychologie des Unbewussten Interessantes offenbaren. In diesem Licht sehen wir heute das Mondprinzip als schicksalbestimmende Komponente an. Der Mond symbolisiert das Kind in uns, und wir können erleben, dass dieses Kind, wenn es in den ersten Jahren zuwenig Nahrung oder Zuwendung erhielt, durch unbewusste Steuerung zahlreiche Bestrebungen in unserem Leben – unseren bewussten Willensanstrengungen zum Trotz – zunichte machen wird. So gehört die Bewusstmachung der Bedürfnisse, welche durch den Mond angezeigt sind, zu den Voraussetzungen, um Bewusstheit, Freiheit und Selbstverwirklichung gemäss dem Sonnenprinzip erreichen zu können. Die eigene Monddimension zu vernachlässigen, könnte so viel heissen, wie ohne Schlaf oder Nahrung auskommen zu wollen.

Merkur, Venus und Mars

Die drei Planeten Merkur, Venus und Mars können wir als wichtige erkennende und verhaltenssteuernde Grundfunktionen ansehen: Merkur als Denken und Kombinationsfähigkeit, Venus als Bedürfnis nach Beziehung und Zuwendung, Mars als Drang zu handeln und sich durchzusetzen. Venus weist eine direkte Beziehung mit dem Mond auf, während Mars von seiner Symbolik her eine Analogie mit dem Sonnenprinzip erkennen lässt. Merkur ist als Denkplanet grundsätzlich neutral. Allerdings neigt er dadurch, dass er eine Verbindung zum Bewusstsein herstellt, stärker zum Sonnenprinzip hin.

Die Bedeutung der drei Planeten dürfte für einen nicht astrologiekundigen Leser am leichtesten verständlich sein, wenn wir davon ausgehen, wie wir sie im Zusammenhang mit unserer persönlichen Entwicklung erleben. So symbolisieren Venus und Mars beim Kind und später – entsprechend den Kindheitserfahrungen – auch beim Erwachsenen zwei sich bekämpfende Bedürfnisse. Venus, das ursprünglichere Bedürfnis, stellt das Verlangen nach Zuwendung und Liebe dar, Mars auf der anderen Seite den Hunger nach Anregung, Aufregung sowie Durchsetzung der persönlichen Eigenart. Gemäss der Venusfunktion versuchen wir uns anzupassen und lieb Kind zu sein, um unsere Existenzberechtigung durch die Eltern bestätigt zu bekommen. Mars entspricht hingegen dem Bedürfnis des Kindes nach Wildheit, nach Spass und Spiel, koste es, was es wolle. Aus der Psychologie, insbesondere der Transaktionsanalyse, wissen wir, dass im Falle völliger Unvereinbarkeit dieser beiden Bedürfnisse das Verhalten, welches Zuwendung verspricht, die Oberhand gewinnt, weil sich das Kind im Zustand von Verwundbarkeit und Abhängigkeit nicht erlauben kann, auf Beachtung und Zuwendung zu verzichten. In diesem Fall geht das unbefriedigte Durchsetzungsbedürfnis (Mars) in die Verdrängung.

Meist muss es jedoch nicht so weit kommen, denn hier leistet Merkur eine wichtige Hilfe. Diese psychologische Komponente des Denkens und Kombinierens hilft dem Kind, herauszufinden, wie es die Eltern vordergründig zufriedenstellen kann, ohne deshalb seine eigenen Durchsetzungsbedürfnisse vollständig unterdrücken zu müssen. Es wird durch Beobachtung und Experimentieren erkunden, welches Verhalten bei der Mutter Reaktionen auslöst, die zu einer teilweisen Befriedigung seiner Bedürfnisse führen oder mindestens zu einer Ersatzbefriedigung. Reagiert beispielsweise die Mutter nicht auf das Schreien des Kindes, wenn es Hunger hat oder sonst etwas braucht, so kann es doch sein, dass sie sich intensiv um das Kind kümmert, sobald es Fieber hat. Daraus kann das Kind schliessen, dass seine Bedürfnisse besser befriedigt werden, wenn es krank wird, als wenn es Ärger und Wut zeigt. Merkur stellt also eine wichtige Verbindung her zwischen dem Bedürfnis, angenommen und geliebt zu werden, und dem Drang, sich durchzusetzen. Durch die zu einem frühen Zeitpunkt gefällten Entscheidungen wird meist ein Weltbild verankert, welches später, mindestens als innere Struktur, beibehalten wird. Die entsprechenden Verhaltensmuster werden sich insbesondere in Stresssituationen – auch gegen das bessere Wissen des künftigen Erwachsenen – durchsetzen.

Die durch Venus, Mars und Merkur symbolisierten Kräfte rufen beim Heranwachsenden wie auch beim Erwachsenen natürlich noch andere, dem jeweiligen Alter entsprechende Handlungsweisen hervor. So wird Venus als Bedürfnis nach Ergänzung und Partnerschaft gemäss ihrer Stellung im Horoskop das Beziehungsverhalten massgeblich prägen. Mars wird etwas darüber aussagen, wie die betreffende Person ihre Ziele in die Tat umsetzt. Merkur wird zeigen, wie sich die Person Wissen aneignet und sich austauscht (Lern- und Kommunikationsfunktion).

Die ursprünglichen Erfahrungen mit Zuwendung und Eigendurchsetzung sowie die daraus gezogenen Schlüsse dienen dabei weiterhin als Verhaltensmuster und beeinflussen wesentliche Lebensentscheidungen. Dies geschieht zumindest so lange, bis alternative Verhaltensformen gefunden werden, welche – und das ist die Grundvoraussetzung für eine Veränderung – die urspünglichen Bedürfnisse nach Zuwendung mindestens ebensogut abdecken wie die bisherigen Verhaltensmuster. So muss jemand von dem Zeitpunkt an nicht mehr krank werden, da er die Zuwendung, die er durch die Krankheit erhielt, auch ohne Krankheit bekommt.

Damit soll jedoch nicht der Eindruck geweckt werden, unsere künftige Entwicklung hänge vom Verhalten der Eltern ab. Die astrologische Erfahrung zeigt vielmehr, dass wir unsere Umwelt auf subtile Art dahingehend beeinflussen, dass sie unsere bereits im Geburtshoroskop angezeigten Erwartungen und Ängste bestätigt. Wir bemühen uns also unbewusst, unsere Eltern und Geschwister in einem von uns selbst inszenierten Schauspiel zur Verkörperung ganz bestimmter Rollen zu veranlassen.

Jupiter und Saturn

Jupiter und Saturn erleben wir in der Kindheit und auch später als Repräsentanten der Gemeinschaft, in der wir leben. Dazu gehören zunächst unsere Eltern und später andere Vertreter der Gesellschaft. Jupiter symbolisiert den Bereich, wo wir hoffnungsvoll auf die Dinge zusteuern und durch unseren Enthusiasmus auch vieles möglich machen. Im Bereich des Jupitereinflusses erlebten wir in der Kindheit Unterstützung. Wir hatten das Gefühl, angenommen zu sein und es ›richtig‹ zu machen. Jupiter verkörpert Optimismus und den Glauben an permanente Werte einer Kultur oder Zivilisation. In dieser Hinsicht ist Saturn sein Gegenspieler.

Über Saturn wurden wir bereits als Kind mit Grenzen konfrontiert. Während wir unter dem Einfluss von Jupiter ›konnten‹ und ›durften‹, ›mussten‹ und ›sollten‹ wir im Zusammenhang mit saturnischen Veranlagungen. Saturn symbolisiert die einschränkende Autoritätsfigur, welche uns auf unsere Unvollkommenheit hinweist. Nun handelt es sich dabei gerade um einen der wichtigsten Faktoren des Horoskops. Unsere spätere Zufriedenheit mit dem Leben wird wesentlich davon abhängen, wie wir uns zu den mit Saturn verbundenen Unzulänglichkeiten und Ängsten stellen. Betrachten wir sie als schweres Schicksal und versuchen wir, im Saturnbereich möglichst allen infragestellenden Situationen auszuweichen, so ist zu befürchten, dass wir uns später als geknickt und unzulänglich erleben. Stellen wir uns jedoch der Herausforderung und versuchen wir, aus unseren Erfahrungen zu lernen, indem wir das Problem immer wieder neu angehen, so können wir es im Bereich des Saturn zu Meisterleistungen bringen. Der hohe Perfektionsanspruch, den wir dort stellen, wird uns nämlich daran hindern, uns mit halb getaner Arbeit zufrieden zu geben. Wir werden den Dingen auf den Grund gehen und perfekte Arbeit vollbringen wollen. Es handelt sich bei Saturn um einen Widerstand, der überwunden werden will, damit wir unseren Platz in der Welt einnehmen.

Saturn ist der letzte von blossem Auge sichtbare Planet. Nach ihm wird eine andere Welt erfahren, welche die ›Normalwelt‹ überschreitet und uns mit unsichtbaren Dimensionen konfrontiert. Das Verlassen der Welt der sichtbaren Planeten fällt mit einem Eintritt in eine Welt zusammen, in der die Zeit nicht mehr linear abläuft, eine Welt, in der Quantensprünge des Bewusstseins möglich sind. Ob man mit den transsaturnischen Planeten positive Erfahrungen macht, hängt davon ab, wie gut man die psychologischen Komponenten der Planeten bis und mit Saturn integriert hat. Ihm kommt somit die Bedeutung eines ›Hüters der Schwelle‹ zu. Haben wir unsere Hausaufgaben gemacht, so können wir unbekümmert über die Schwelle treten. Andernfalls werden wir es nicht verhindern können, dass wir bei der ersten Gelegenheit mit Wucht in den Raum zurückgeworfen werden, den wir soeben verlassen haben.

Uranus, Neptun und Pluto

Die transpersonalen Planeten Uranus, Neptun und Pluto sprengen die Raumdimension und führen uns direkt zum Raum-Zeit-Kontinuum. Sie können grundsätzlich nur aus einem Bewusstsein von Zeitfreiheit heraus verstanden werden und haben mit der Integration der Zeitqualität zu tun. Interessanterweise können diese Planeten nicht von blossem Auge, sondern nur mit Hilfe eines Fernrohres gesehen werden. Die Verfeinerung des zur Exploration des Raumes dienenden Mittels eröffnet uns also Zusammenhänge, die den Raum sprengen. Dies entspricht wiederum der Kant'schen Erkenntnis, dass sowohl unsere Wahrnehmungskategorien in Raum und Zeit wie auch das Kausalitätsdenken unserer Ratio nur für den Bereich unserer Erfahrung gelten. Sobald wir unsere auf den Raum gerichteten Wahrnehmungsinstrumente verfeinern, erkennen wir die Grenzen unserer Wahrnehmungskategorien. Dies gilt für den Makrokosmos, zu dessen Erforschung das Fernrohr notwendig wird, wie auch für den Mikrokosmos, zu dessen Erforschung wir zum Mikroskop oder Elektronenmikroskop greifen müssen.

Als Ausdruck des Makrokosmos und des Raum-Zeit-Kontinuums verdienen es die transpersonalen Planeten, genauer studiert zu werden. Ihr Verständnis bringt uns auf Zusammenhänge, welche die Physik für den Mikrokosmos auf experimenteller Ebene in einem parallelen Ansatz zutage gefördert hat. So werden wir am Schluss dieses Kapitels auf die transpersonalen Planeten zurückkommen.

Hier sei lediglich erwähnt, dass Uranus Intuition, Individualität und plötzliche Veränderungen verkörpert, welche Ausdruck der Zeitqualität sind. Da er blitzartige Schlussfolgerungen ohne den langsamen Prozess verstandesmässiger Ableitung ermöglicht, wird er auch als die höhere Oktave des Merkur bezeichnet. Eines seiner Hauptmerkmale liegt in der Ungeduld, die er erzeugt, wenn die Verhältnisse stagnieren. So sorgt er oft für den Blitz, der aus heiterem Himmel kommt.

Neptun erzeugt hingegen oft Verirrungen und Verwirrung, indem er rationale Systeme und funktionelle Anordnungen aushöhlt und unterminiert. So fühlt man sich unter dem Einfluss von Neptun oft den Anforderungen der konkreten Welt nicht mehr gewachsen, weil man von Phantasien und unerklärlichen Zuständen abgelenkt wird. Er ist in diesem Sinn ein Kanal für andere Realitätsebenen, welche wir vielleicht nicht zum Zuge kommen lassen wollten. In diesem Sinne ist Neptun ein wichtiger Ansporn für neue Inspirationen und kann dazu beitragen, dass unser Leben nicht auf unbestimmte Zeit in ähnlichen Bahnen verläuft.

Eine solche verändernde Wirkung ist auch bei Pluto vorhanden, allerdings in radikalerem und dramatischerem Ausmass. Pluto lässt das, was überholt ist, was nicht mehr zu unserem heutigen Bewusstsein passt, zusammenbrechen, so dass wir einen Neuanfang machen müssen. Er verlangt von uns, dass wir das Alte gehen lassen, damit das Neue Realität werden kann.

Die drei transpersonalen Planeten sprengen das System der traditionellen Planeten, welche für unsere Integration in das Leben auf dieser Erde und in dieser Gesellschaft sorgten. Sie bringen uns in Kontakt mit kosmischen Energien aus der Galaxie, welche das System der zur Sonne gehörigen traditionellen Planten sprengt. Mit ihnen sind wir nicht mehr nur Bürger dieser Erde, sondern – zumindest ansatzweise – Bewohner des Kosmos. Es ist zu bedenken, dass diese drei Planeten in den letzten zweihundert Jahren entdeckt wurden, während die sieben traditionellen Planeten unangefochten über mehr als zwei Jahrtausende unser Weltbild beherrschten.

8.3. Die astrologischen Zeichen

Von allen astrologischen Symbolen sind die Zeichen dem Laien am bekanntesten. Das hängt mit der Sonnenstandsastrologie zusammen, welche sich auch zu Zeiten, als die Astrologie als Lehre in den Hintergrund trat, im Volksbewusstsein erhalten hat.

Die Zeichen werden in vier Elemente, drei Kreuze und sechs Polaritäten (Yin und Yang) unterteilt. Die Unterteilung in 4 Elemente, welche alle in Form eines der 3 Kreuze auftreten können, führt uns auf die Zahl 12. Diese Einteilung ist sehr nützlich, denn insbesondere über die Elementzugehörigkeit lässt sich die Ausdrucksweise eines Planeten in einem bestimmten Zeichen sehr gut verstehen. Die Elemente sind in Fig.14, die Kreuze in Fig.15 dargestellt.

Die Elemente

Feuer:

Das Element Feuer entspricht der Yang-Polarität und drückt sich durch Initiative und Energie aus. Planeten in diesem Element verlangen nach Aufregung

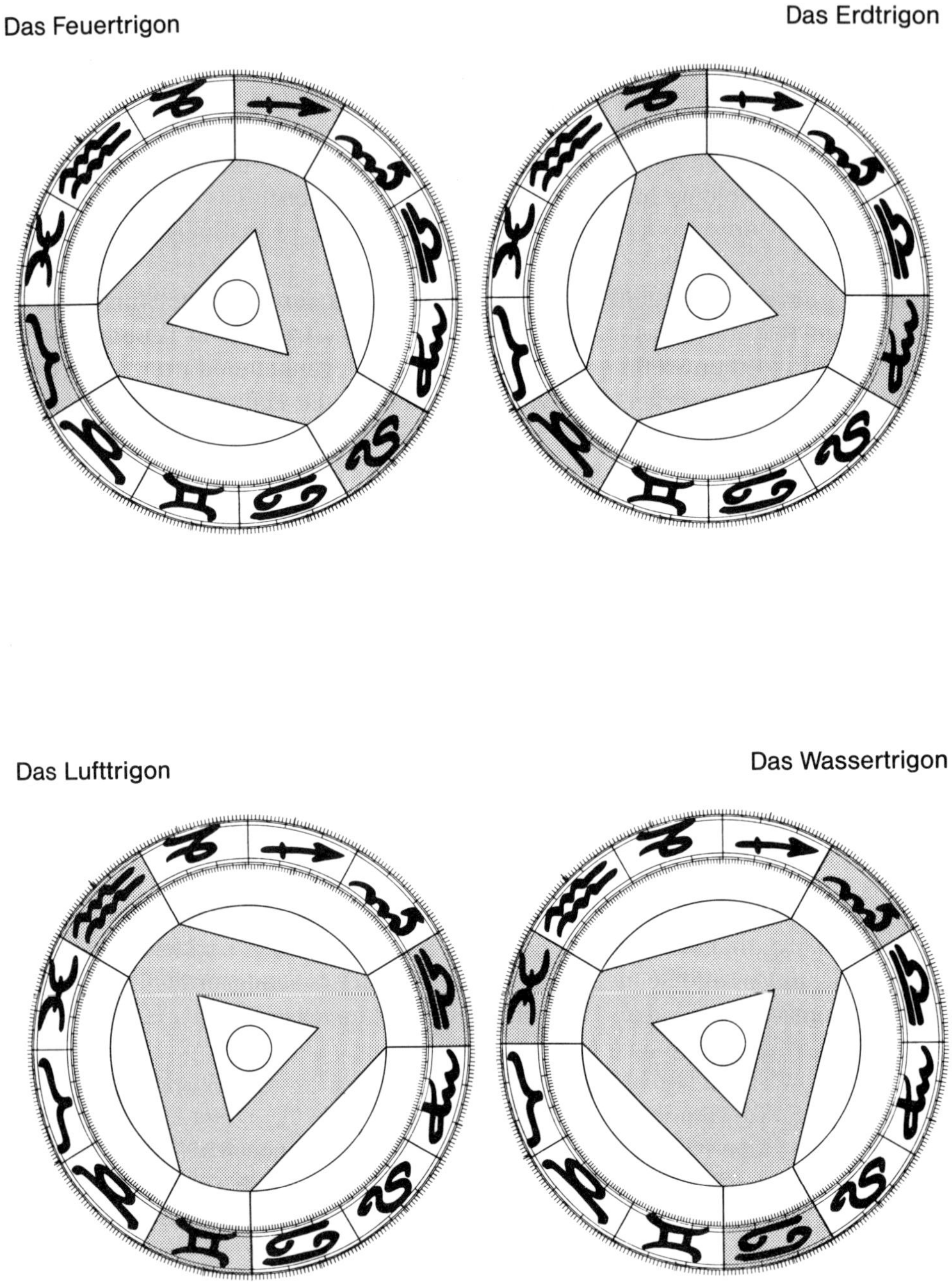

Figur 14: Die Elemente

und Lebendigkeit. Es besteht das Bedürfnis, Dinge in Bewegung zu setzen und enthusiastisch voranzuschreiten. Der Glaube an das eigene Veränderungspotential ist dabei etwas vom wichtigsten. Am schlechtesten werden somit Perioden von Stagnation und beschränkten Ausdrucksmöglichkeiten ertragen. Lieber möchte man sich als Heldenfigur in einem Drama von sagenhaftem Ausmass erleben. Das Feuerelement kann mit der intuitiven Funktion gemäss der Jung'schen Psychologie in Verbindung gebracht werden.

Erde:
Planeten in Erdzeichen stehen in engem Kontakt mit der durch die Sinne wahrnehmbaren Realität. Im Gegensatz zu Planetenbesetzungen in Feuerzeichen kann man mit solchen Stellungen auf praktische Gelegenheiten warten, denn die Geduld ist hier ausgeprägt. Passivität und abwartende Haltung werden höchstens dann zum Problem, wenn Änderungen angezeigt wären. Dieser Typus geht nämlich höchst ungern Risiken ein. Sein Problem kann darin liegen, dass ihm gerade das fehlt, was der Feuertypus im Übermass hat, nämlich der Glaube an neue Möglichkeiten, von denen man vielleicht im voraus nicht genau weiss, wie sie sich entfalten werden. Die besondere Stärke des Erdtypus liegt anderseits in seiner Fähigkeit, Dinge konkret auszugestalten und ausreifen zu lassen. In der Jung'schen Typologie entspricht das Erdelement der Empfindungsfunktion.

Luft:
Planeten in Luftzeichen drücken sich durch Flexibilität und Abstraktionsfähigkeit aus. Luftzeichen gehören, ebenso wie die Feuerzeichen, dem Yang-Prinzip an, ohne dass sie jedoch die entsprechende Dynamik besitzen würden. Viel eher steht hier der Austausch von Ideen und Vorstellungen im Vordergrund. Das Bedürfnis, die Dinge in ein System einordnen zu können, ist dabei ausgeprägt. Die grössten Schwierigkeiten hat dieser Typus mit der Gefühlssphäre, weil sie sich nicht in ein rationales System integrieren lässt. Planeten in Luftzeichen fallen durch Leichtigkeit und Schnelligkeit auf. Insbesondere gelingt es diesem Typus, Informationen umgehend und logisch zu verarbeiten. In der Jung'schen Typologie entspricht das Luftelement der Denkfunktion.

Wasser:
Dieses Element ist, wie die Erde, Ausdruck des Yin-Prinzips. Beim Wasserelement ist ein starker Bezug zum Unbewussten, zur Gefühlswelt und den assoziativen Prozessen der Phantasie und Traumwelt gegeben. Diese Funktion ist vielleicht in unserer patriarchal beherrschten Welt am schwersten zu integrieren. So sind Planeten in Wasserzeichen meist Ausdruck innerer gefühlsmässiger Strömungen. Die Schwierigkeiten, die damit erlebt werden, liegen in der Unfähigkeit, das zum Ausdruck gebrachte Verhalten zu erklären oder zu rationalisieren. Dinge werden viel eher ganzheitlich erfasst und angegangen, ohne dass man sie in die für eine Erklärung notwendigen Einzelbestandteile zerlegen könnte. Ähn-

lich wie beim Feuerelement handelt es sich beim Wasser um eine nicht-rationale Funktion, deren Ausdruck meist erst aus der psychischen Situation der Person verstanden werden kann. Die zum Wasserelement gehörigen Bezüge werden oft nur durch die Vergangenheit der Person verständlich. Am meisten Schwierigkeiten hat der Wassertypus mit dem Luftelement, dessen Leichtigkeit und Lokkerheit für ihn schwer nachvollziehbar ist. Das Wasserelement entspricht in der Jung'schen Typologie der Fühlfunktion.

Die Lehre der vier Elemente geht auf den griechischen Philosophen Empedokles zurück (490-430 v. Chr.). Dieselbe Einteilung finden wir auch in Form von vier Temperamenten beim griechischen Arzt Hippokrates (440-375 v. Chr.). Er unterschied dabei zwischen dem cholerischen, dem melancholischen, dem sanguinischen und dem phlegmatischen Temperament.

Diese Einteilung in vier Typen beherrschte das ganze Mittelalter und hat in den Typologien von C.G. Jung und Fritz Riemann eine neue Blüte erlebt. Obwohl diese Typologien breite Anwendung finden, wird ihr astrologischer Ursprung in psychologischen Kreisen meist nicht zur Kenntnis genommen. Interessant ist allerdings, dass sowohl C.G. Jung als auch Fritz Riemann weitreichende Astrologiekenntnisse besassen und oft zum Horoskop griffen, wenn es darum ging, die psychologische Struktur eines Patienten von innen heraus zu verstehen. Die Entsprechungen der Riemann'schen zur astrologischen Typologie im Sinne eines therapeutischen Ansatzes lassen sich wie folgt darstellen: Das Feuer entspricht dem hysterischen, die Erde dem zwanghaften, die Luft dem schizoiden und das Wasser dem depressiven Typus. Die jedem Typus zugrundeliegenden Ängste und ihr lebensgeschichtlicher Hintergrund sind in Fritz Riemanns Buch ›Grundformen der Angst‹ (1) hervorragend dargestellt.

Jung und Riemann ist die polare Anordnung der verschiedenen Typen gemeinsam. Jeder Typus kann als Abwehrform gegen Bedürfnisse verstanden werden, die der Gegentypus offen austrägt. Der hysterische, intuitive oder Feuertypus wehrt bei sich das Bedürfnis nach Festlegung und Dauer ab, während sich der Gegentypus in Form des Zwanghaften, des Empfindungs- oder Erdtypus, einem spontanen Verhältnis zu seinen eigenen Bedürfnissen wie auch zu seinen Mitmenschen verschliesst. Der schizoide Denk- oder Lufttypus überspielt sein unbewusstes Bedürfnis nach Hingabe, während der depressive Fühl- oder Wassertypus das Bedürfnis nach Unabhängigkeit und Ungebundenheit verdrängt.

So fühlt sich jeder Typus vom Gegenprinzip, welches das verkörpert, was er in sich selbst verneint, fast magisch angezogen. Aus dieser Polarität ergeben sich in Beziehungen die grössten kreativen Spannungen, welche zwei Menschen im positiven Fall zur Integration ihres Schattens und damit zu Wachstum und Individuation veranlassen können. Im negativen Fall drückt sich die Spannung in der Wahrnehmung von Unverträglichkeiten aus, gipfelnd in der Feststellung, was man alles könnte, ›wenn der andere nicht wäre‹... Solche Verhaltensweisen lassen sich etwa bei Paaren beobachten, die immer wieder in Streit geraten und trotzdem, aus scheinbar unerklärlichen Gründen, zusammenbleiben.

Die Kreuze

Jedes Element kann in drei Erscheinungsformen auftreten: im Prozess des Erschaffens und Eroberns, im Vorgang des Stabilisierens und Festhaltens und schliesslich in Form der Infragestellung und Auflösung. Hier finden wir direkte Entsprechungen zur indischen Mythologie, wo sich das Göttliche in drei Formen ausdrückt: Im Weltenschöpfer Brahman, im Erhalter Vishnu und im Zerstörer Shiva. Diese drei Grundprinzipien werden in der Astrologie ›kardinal‹, ›fix‹ und ›veränderlich‹ genannt.

Ein solcher Ablauf entspricht nach dem zyklischen Weltbild der alten indischen Philosophen dem normalem Lauf der Dinge. Wir erkennen dieses Grundprinzip nicht nur im astrologischen Tierkreis wieder, sondern auch im Lauf der Jahreszeiten. Jede Jahreszeit beginnt in der nördlichen Hemisphäre der Weltkugel, wo auch die Astrologie entstanden ist, in einem kardinalen Zeichen. Es bringt die Eigenschaften dieser Jahreszeit klar und prägnant zum Ausdruck. Der jeweils folgende Monat, welcher dem fixen Zeichen entspricht, bedeutet Höhepunkt und grösste Fülle der jeweiligen Jahreszeit. Der dritte Monat korrespondiert mit der veränderlichen Zeichenqualität und leitet den Übergang zur nächsten Jahreszeit ein. Diese Periode lässt sich bereits nicht mehr eindeutig zuordnen. Sie ist eine Zeit des Wechsels: Die vorhergehende und die nächste Jahreszeit greifen ineinander über. Die Kreuze sind in Fig.15 dargestellt.

Das kardinale Kreuz:
Unter dem Einfluss des kardinalen Prinzips hat der Mensch das Bedürfnis, zu handeln: Entweder bringt er selbst etwas in Gang oder er reagiert durch Handeln auf Aussenreize. Der Spass liegt im Ingangsetzen neuer Vorhaben. Was später daraus wird, ist dabei nicht wichtig. Die Dinge zur Entfaltung zu bringen, ist Aufgabe des nächsten Kreuzes.

Das fixe Kreuz:
Wenn es beim kardinalen ums Tun und Handeln ging, so beobachten wir beim fixen Prinzip die Freude am Erhalten und Geniessen des Erreichten. Es geht um das Resultat, das aus dem Tun hervorgegangen ist. Damit klingt das Thema des Haftens und Besitzens an: Die fixen Zeichen symbolisieren die Liebe und damit auch die Werte. Was wir wertschätzen, lieben wir auch und haften meist daran. Im fixen Bereich ist die Liebe zum Bestehenden stärker als der Drang nach Veränderung. Das Bedürfnis nach Infragestellung und Zurücklassen des Bisherigen finden wir im nächsten Kreuz.

Das kardinale Kreuz

Das fixe Kreuz

Das veränderliche Kreuz

Figur 15: Die Kreuze

Das veränderliche Kreuz:
Im Bereich des veränderlichen Prinzips dominiert der Zweifel am Erreichten, was zu Informationsaustausch, Veränderung und Anpassung führt. Hier herrscht Freude am Herstellen von Verbindungen zwischen den Dingen. Alles wird miteinander verglichen und einander gegenübergestellt. Absolute Gewissheit gibt es nicht mehr: Alles ist im Fluss und befindet sich in einem Verwandlungsprozess.

Die Polaritäten

Man kann den Tierkreis auch in Yang- und Yin-Zeichen unterteilen. Yang-Zeichen sind jene mit ungeraden Vorzeichen. Die Polarität geht auch aus der Elementverteilung hervor, indem Feuer und Luft immer dem Yang-, Erde und Wasser immer dem Yin-Prinzip entsprechen. Die Polaritäten sind deshalb wichtig, weil wir mit ihrer Hilfe unterscheiden können, ob in einer Geburtskonstellation Yang- oder Yin-Betonungen dominieren. Yang-Zeichen sind stärker nach aussen orientiert, während Yin-Zeichen vermehrt zur Introversion neigen.

Die Kombination von Elementen und Kreuzen

Vergleichen wir die Definitionen für die Elemente und die Kreuze, so fällt auf, dass bei allen Unterschieden die drei ersten Elemente mit den drei Kreuzen Parallelen haben: Das Feuer ist sicher dem kardinalen Prinzip am nächsten, während die Erde mit dem fixen Prinzip am meisten Übereinstimmungen zeigt, und die Luft deutliche Parallelen zum veränderlichen Prinzip aufweist.

So verwundert es nicht, dass die ersten drei Tierkreiszeichen, welche Kombinationen zwischen einander entsprechenden Elementen und Kreuzen darstellen, die urtümlichsten Zeichen sind. Diese Zeichen entsprechen nicht nur den Anfangsmonaten des Jahres, sondern in gewisser Weise auch dem Lebensanfang. Es handelt sich dabei um die Zeichen Widder (kardinal/Feuer), Stier (fix/Erde) und Zwillinge (veränderlich/Luft).

Wir erwähnen dieses Beispiel, weil es uns hilft, nicht nur die Verbindung zwischen Element und Kreuz herzustellen, sondern auch jene zwischen Zeichen und Planeten. Über das Widderzeichen herrscht der Planet Mars, über das Stierzeichen Venus und über das Zwillingezeichen Merkur. Nun haben wir gesehen, dass Mars, Venus und Merkur bereits beim kleinen Kind grundlegende Funktionen symbolisieren, wie Durchsetzung und Selbstbehauptung (Mars); Anpassung, um geliebt und akzeptiert zu werden (Venus); Entwicklung der Denk- und Kombinationsfähigkeit, um die eigenen Bedürfnisse durchzusetzen, ohne deshalb Liebe und Akzeptanz in Frage zu stellen (Merkur). Kurz formuliert handelt es sich um die Prinzipien Handeln, Lieben und Denken.

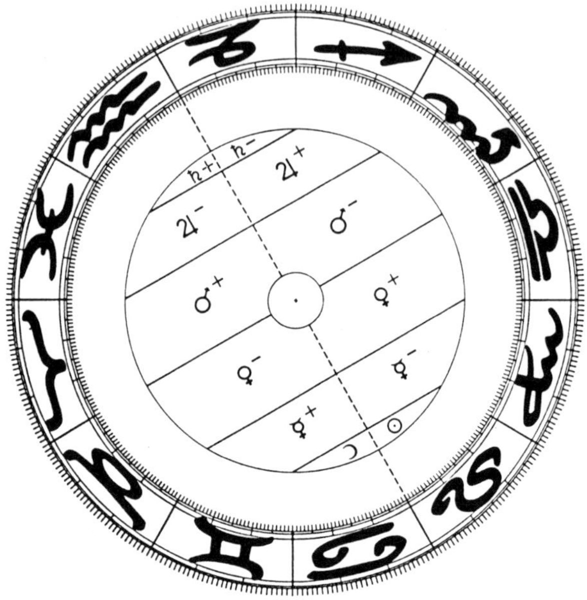

Figur 16: Die traditionellen Zeichenherrscher

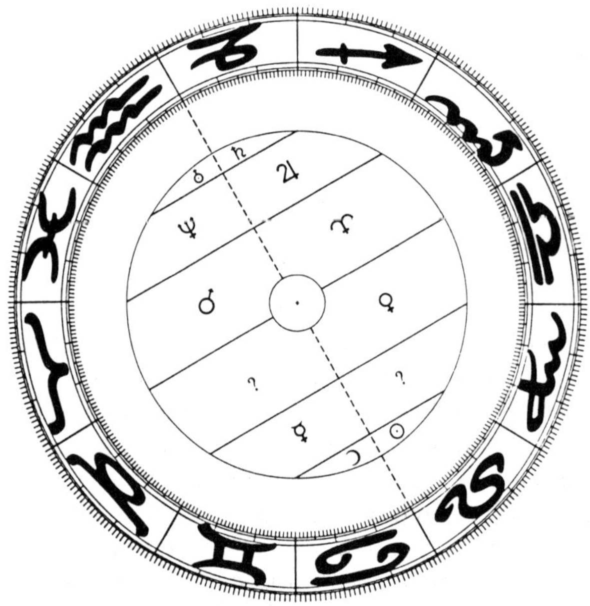

Figur 17: Die neuen Zeichenherrscher

Wir können hier nicht auf alle Entsprechungen zwischen Zeichen und Planeten eingehen, sondern müssen den interessierten Leser auf diesbezügliche Lehrbücher verweisen (z.B. J.C. Weiss: Horoskopanalyse Band I). Einen kurzen Überblick vermittelt Fig.16, aus der die Symmetrie der sieben traditionellen Planeten als Herrscher der verschiedenen Tierkreiszeichen klar hervorgeht. Wir können daraus ersehen, dass – mit Ausnahme von Sonne und Mond – jeder Planet in seiner Yang- und Yin-Form jeweils über zwei Zeichen herrscht.

Führen wir die transpersonalen Planeten in das System ein, so erhalten wir das in Fig.17 dargestellte Bild: Die mit einem Fragezeichen versehenen Plätze entsprechen weiteren Planeten, die in der kommenden Zeit noch entdeckt werden dürften. Dafür stehen bereits einige Kandidaten zur Diskussion, deren Entsprechungen uns jedoch noch zu wenig sicher erscheinen, als dass wir sie hier bereits einführen möchten. Die neuen Planeten verdrängen im übrigen die traditionellen Herrscher (Fig.16) nicht, sondern überlagern diese und liefern so eine noch treffendere Übereinstimmung zwischen Planeten und Zeichen.

Wir erkennen, dass jedes Zeichen einerseits durch Element und Kreuz definiert werden kann, anderseits durch den Planeten, welcher über dieses Zeichen herrscht. Dies ermöglicht zahlreiche symbolische Querverbindungen (vgl. Tabelle 1 und 3).

Tabelle 3: Die Einteilung des Tierkreises

12er-System Zeichen		Haus	4er-System Elemente	3er-System Kreuze	2er-System Polaritäten
Widder	♈	1	Feuer	kardinal	Yang (+)
Stier	♉	2	Erde	fix	Yin (–)
Zwillinge	♊	3	Luft	veränderlich	Yang
Krebs	♋	4	Wasser	kardinal	Yin
Löwe	♌	5	Feuer	fix	Yang
Jungfrau	♍	6	Erde	veränderlich	Yin
Waage	♎	7	Luft	kardinal	Yang
Skorpion	♏	8	Wasser	fix	Yin
Schütze	♐	9	Feuer	veränderlich	Yang
Steinbock	♑	10	Erde	kardinal	Yin
Wassermann	♒	11	Luft	fix	Yang
Fische	♓	12	Wasser	veränderlich	Yin

Die Kombination von Planeten und Zeichen

Jeder Planet wird in seinem Ausdruck durch das Zeichen geprägt, in welchem er sich befindet. Seine Wirkungsweise kann auf zwei Arten gedeutet werden: Einerseits leitet sie sich von den Qualitäten des Zeichens ab, in welchem er sich befindet, und das seinerseits eine Kombination zwischen Element und Kreuz ist. Anderseits steht er aber auch im Dialog mit dem Herrscher des Zeichens, in dem er sich aufhält. Ein Beispiel möge dies veranschaulichen:

Mars im Stier bedeutet eine Energie und Aktivität, welche sich gemäss dem fixen Prinzip beharrlich und bewahrend, gemäss dem Erdelement konkret und realistisch äussert. Die Tatsache, dass das Stierzeichen durch die Venus, Prinzip von Schönheit und Sinnlichkeit, beherrscht wird, weist anderseits darauf hin, dass Energie und Aktivität insbesondere im Zusammenhang mit harmonischer Ausgestaltung oder in sinnlichen Belangen zum Ausdruck kommt. Durch diese Herleitungen hätten wir bereits eine treffende Charakterisierung von Mars im Stier erreicht. Um diese Stellung ganz zu verstehen, muss man aber auch über psychologische Mechanismen Bescheid wissen. Die über das Stierzeichen ausgedrückte Beharrungstendenz kann beispielsweise auch dazu führen, dass Energien zurückgehalten werden, bis es unter Umständen zu explosionsartigen Entladungen kommt. Aus der Natur dieses Zeichens, welches sich an das Reale und Konkrete klammert, könnte man weiter schliessen, dass solche Explosionen vor allem dann zu befürchten sind, wenn Besitz und Stabilität gefährdet sind.

Auf diese Weise kann jede Planetenstellung in irgendeinem Zeichen kombinatorisch gedeutet werden. Sicherheit in der Deutung entsteht dann, wenn einerseits diese deduktive kombinatorische Arbeit vorgenommen wird, anderseits die praktische Beobachtung herangezogen wird, welche die gewonnen Erkenntnisse laufend vertieft. Da es sich bei astrologischen Kombinationen nicht um die Verbindung von Begriffen handelt, sondern um die Interaktion zwischen Symbolen oder Bildern, sind solche praktischen Beobachtungen beim Erlernen der astrologischen Kombinatorik unerlässlich. Zur Illustration und schnelleren Orientierung sind die Eigenschaften der verschiedenen Zeichen im folgenden skizziert.

Kurze Charakterisierung der Tierkreiszeichen

Widder

Die Initialzündung. Ausdruck eines ursprünglichen Seins, damit auch unzimperlich in der Wahl der Mittel. Energetisch, seine Zielrichtung jedoch häufig wechselnd. Grosses Freiheitsbedürfnis, hält sich daher nicht immer an die sozialen Regeln. Erhebt keinen Anspruch auf Akzeptanz, empfindet deshalb auch keine Verpflichtung, vernünftig und ausgewogen zu wirken. Gefühle in Form schubartiger Entladungen, dabei enthusiastisch, initiativ und fordernd. Grundsätzlich ehrlich, geht aber oft über die Empfindlichkeiten anderer hinweg.

Stier

Fängt die Impulse des Widderzeichens auf und kann sie durch Pflege zur fruchtbaren Ausgestaltung bringen. Braucht meist äussere Anregungen, um seine nährenden und stabilisierenden Qualitäten zum Ausdruck zu bringen. Bleibt sich dabei immer treu und arbeitet gemäss seinem eigenen Rhythmus und Stil. Realistisch, stabil, beharrlich und in sich selbst zentriert. Innere Anregungen am ehesten durch Ziele, welche Sinnesgenuss versprechen oder auf Herstellung von Harmonie ausmünden. Langsame Assimilation von Informationen, dafür wird der Stoff jedoch ›verdaut‹.

Zwillinge

Löst die Starrheit und Isolation, in welche die Stierqualitäten führen können, wieder auf. Schnell im gedanklichen Auskundschaften neuer Informationen durch Ausschaltung gefühlsmässiger Reaktionen. Rasche Assimilation von Informationen, dabei jedoch an der Oberfläche bleibend. Neugierig und in seiner Umgebung Widersprüche aufdeckend, ohne irgendetwas persönlich zu nehmen. Ausgesprochen kontaktfreudig, mit Spass an der Unverbindlichkeit der Vielfalt. Anpassungsfähig, jedoch widerwillig im Eingehen gefühlsmässiger Bindungen. Beschleunigende Wirkung auf in diesem Zeichen befindliche Planeten.

Krebs

Gefühl dazuzugehören, ansonsten Suche nach dem Zugehörigkeitspol. Emotionale Beziehungen, Verbindung zur Vergangenheit und Kindheit. Intensive Auseinandersetzungen harmonischer oder schwieriger Art mit den Eltern, langsame Ablösung von der Mutter. Erblüht in einer gefühlsmässig sicheren Situation. Entwickelt dort die Fähigkeit, zu nähren und sich nähren zu lassen. Soziale Funktion im Zementieren der Familienbande, dabei allerdings Gefahr des Rückfalls in possessive kindliche Verhaltensweisen. Aus diesem Grunde ist es wichtig, sich der Gemeinschaft als Ganzes öffnen zu können. Planeten im Krebszeichen sind gefühlsbetont und somit einfühlend, mitunter aber auch Ausdruck empfindlicher Stellen.

Löwe

Starkes Bedürfnis nach Selbstdarstellung, oft mit dem Anspruch auf einen entsprechenden Zuschauerkreis verbunden. Bei Anklang integer und fair, mit beschützenden Zügen; im Falle von Ablehnung mitunter zu gauklerhaften Tricks greifend. Der Glaube an die eigene Grösse muss aufrechterhalten werden können. In diesem Fall besteht die Möglichkeit, zu einem Sonnensymbol für die Gemeinschaft zu werden. Arbeit muss auch als Spass betrachtet werden können, wozu im Berufsfeld weitgehende Freiheiten gefordert werden.

Jungfrau
Die Berührung mit den Grenzen, welche durch Existenzbewältigung und Körperlichkeit gegeben sind, und damit verbunden die Notwendigkeit, sich anzupassen, um seine ›Marktlücke‹ zu finden. Anstrengungen werden unternommen, um sich als nützlich zu erweisen, Effizienz wird erlernt. Realistisch, redlich, sich nicht überschätzend, bisweilen fast zu selbstkritisch. Sucht durch Analyse nach Anhaltspunkten, um sich in der physischen Welt zu orientieren, und konzentriert sich dabei gerne auf Details und auf die Kausalität von Abläufen. Die Stärke liegt in einer Haltung des ›Dienstes an der Sache‹.

Waage
Fühlt sich angespornt durch die Möglichkeit, Beziehungen zwischen den Dingen zu schaffen. Ist Meister in der Handhabung partnerschaftlicher Situationen; scheint sich dabei vordergründig anzupassen, behält jedoch in Wirklichkeit die Initiative in der eigenen Hand. Schwierigkeit, allein zu sein. Braucht, um sich selbst zu verwirklichen, die Beziehung. Feiner Sinn für Schönheit und Kunst, leidenschaftlichen Gefühlen eher abträglich. Meist Ausstrahlung einer gewissen Eleganz und Feinheit, welche in Kontakten sehr geschätzt wird.

Skorpion
Geheimnisvoll, feines Gefühl für verdeckte Motivationen, welche – wenn beim Gegenüber wahrgenommen – mit allen Mitteln hervorgelockt werden. Darin manifestiert sich das Bedürfnis, bis zum Kern der Dingc vorzustossen und auf diesem Weg falsche Autoritäten zu entlarven. Zuweilen totale Identifikation mit dem Gegenüber und durch die Verschmelzung Transformation des Egos. In diesem Zusammenhang Erlebnis der Macht der Sexualität. Vordergründig oft schwarz-weiss-malend und wertend, letztlich aber auf dem Weg zur Einsicht in die Relativität der Dinge. Oft falsch verstanden, weil im Aufspüren von Konflikten feinfühliger als andere, und wegen fehlender Bereitschaft, darüber hinwegzugehen, Zielscheibe der Gegenwehr anderer. Erlebnis von Ablehnung kann zum Verbergen den eigenen Ansichten und Erkenntnisse führen.

Schütze
Schöpferischer Lebensglaube, der die Trivialitiät der Alltagsverrichtungen transzendiert und die Brücke zum Wissensschatz der Menschheit schlägt. Freiheitsliebend und idealistisch, braucht das Gefühl, Sprachrohr eines grösseren Ganzen zu sein. Fehlt der Glaube, so können Rechthaberei und erborgte Allüren in den Vordergrund treten. Besser im schwungvollen Angehen eines Projektes als in der Bewältigung des Details.

Steinbock
Betonte gesellschaftliche Orientierung, zu Hause im Umgang mit normierten, allgemein akzeptierten Zielen. Stützt sich auf Autoritäten ab, zaghaft im Um-

gang mit neuen Möglichkeiten und Alternativen. Starkes Bedürfnis nach Kontrolle und Anlehnung an das Reale, den Sinnen Greifbare. Ein oft überbetontes Rechtfertigungsbedürfnis lässt die Gefühlswelt als Schattenposition in den Hintergrund treten. Im allgemeinen strebsam, mit guten Fähigkeiten, die hierarchische Stufenleiter zu erklimmen.

Wassermann
Suche nach einer besonderen Gemeinschaft, welche sich von der Masse abhebt. Hält dabei Ausschau nach den neuesten Trends oder stellt auf das Zeitlose ab. Aktivität entspringt hier der Idee einer besseren, individuelleren und menschlicheren Gesellschaft. Dadurch oft überwiegen einer Ideologie und starkes Bedürfnis nach Systematik. Diese kann das Gefühl erdrücken, und die gesuchte Menschlichkeit entspricht oft mehr erdachten Vorstellungen als täglicher Praxis. Starkes Bedürfnis nach Austausch mit Gleichgesinnten, dabei jedoch oft Autoritätsprobleme als Stolperstein. Mitunter ist nur die Gruppe genehm, welche sich der eigenen Autorität unterstellt.

Fische
Weitestgehende Ichlosigkeit, entweder von der Person akzeptiert oder durch die Aussenumstände erzwungen. Im positiven Fall Transzendierung der physischen Realität und der Ego-Grenzen sowie visionäres Erschauen der kosmischen Gesetzmässigkeiten. Im unbewältigten Fall Aufforderung, als Erwachsener eine gesunde Egostruktur aufzubauen, deren Entwicklung in der Kindheit gehemmt wurde. Am schwierigsten erscheint dabei die Entwicklung einer gesunden Durchsetzungsfähigkeit. Extrem durchlässig, sich jedem festen Zugriff entziehend, entweder aus dem Bewusstsein der Relativität jeder Festlegung, oder aus Angst, sich dann nicht mehr abgrenzen zu können. Tendenz zu Opfer/Retter-Spielen. Lösung des Problems durch Übernahme helfender Aufgaben. Oft werden die eigenen Probleme gelöst, indem man anderen hilft. Rückzug in die innere Welt als echte Meditation oder als Flucht vor den Schwierigkeiten der Aussenwelt.

Die Tierkreiszeichen als Prototypen der Wahrnehmung

Wenn wir berücksichtigen, dass die vier Elemente bereits im alten Griechenland als Basis einer Typologie ermittelt wurden und in der heutigen Psychologie eine Wiedergeburt erfahren, können wir wohl davon ausgehen, dass es sich dabei um wichtige Kategorien des menschlichen Ausdrucks handelt. Dabei haben wir ein Naturprinzip vor uns, welches über die menschliche Sphäre hinausreicht. Die vier Elemente lassen sich nämlich auch auf die Aggregatszustände der Materie übertragen, deren vierte Zustandsform wir erst seit kurzem kennen. Die Entsprechungen zu den Zuständen der Materie können folgendermassen hergestellt werden: Das Erdelement entspricht dem festen, das Wasserelement dem flüssigen, das Luftelement dem gasförmigen und das Feuerelement dem plasmatischen Zustand. Chronologisch betrachtet ist es naheliegend, jeden Zustand in drei zeitliche Formen zu unterteilen: Anfang, Mitte und Ende – oder: Beginn eines Vorgangs, Entfaltung und Vertiefung, geistige Assimilation und Zurücklassen des Vorgangs. Kombinieren wir diese verschiedenen Modi von Elementen und Kreuzen miteinander, so erhalten wir das uns bekannte Zwölfersystem der Tierkreiszeichen.

Wenn, wie im Taoismus, die Dinge hingegen in einem ständigen Übergang gesehen werden, in dem sich das Yin auf seinem Höhepunkt zum Yang verwandelt und umgekehrt, so sind nicht drei Zustandsmodalitäten angezeigt; zwei genügen in diesem Fall. Aus diesem Grund finden wir im I-GING nicht zwölf, sondern lediglich acht Urzeichen. Das Zwölfersystem ist eng an das Erwachen des mentalen (Gebser) bzw. solaren (Wilber) Bewusstseins geknüpft, das Gebser um 500 v. Chr. ansiedelt. Dementsprechend berichtet W. Knappich (2), dass ein Keilschrifttext aus dem Jahre 419 v. Chr. erstmalig alle zwölf Zeichen angibt. Die Sternbilder waren an sich älter, aber sie wurden erst im 5. Jahrhundert v. Chr. in der uns bekannten Art angeordnet.

Es ist denkbar, dass die Zeichen als innere Erlebniswerte wesentlich weiter zurückreichen, wenn auch ihre Anordnung in einem konsequenten Zwölfersystem erst etwas mehr als zweitausend Jahre alt ist. Der Mathematiker und Kybernetiker Dr. Charles Musès (3) berichtet nämlich in einem interessanten Buch über die Interaktion zwischen Raum und Zeit folgendes: Phosphene, d.h. Lichterscheinungen im Auge, welche nach unspezifischer Stimulierung entstehen, drücken eine beschränkte Anzahl von Mustern aus, welche ursprüngliche graphische Symbole der Tierkreiszeichen darstellen, wovon sich ein Teil in den heute gebräuchlichen Tierkreissymbolen wiederfindet.

Phosphene oder Lichterscheinungen im Auge können im Normalzustand, insbesondere bei Kindern, hervorgerufen werden und treten in Form von abnormalen Zuständen bei Epileptikern auf. Es scheint, dass sie die Strukturmuster des menschlichen Sehens widerspiegeln und dabei auf eine beschränkte Anzahl von Grundmustern reduziert werden können. Musès, der im Zusammenhang mit verschiedenen Untersuchungen diese Erscheinungsbilder studiert hat, kam zum Schluss, dass sie einer Art Alphabet des Sehens entsprechen und damit als Prototypen der visuellen Wahrnehmung betrachtet werden können.

Dabei sind die Parallelen zwischen diesen Mustern und alt- sowie neusteinzeitlichen Zeichnungen auffallend. Ein Vergleich dieser Phosphen-Muster mit den Studien über die ersten Schriftzeichen der Vinča-Kultur (6000 v. Chr.) ergibt ebenfalls auffallende Ähnlichkeiten. Musès schloss daraus, dass Grundmuster, welche den heutigen Tierkreiszeichensymbolen zugrundeliegen, auch erste Formen der menschlichen Schrift darstellen.

Einige der interessantesten Grundmuster sind in Figur 18 abgebildet. Wir erkennen bei den Zeichen D und E ohne Schwierigkeiten das Symbol für das Wassermann- und für das Fischezeichen; C entspricht zwar nicht dem üblichen Steinbockzeichen, stellt aber in Form des Gitters die ordnende Thematik des Steinbockprinzips sehr anschaulich dar. In B finden wir das für das Schützezeichen charakteristische trigonale Verhältnis, welches dieses Zeichen mit dem ersten, dem Widderzeichen, verbindet, andererseits die über das Dreieck ausgedrückte geistige Synthese, welche in Form der Philosophie und Religion dem Schützezeichen gemäss gesucht wird. Zeichen A wird von Musès mit Recht dem Skorpion zugesprochen. Es symbolisiert einerseits die Entfaltung aus dem Zentrum heraus in die Vielheit und anderseits den Weg von der Vielheit ins Zentrum zurück. Man könnte in diesem Symbol eine eigentliche Lebensspirale erblicken.

Sollten diese Ergebnisse durch weitere Forschungen bestätigt werden, so könnte es sinnvoll erscheinen, die gängigen Tierkreissymbole durch diese Urbilder der menschlichen Wahrnehmung zu ersetzen. Dies hätte den Vorteil, dass dadurch Symbole verwendet würden, deren Aussagekraft unabhängig von der jeweiligen Kultur verstanden werden.

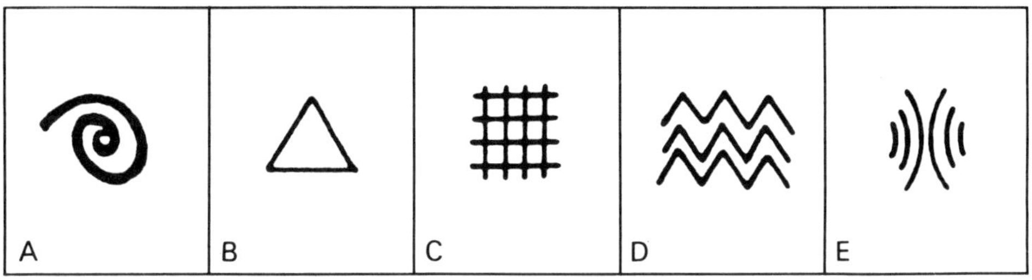

Figur 18: Einige häufige Phosphene (Lichterscheinungen des menschlichen Auges) als Prototypen der Tierkreiszeichen-Symbole

8.4. Die astrologischen Häuser

Das astrologische Häusersystem und die Stellung von Planeten in den Häusern ist, im Gegensatz zu den Stellungen in den Zeichen, in hohem Masse vom genauen Geburtsmoment abhängig. Daran können wir erkennen, dass die Häuser stärker zeitbezogen sind und in diesem Sinne auch wesentlich mehr über das zeitliche Entfaltungspotential des Individuums aussagen. Wenn die Zeichenstellungen schon von Geburt an Modalitäten des Verhaltens anzeigen, so gilt das nicht für die Häuserstellungen der Planeten. Viel eher haben wir es hier mit dem Drang zu tun, etwas zu werden und zur Entfaltung zu bringen.

Dementsprechend beziehen sich die traditionellen Deutungen für die Häuser auf Lebensbereiche, welche der Gesellschaft und der Erwachsenenwelt entnommen sind. Was soll man im Horoskop eines Kindes mit der Definition des zehnten Hauses anfangen, welches auf ›Beruf, Berufung und Karriere‹ lautet? Sie lässt sich lediglich als später zu verwirklichende Zielvorgabe auffassen. Über diejenigen Qualitäten, die dem entsprechenden Zeichen Steinbock (10. Zeichen) zugeschriebenen werden, könnte man bei einem Kind wesentlich mehr aussagen. Unter dem Gesichtspunkt des Zeichens würde es als beharrlich, ehrgeizig, sicherheitsorientiert und praktisch veranlagt bezeichnet. Häuserstellungen sind also ein Potential, etwas, das es erst zu verwirklichen gilt.

Die Häuser beruhen auf den Hauptachsen des Horoskops: der Horizontachse und der Meridianachse. Die Horizontachse wird unterteilt in einen östlichen und einen westlichen Horizont. Der östliche Horizont entspricht dem Aszendenten. Der Aszendent ist also dasjenige Zeichen, welches im Augenblick der Geburt am östlichen Horizont aufgeht. Der dem Aszendenten genau gegenüberliegende Punkt, der Deszendent, liegt im Moment der Geburt am westlichen Horizont.

Wird jemand bei Sonnenaufgang geboren, so fallen Sonnenzeichen und Aszendent zusammen (die Sonne geht am östlichen Horizont gerade auf). Dieses Beispiel erlaubt uns, einen anderen Quervergleich zu ziehen. Zum gleichen Zeitpunkt, da jemand in unseren Breitengraden bei aufgehender Sonne geboren wird, könnte eine andere Person in Chicago zur Welt kommen. Dort wäre es dann vielleicht Mitternacht. Die Sonne wäre in diesem Falle natürlich nicht am Aszendenten, sondern weit unter dem Horizont – vielleicht am tiefsten Punkt des Horoskops. Erst jemand, der sechs Stunden später in Chicago geboren würde, könnte die gleiche Sonnenstellung am Aszendenten haben und damit ein ähnliches Horoskop.

Dies führt uns zur interessanten Erkenntnis, dass das Häusersystem, obwohl es für einen gegebenen Ort ausschliesslich zeitabhängig scheint, letztlich ein Raum/Zeit- oder Ort/Zeit-Koordinatensystem ist. Das System liefert sogar eine Gleichung, um Zeit in Raum zu verwandeln oder umgekehrt. So wird jemand, der sechs Stunden später in Chicago geboren ist, mit unserer bei Sonnenaufgang geborenen Person wesentlich mehr Ähnlichkeiten haben als eine andere Person, welche ebenfalls in Mitteleuropa sechs Stunden später geboren würde. Im ersten Fall wiegt der Zeitunterschied den räumlichen Unterschied auf: Beide Geburtsstellungen weisen die Sonne am Aszendenten auf und haben häuser- und zeichenmässig die Planeten fast am gleichen Ort. Entsprechend hätte eine andere Person, welche ebenfalls in Mitteleuropa, aber genau einen Tag später geboren würde, mehr Ähnlichkeiten mit unserer Bezugsperson als jemand, der am gleichen Tag, aber einige Stunden später geboren worden wäre. Der Grund dafür liegt wiederum in der Ähnlichkeit des Häusersystems und der Planeten in den Häusern.

Eine andere wichtige Achse im Zusammenhang mit dem Häusersystem ist die Meridianachse. Diese Achse weist im oberen Teil die Himmelsmitte auf (MC), im unteren Teil den Himmelsgrund (IC). Im MC erreichen die Gestirne ihre grösste Höhe über dem Horizont, man sagt auch, sie seien in oberer Kulmination.

Die Horizontachse von Aszendent/Deszendent (AC/DC) gilt bei den meisten astrologischen Häusersystemen als Beginn des ersten bzw. des siebten Hauses. Die MC/IC-Linie entspricht analog dem Beginn des zehnten und des vierten Hauses. Die zwischen den Achsen liegenden Bereiche werden je nach Häusermethode unterschiedlich in die restlichen Häuser unterteilt. Wir können hier nicht im einzelnen auf die verschiedenen Systeme eingehen, möchten jedoch darauf hinweisen, dass wir selbst das sogenannte GOH- oder Koch'sche Häusersystem verwenden.

Wir mögen uns fragen, warum in der Astrologie den Hauptachsen (Horizont- und Meridianachse) verwirklichungsmässig eine übergeordnete Bedeutung eingeräumt wird. Dies war schon bei den alten Griechen so, hat aber in neuster Zeit durch die Forschungen des Ehepaars Gauquelin zusätzliche Bestätigung erfahren. Planeten, welche bei der Geburt um diese Punkte zu liegen kommen, haben erwiesenermassen besondere Bedeutung im Sinne starker Aktualisierungstendenzen. Symbolisch können wir dies dadurch erklären, dass es sich bei den Achsenpunkten um kardinale Punkte handelt, welche wir als initiativ und unternehmend kennengelernt haben.

Die Häuser werden in der Richtung des Tierkreises, vom Aszendenten ausgehend, numeriert. Dabei entsprechen die Häuser thematisch den Tierkreiszeichen. Bei Häusern geht es jedoch nicht um Charaktereigenschaften, sondern um Lebensbereiche und Verwirklichungsziele. Um die Themen der verschiedenen Häuser herzuleiten, müssen wir uns wiederum an die Qualitäten der Kreuze und Elemente erinnern. In Stichworten können wir dies folgendermassen ausdrükken:

Kreuze

- Kardinal: initiativ, impulsiv, unternehmend
- Fix: konzentriert, bewahrend, liebend
- Veränderlich: flexibel, formauflösend, denkmässig verarbeitend.

Elemente

- Feuer: aktiv, bewegend, enthusiastisch
- Erde: konkret, realistisch, geduldig
- Luft: intellektuell, abstrahierend, kontaktfreudig
- Wasser: gefühlsbetont, phantasievoll, reaktiv

Durch Kombination des Systems der Kreuze und Elemente erhielten wir die Qualitäten sämtlicher Tierkreiszeichen. Zum Beispiel konnten die Qualitäten des Widderzeichens hergeleitet werden durch Kombination des kardinalen Prinzips (initiativ, impulsiv, unternehmend) mit dem Feuerelement (aktiv, bewegend, enthusiastisch), was eben die Widderqualitäten von Spontaneität, Impulsivität und Enthusiasmus ergab.

Das erste Haus entspricht nun dem ersten Zeichen, also dem Widder. Wenn wir herleiten wollen, worum es im ersten Haus geht, so werden wir uns fragen, welchem Lebens- oder Ausdrucksbereich die erwähnten Widderqualitäten symbolisch entsprechen. Damit kommen wir zur Definition des ersten Hauses als körperliche Erscheinung und ›Persona‹, jenem Teil in uns, der spontan und instinktiv, d.h. ohne Einschaltung eines reflektierenden Bewusstseins unmittelbar handelt und reagiert. Damit ist auch jener Teil unserer Persönlichkeit gemeint, den andere bei uns oft wahrnehmen, z.B. wenn wir Unbekannten begegnen oder einen Raum betreten.

Wenn wir nun sagen, dass das erste Haus unsere spontane Aktions- und Reaktionsweise symbolisiert, so heisst dies natürlich nicht, dass unsere Verhaltensweise nach allgemeinen Massstäben als besonders spontan empfunden wird. Dies wäre nur dann der Fall, wenn das erste Haus durch ein Zeichen besetzt ist, welches als lebhaft, impulsiv oder spontan gilt (z.B. Widder, Zwillinge, Löwe, usw.). Steht hingegen das vorsichtige Zeichen Jungfrau im ersten Haus, so wird unsere unreflektierte und instinkthafte Reaktionsweise eben eine von Bescheidenheit, Vorsicht und Zurückhaltung sein.

Greifen wir auf Tabelle 1 zurück, so würden wir für den Lebensbereich des ersten Hauses ›Selbstdarstellung, Eigenausdruck und Erscheinungsbild‹, für das Jungfrauzeichen ›arbeitsam, zuverlässig, analytisch, ordnungsliebend, vorsichtig und ängstlich‹ ermitteln. Natürlich werden wir in einer Deutung diese Formulierungen nicht in dieser Form übernehmen können. Wir werden sie den Forderungen der Syntax unterwerfen müssen. Selbstdarstellung und Eigenausdruck werden wir dementsprechend nicht als ›arbeitsam‹ bezeichnen, sondern viel eher als ›angestrengt‹ oder ›reserviert‹; kurzum, man wird von jemandem sprechen, der sich Mühe gibt, es den andern recht zu machen, der durch seine vorgelehnte Körperhaltung Aufmerksamkeit bekundet und das, was ihm entgegengebracht wird, verstehen will.

Es ist sinnvoll, die Häuser als Verwirklichungspotentiale auf mindestens zwei Ebenen zu deuten, nämlich auf der inneren und der äusseren Ebene. Die innere Ebene wäre jene der Motivationen, welche im Zusammenhang mit diesem Haus im Individuum wach werden. Die äussere Ebene wäre der Lebensbereich, wo der Betreffende die Planeten- und Zeichenqualitäten, welche mit diesem Haus verknüpft sind, erlebt. Dies lässt sich folgendermassen darstellen:

Kurze Charakterisierung der astrologischen Häuser

Erstes Haus (kardinal/Feuer)

Innere Ebene: Bedürfnis nach Eigenausdruck und Identitätsfindung, wie wir uns im Kontakt mit der Aussenwelt definieren wollen. Die Spannung zwischen unserer erlebten Rolle und der Identität, die wir verkörpern möchten. Das Bedürfnis, Widerstände, die dem Ausdruck unserer Eigenart im Wege stehen, zu überwinden.

Äussere Ebene: Physischer Ausdruck, Persona als Maske und Erscheinungsbild gegenüber der Aussenwelt. Die Persönlichkeit, als die wir anderen erscheinen.

Zweites Haus (fix/Erde)

Innere Ebene: Bedürfnis nach Verankerung und Sicherheit auf der materiellen und sinnlich erfahrbaren Ebene. Unser Körper als eigener Besitz und eigene Substanz. Ausweitung unserer Eigensubstanz durch Ausbau unserer Talente und Erwerb von Gütern, welche uns Sicherheit vermitteln. Das, was wir wertschätzen und lieben.

Äussere Ebene: Geld, Besitz und selbsterworbene Güter, die materiellen Früchte der eigenen Arbeit, Reservebildung und Vermögen.

Drittes Haus (veränderlich/Luft)

Innere Ebene: Das Bedürfnis nach Austausch und Kommunikation. Die Erweiterung der eigenen Informationsbasis durch neue Kenntnisse. Das Bedürfnis, Wissen in Umlauf zu setzen und durch Feedback Wissen sowie Denkmuster zu erneuern.

Äussere Ebene: Beziehungen mit der unmittelbaren Umgebung, insbesondere mit Geschwistern, Nachbarn und Kollegen. Austausch mit anderen auf gleicher sozialer Ebene, damit verbunden Geschäftsreisen sowie kurze Reisen zu Informations- oder Ablenkungszwecken. Meinungsaustausch in Wort und Schrift.

Viertes Haus (kardinal/Wasser)

Innere Ebene: Das Bedürfnis nach Zugehörigkeit. Situationen aus der Kindheit wiederholen und damit überwinden wollen. Die Auseinandersetzung mit dem Unbewussten sowie Denk-, Fühl- und Verhaltensmuster aus der eigenen Familie. Das Bedürfnis nach eigener häuslicher und gefühlsmässiger Verankerung.

Äussere Ebene: Das Heim und damit verbunden Wohnung, Haus und Grundbesitz. Die Ursprungsfamilie und die eigene Familie, die man gründet. Unsere Eltern und Vorfahren, unser Verhältnis zu Tradition und Ahnen. Lebensanfang und Lebensende.

Fünftes Haus (fix/Feuer)

Innere Ebene: Selbstdarstellung, Bedürfnis nach Kreativität und Ausdruck der eigenen Talente, Aktivität als Spiel und Spass. Das Bedürfnis, in Form von Kindern und eigenen Schöpfungen seiner Eigenart Ausdruck und Dauer zu verleihen. Erleben wollen, dass das Leben mehr als Pflicht und Arbeit beinhaltet.

Äussere Ebene: Spiel und Vergnügungen. Identifikation mit Heldenfiguren aus Romanen, Film oder Fernsehen. Die eigenen Schöpfungen, das, worauf man stolz ist und womit man sich identifiziert. Kinder und Kindererziehung, Liebesaffären, welche aus freiem Impuls eingegangen werden. Börse und Spekulationen.

Sechstes Haus (veränderlich/Erde)

Innere Ebene: Bedürfnis nach Zugehörigkeit zur Gemeinschaft, durch Einbringung der eigenen Arbeitskraft. Freiheit durch über das Notwendige hinausgehende Arbeitsleistung und Wertschöpfung. Erkennen und Akzeptieren seiner Grenzen, indem man den Eigenanspruch ethischen und moralischen Richtlinien unterordnet.

Äussere Ebene: Der Angestellte, der seine Arbeitsleistung in den Dienst der Gemeinschaft stellt. Arbeit als Überwindung der Existenzangst. Auseinandersetzung mit Revisionsbedürftigem, mit Krankheit und deren Bewältigung durch Diät, Hygiene und Psychohygiene.

Siebtes Haus (kardinal/Luft)

Innere Ebene: Bedürfnis nach Ergänzung durch einen Partner, die Anziehung des Gegenpols, dem man etwas geben kann, und der einem das gibt, was man selbst nicht verfügbar hat. In diesem Zusammenhang das Herstellen einer Balance zwischen Geben und Nehmen. Partnerschaft oder Feindschaft als gestörte Partnerschaft und verweigerte Anerkennung.

Äussere Ebene: Bündnisse und Partnerschaften, der Ehevertrag. Die Partnerschaft mit der Öffentlichkeit oder dem Publikum. Die offenen Feinde, die Prozesse und das Gericht.

Achtes Haus (fix/Wasser)

Innere Ebene: Das Bedürfnis nach Erneuerung durch körperliche und seelische Veschmelzung sowie die Abwehr dagegen. Das Bedürfnis, zum Kern der Dinge vorzustossen und geheime Motivationen aufzudecken. Faszination durch Macht und Machtstrukturen und damit verbunden der Drang nach Verantwortung und wichtiger Stellung in Gesellschaft oder Politik. Auseinandersetzung mit Macht, auch im Zusammenhang mit Familienerbe und Fremdbesitz.

Äussere Ebene: Fremdbesitz sowie gemeinschaftlicher Besitz, insbesondere in Partnerschaften. Verantwortungspositionen in Körperschaften finanzieller oder politischer Art. Todesfälle und Erbschaften, Verwaltung von Familienbesitz.

Neuntes Haus (veränderlich/Feuer)

Innere Ebene: Bedürfnis nach Bewusstseinserweiterung, nach neuen Perspektiven, welche den Bereich des Alltags sprengen, Drang nach Weite und Freiheit. Sinnkrisen, welche zu einer geistigen Erneuerung anspornen.

Äussere Ebene: Tätigkeiten im Zusammenhang mit dem Ausland. Philosohische, religiöse und pädagogische Betätigungen. Weite Reisen, welche mit fremden Mentalitäten und Kulturgütern in Berührung bringen.

Zehntes Haus (kardinal/Erde)

Innere Ebene: Bedürfnis, sich in Bereichen, in denen man als Kind Fremdbestimmung erlebte, zu befreien und zu einer Autorität zu werden. Erfüllung von Zielen, deren Verwirklichung den Eltern nicht gelang. Erlangen von Macht und Ansehen durch eigene Leistung.

Äussere Ebene: Beruf und Karriere, gesellschaftlicher Status sowie Ehren und Würden, Autoritätsstellung oder Bewunderung von Autoritätsfiguren.

Elftes Haus (fix/Luft)

Innere Ebene: Individuelle Verwirklichungsziele in der Gemeinschaft. Bedürfnis, etwas Besonderes zu sein und sich von der Masse abzuheben. Anziehung für Menschen ähnlicher Wellenlänge und Ausrichtung, starkes Freiheitsbedürfnis.

Äussere Ebene: Freundschaften und Wahlverwandtschaften, Hoffnungen und Wünsche. Die Gestaltung der Freizeit. Reformerische und die Gesellschaft verändernde Tätigkeiten oder die Unterstützung solcher bei anderen. In diesem Zusammenhang auch Protektionen.

Zwölftes Haus (veränderlich/Wasser)

Innere Ebene: Erlebnis von Unsicherheit aufgrund von Energien, welche in der Kindheit von der Umwelt gehemmt wurden. Bedürfnis, diese Energien zum Ausdruck zu bringen, wozu sie in ihrer überpersönlichen Komponente verstanden werden müssen. Besondere Fähigkeiten, zum Sprachrohr des Unsichtbaren zu werden.

Äussere Ebene: Für das Ego einschränkendes soziales Umfeld. Überwindung durch helfende Berufe und Behebung einschränkender Mechanismen bei anderen. Im übrigen alles, was verborgen, heimlich und geheimnisvoll ist, so dass es nicht an die Öffentlichkeit gelangen darf.

8.5. Die Kunst der Kombinatorik

Die astrologische Geburtskonstellation besteht aus verschieden angeordneten Symbolen, die zueinander in Wechselwirkung stehen. Die sich daraus ergebende Gestalt tritt ihrerseits in Resonanz mit der Zeitqualität, welche ebenfalls in Form von Symbolen ausdrückbar ist. Dies gibt recht komplexe Verknüpfungen, welche jedoch nach Prioritäten gegliedert werden können. Prioritäten herauszuschälen ist die grosse Kunst in der Astrologie.

Gewöhnlich hat man eine solche Fülle von symbolischen Informationen, dass die Fähigkeit, diese nach sinngebenden Kriterien zu gliedern, über Erfolg oder Misserfolg der astrologischen Arbeit entscheidet. Wenn wir uns vergegenwärtigen, dass die Symbole Bilder und nicht Begriffe sind, so werden wir verstehen, dass astrologische Deutungsarbeit nicht nur ein wissenschaftlicher Prozess ist, sondern auch viel mit Kunst zu tun hat. Dies betrifft zumindest die höchste Form der astrologischen Beratung, wo aufgrund der Symbole aufsteigende Bilder oft beim Astrologen selbst Ebenen zum Anklingen bringen, welche Raum und Zeit überbrücken. In diesen Momenten wird der Astrologe gleichzeitig Hellseher.

Dass man aber auch bei genügend tiefgehender Symbolkombination ohne Hinzukommen paranormaler Fähigkeiten beeindruckende Aussagen machen kann, zeigen die Auswertungen der Computerastrologie, auch wenn diese, vom Potential ihrer Möglichkeiten her gesehen, noch in ihren pionierhaften Anfängen steckt. Richtig angewendet vermag sie nämlich durch korrekte Deutung der Symbolkonstellation nicht nur programmierte Abläufe aufzudecken, sondern auf potentielle Möglichkeiten hinzuweisen, die der Horoskopeigner in den meisten Fällen wohl ahnt, zu deren Verwirklichung er jedoch in den wenigsten Fällen von aussen konkrete Aufforderungen erhalten hat. Diese Form von Astrologie verdient die Bezeichnung einer ›Wissenschaft von Raum und Zeit‹. Ihre Ergebnisse kommen gemäss klaren Deutungsregeln zustande, ohne dass der menschliche Faktor dazwischentreten würde.

Wir wollen uns nun mit dem Vorgang der systematischen Horoskopdeutung etwas näher auseinandersetzen. Zunächst muss man sich vergegenwärtigen, dass ein Symbol auf einer ganzen Anzahl von Ebenen wirkt und deshalb im Deutungsprozess die Ebene, um die es geht, präzisiert werden muss. Betrachten wir dazu vorerst die Kombination von Saturn und Uranus, zwei uns bereits gut bekannte Prinzipien. Bezeichnen wir Saturn mit s und Uranus mit u, so werden wir bei der Kombination von Saturn und Uranus nicht nach der Formel vorgehen können: $s + u = x$, worin x das gesuchte Resultat ist. Wir haben ja bereits darauf hingewiesen, dass Symbole vielschichtig sind und sich gleichzeitig auf verschiedenen Ebenen manifestieren. Korrekt ausgedrückt müssten wir schreiben:

$s = s_1, s_2, s_3, \ldots s_n$, und $u = u_1, u_2, u_3, \ldots u_n$

Diese Schreibweise bringt zum Ausdruck, dass s und u auf verschiedenen Ebenen wirken und nur auf der jeweils entsprechenden Ebene miteinander kombiniert werden können. Bezeichnen wir beispielsweise die berufliche Ebene mit 10, so würden wir die Interaktion zwischen Saturn und Uranus als $s_{10} + u_{10} = x_{10}$ bezeichnen und damit ausdrücken, dass wir die berufsbezüglichen Entsprechungen von Saturn und Uranus miteinander kombinieren.

Eine Reihe von nach Ebenen zusammengestellten Entsprechungen sind in Tabelle 4 aufgeführt. Hat jemand nun eine Konjunktion von Saturn und Uranus im 10. Haus, d.h. im Bereich von Beruf, Gesellschaft und Öffentlichkeit (Ebene 10), so könnten wir aus der Tabelle herauslesen, dass er von der Saturnstellung her ›Zuständigkeiten und Hierarchie braucht, autoritätsgläubig ist und nur hart erarbeiteten Verdiensten traut, in seiner Arbeitsweise sich bewährter Mittel und Methoden bedient‹. Gleichzeitig erlebt er jedoch in diesem Bereich eine anderslautende Forderung durch den Planeten Uranus, welche folgendermassen charakterisiert werden kann: ›Er braucht Freiheit und das Gefühl von Freundschaft und Teamarbeit. Er ist rebellisch gegen Autoritäten. In seiner Arbeit benutzt er gerne improvisierte und neuzeitliche Arbeitsmethoden.‹

Die durch die unterschiedlichen Prinzipien definierte Spannung wird sich möglicherweise darin geäussert haben, dass er während einer gewissen Zeit seines Lebens in einem System mit festen Strukturen arbeitete (z.B. in einer Grossfirma) und dafür sorgte, dass er innerhalb dieses Systems gewisse Freiheiten genoss. Vielleicht war er in der Forschungs- oder Entwicklungsabteilung tätig, wo er neue Impulse vermitteln konnte. War er jedoch in einer kommerziellen Funktion tätig, so hat er sein Freiheitsbedürfnis vielleicht über zahlreiche Reisen befriedigt. In einer zweiten Etappe seines Lebens könnte dann eine Zeit gekommen sein, wo seine Eigenwilligkeit und sein Bedürfnis nach Freiheit ihn veranlassten, die als einschränkend erlebte Firmenstruktur hinter sich zu lassen, um sich selbständig zu machen. Der Zeitpunkt dafür könnte durch einen halben Umlauf des in seinem Geburtshoroskop wichtigen Planeten Uranus, d.h. mit ca. vierzig Jahren, ausgelöst worden sein. Dies ist eines der mehreren möglichen Szenarios mit dieser Konstellation.

Tabelle 4: Die verschiedenen Ausdrucksebenen von Saturn und Uranus

EBENE	SATURN/STEINBOCK	URANUS/WASSERMANN
STICHWORTE ZUM PRINZIP	Struktur, Hemmung, Konzentration, Kristallisation, Sicherheit, Verantwortung, Perfektionsanspruch, Erde und Materie	Freiheit, Unabhängigkeit, plötzliche Veränderungen, das Individuelle, die Zeitqualität, der Himmel, die zeitlosen Erkenntnisse
GRAPHISCHE SYMBOLE	♄ ♑	♅ ♒
KOSMOS	Der Planet Saturn	Der Planet Uranus
MENSCH • Ich-Ebene – Motivation	Sichere Positionen Schritt für Schritt aufbauen; auf sicher gehen und nichts dem Zufall überlassen.	Wachsen durch Veränderung, die Gesetzmässigkeiten der Veränderung erkennen; über den Dingen stehen und etwas Besonderes sein.
– Vorstellungen über die Welt	Wenn ich mich genügend anstrenge, werde ich Erfolg haben. Steter Tropfen höhlt den Stein. Erst die Arbeit, dann das Vergnügen.	Ich muss etwas Besonderes sein, sonst komme ich unter die Räder; Schnelligkeit und Originalität entscheiden.
– Denken	konzentriert, geordnet, vorsichtig, tiefgründig, sachlich	andern eine Nasenlänge voraus sein
– Fühlen	kühl, stetig, verlässlich, sachlich, unleidenschaftlich	intuitiv, originell, erfinderisch, rebellisch

– Handeln	strebsam, konsequent, angestrengt, beharrlich, sachbezogen	unkonventionell, frei, geschlechtsrollenunspezifisch, provokativ, sprunghaft, normenfeindlich
• Partnerschaftsebene – Beziehungsverhalten	auf Funktionalität achtend, die ›sinnvolle‹ und ›vernünfige‹ Beziehung; oft Vater-Mutter- oder Eltern-Kind-Rollenspiel; will gebraucht werden	unvorhersehbar, eigenwillig, schnell, momentbezogen, ruckartig, unkonventionelle Beziehungen; das, was sich die Eltern am wenigsten wünschen würden; die Beziehung, welche eine individuelle Entwicklung fördert
– Partnerbild	der autoritäre oder autoritätsbedürftige Partner, der Geschäftspartner	der originelle Partner mit ungewöhnlichen Ideen oder der Partner, der die eigene Originalität bewundert
• Berufliche Ebene	Braucht ›Zuständigkeiten‹ und Hierarchie. Autoritätsgläubig; traut nur hart erarbeiteten Verdiensten, Verwendung bewährter Mittel und Methoden.	Braucht Freiheit und das Gefühl von Freundschaft und Teamarbeit; rebellisch gegen Autoritäten; improvisierte und neuzeitliche Arbeitsmethoden.
• Häusliche Ebene	Ausdruck von Funktionalität; nüchtern, sachlich, bewährte Einrichtungsgegenstände, sauber und ordentlich, nicht aus dem Rahmen fallend, Arbeitsatmosphäre	Ausdruck von Freiheit und Ungebundenheit; grosse Räume; unkonventionell und oft provisorisch eingerichtet, wirkt meist kühl und ätherisch

Tabelle 4: Fortsetzung

EBENE	SATURN/STEINBOCK	URANUS/WASSERMANN
• Körperebene – Körperliche Entsprechungen	Knochen, Skelett, Haut, Zähne, Haare, Knie	Zentralnervensystem, Hirnhaut, Rückenmark, Unterschenkel, Waden
– Psychosomatik	Steinbildung (Nieren-, Blasen- und Gallensteine), Verkalkungen und sklerotische Prozesse, chronische Krankheiten, Hautkrankheiten (Schuppenflechten)	Knochenbrüche, Venenentzündungen, Anschwellen der Beine, Krampfadern, Spasmen, Koliken, nervliche Zusammenbrüche, rhytmische Verkrampfungen, Tics
GESELLSCHAFT • Philosophie	Empirismus, Materialismus, Stoizismus	Aufklärung, I-GING, New Age
• Berufe	Prokurist, Personalchef, Beamter, Naturwissenschaftler	EDV-Spezialist, Forschung und Neuentwicklungen, Unternehmensberatung, Elektronik, Selbständigerwerbende
• Politische Systeme	Rechtsstaat, festes Normengefüge, Klassenstaat	Revolutionäre Zeiten, Zeiten mit häufig wechselnden Führungsfiguren, Staat mit vielen individuellen Freiheiten (amerikanischer Kapitalismus), früher ›Salonkommunismus‹, heute Alternativbewegungen

• Politsche Haltung	konservativ, ›law and order‹, puritanisch	Wunsch nach einem ›neuen System‹, technokratisch oder alternativ
• Errungenschaften	Grossfirmen, Sozialstaat, Pensionskasse, Versicherungen	Gleitende Arbeitszeit, dezentralisierte Betriebe, Urlaub, Freizeit
BIOSPHÄRE • Tiere	Ziege, Steinbock, Rabe, Esel	Schmetterlinge, Vögel, Windhunde
• Pflanzen	Efeu, Distel, Edelweiss, Farne	Orchideen, Lärche, Kiefer, exotische Pflanzen
MINERALISCHER BEREICH • Mineralien	Blei, Quarz, Diamant, Kalk	Uran, Platin, Zink, Wolfram, Aquamarin, Bernstein
• Farbe	schwarz, anthrazit	eisblau, metallische Farben, Blitzlicht
TOPOLOGIE • Ort	Kloster, Friedhof, Bergwerk, Altersheim, Gletscher	Grossstadt, Flugzeug, Atomkraftwerke, Computerraum, Elektrizitätswerk, Wolkenkratzer
• Gegend	Gebirge, steinige Landschaften, Winterlandschaften, Alpen	›Planetenlandschaften‹ ungewöhnlicher Art (z. B. Lanzarote), erkaltete Lava
• Form	schmal, hoch, streng, abgegrenzt, scharfe Konturen	strahlenförmig, zick-zack-förmig, wellenförmig, exzentrisch
• Länder und Städte	England, Deutschland, Indien, London	USA, Neuseeland, New York

Wir erkennen an diesem Beispiel folgendes:

1. Die Symbolkonstellation muss auf der relevanten Ebene definiert werden, welche meist über das Haus ausgedrückt wird.

2. Die Geburtsstellung liefert Hinweise auf verschiedene Phasen des Entwicklungsprozesses, der darauf abzielt, die unterschiedlichen Symbole auf konstruktive Art miteinander zu verknüpfen.

3. Wichtige Wendepunkte sind in der Geburtsstellung bereits zeitlich konstelliert.

Greifen wir ein anderes Beispiels heraus: Der Ausdruck eines Widerstreits zwischen Saturn und Uranus auf der Ebene der persönlichen Motivation, wie sich dies in Form von Saturn/Uranus im ersten Haus manifestieren könnte. Wir hätten in diesem Fall zwei verschiedene Motivationen, welche nebeneinander auftreten dürften. Einerseits das Bedürfnis, ›sichere Positionen Schritt für Schritt aufzubauen, auf sicher zu gehen und nichts dem Zufall überlassen‹. Die dazugehörige Vorstellung über sich und die Welt dürfte lauten: ›Wenn ich mich genügend anstrenge, werde ich Erfolg haben. Steter Tropfen höhlt den Stein. Erst die Arbeit, dann das Vergnügen.‹ Die dem Uranus entsprechende Motivation wäre hingegen: ›Wachsen durch Veränderung. Die Gesetzmässigkeit der Veränderung erkennen. Über den Dingen stehen und etwas Besonderes sein.‹ Die damit verknüpfte Vorstellung über sich und die Welt könnte entsprechend lauten: ›Ich muss etwas Besonderes sein, sonst komme ich unter die Räder; Schnelligkeit und Originalität entscheiden.‹

Am Anfang ihres Lebens dürfte die Person, welche in ihrer Geburtskonstellation diese Stellungen aufweist, zwischen den beiden Motivationen hin- und hergerissen sein. Einmal gibt sie sich zaghaft, langsam und nach Anerkennung suchend, ein andermal verhält sie sich eigenwillig, unberechenbar und denkt, sie brauche die andern nicht. Mit der Zeit können die unterschiedlichen Kräfte einander jedoch nähergebracht werden. Dies wird insbesondere dann der Fall sein, wenn der Betreffende durch Arbeit sichere Kenntisse über die Welt und eine solide Verankerung im sozialen Gefüge gefunden hat, welche ihm Anerkennung und Sicherheit vermittelt. Dann wird er vielleicht Spass finden an Veränderungen, weil ihm die Gesetzmässigkeiten, nach welchen diese verlaufen, immer klarer verständlich werden. Durch seine profunden und soliden Kenntnisse ist er vielleicht auch innerhalb seiner Gemeinschaft zu etwas Besonderem geworden, zu jemandem, den man um Rat fragt und als Autorität anerkennt. Die logischen Verknüpfungen zwischen den Dingen sind ihm so gut bekannt, dass sein Interesse sich in zunehmendem Masse den gemäss normalem Schulwissen nicht erklärbaren Phänomenen zuwendet. Im Laufe der Jahre tritt die Angst vor Ablehnung, die ihn früher oft lähmte, gänzlich in den Hintergrund, und er betätigt sich immer mehr als Aufklärer und Veränderer der Gesellschaft, die ihn umgibt.

Ein letztes Beispiel soll die Spannung zwischen Saturn und Uranus erläutern, wenn diese Symbole unterschiedlichen Lebensbereichen angehören. Nehmen wir den Fall von Saturn im ersten Haus (Motivationsebene sowie Bereich des persönlichen Ausdrucks) und Uranus im siebten Haus (partnerschaftliche Ebene). In diesem Fall wird der Betreffende, der gerne sichere Positionen Schritt für Schritt aufbaut und nichts dem Zufall überlassen will, das Originelle und Ungewöhnliche über seine partnerschaftlichen Beziehungen erleben. Wir würden hier gemäss unserer Aufstellung (Tabelle 4) erwarten: ›Unkonventionelle Beziehungen; das, was sich die Eltern am wenigsten wünschen würden. Die Beziehung, welche eine individuelle Entwicklung fördert. Der originelle Partner mit ungewöhnlichen Ideen.‹ In diesem Fall wird die Integration des Uranus-Pols, welcher über eine Opposition in einem intensiven, aber auch konfliktreichen Dialog mit Saturn steht, über die Auseinandersetzung mit der Beziehung erfolgen. Es handelt sich somit um das Phänomen der Projektion: Man verliebt sich ausgerechnet in die Person, die all das verkörpert, was man selbst vom bewussten Standpunkt her ablehnt (aber unbewusst herbeisehnt). Durch den täglichen Umgang mit dem gemäss der Uranusstellung angezeigten freiheitsliebenden Partner werden einem die Qualitäten dieses Prinzips in zunehmendem Masse bewusst. Ob man dann mit diesem Partner zusammenbleibt oder sich wieder trennt – in jedem Fall wird man im Laufe der Jahre viele dieser Uranusqualitäten selbst verkörpern. Erfolgt eine Trennung zu früh, so dass die betreffenden Qualitäten nicht in genügendem Ausmass integriert werden konnten, so sorgt die weiterhin unbewusst vorhandene Anziehung dafür, dass der nächste Partner uns – auch wenn es anfangs gar nicht danach aussah – mit dem gleichen Verhalten konfrontiert, durch das sich der bisherige Partner ausgezeichnet hatte.

Die Prinzipien von Saturn und Uranus lassen sich jedoch nicht nur auf der individuellen Ebene beobachten, sondern auch auf weitere Bereiche ausdehnen: Gesellschaft, Politik, Tierwelt, Pflanzenwelt, mineralischer Bereich, Orte, Gegenden, usw. (Eine systematische Übersicht über eine grosse Anzahl derartiger Entsprechungen finden wir im Bereich astrologischer Literatur im Buch ›Das senkrechte Weltbild‹ (4).)

Wir wollen jedoch als nächstes untersuchen, wie das Thema der Saturn/Uranus-Polarität auch ausserhalb der Astrologie zum Ausdruck kommt. Schauen wir in Tabelle 4 nach, wie die Gegenüberstellung von Saturn und Uranus im gesellschaftlichen und politischen Bereich beschrieben wird.

Im Bereich der Philosophie

– Saturn: Empirismus, Materialismus, Stoizismus
– Uranus: Aufklärung, I-GING, New Age

Im Bereich der politischen Systeme
- Saturn: Rechtsstaat, festes Normengefüge, Klassenstaat
- Uranus: revolutionäre Zeiten, Zeiten mit häufig wechselnden Führungsfiguren, Staat mit vielen individuellen Freiheiten (amerikanischer Kapitalismus), früher ›Salonkommunismus‹, heute alternative Bewegungen

Politische Haltung
- Saturn: konservativ, ›law-and-order‹, puritanisch oder materialistisch
- Uranus: ›Wunsch nach einem neuen System‹, technokratisch oder alternativ

Gesellschaftliche Errungenschaften
- Saturn: Grossfirmen, Sozialstaat, Pensionskasse, Versicherungen
- Uranus: gleitende Arbeitszeit, dezentralisierte Betriebe, Urlaub, Freizeit

Wir erkennen an dieser Gegenüberstellung den Gegensatz zwischen zwei Weltbildern: auf der einen Seite ein Weltbild, welches sich auf Materie und Sicherheit abstützt (Saturn, Steinbock), auf der anderen Seite ein Weltbild, welches vom Prinzip der Veränderung ausgeht und die Dinge in einem fortwährenden Umwandlungsprozess betrachtet (Uranus, Wassermann). Wir erinnern uns dabei auch an die Gegenüberstellung des dreidimensionalen Saturnprinzips und der vierdimensionalen Integration der Zeitqualität (Uranus), welche eben dazu führt, dass man die Dinge als in einem Umwandlungsprozess befindlich betrachtet. Da Uranus auch dem anbrechenden Wassermann-Zeitalter entspricht, ist es vielleicht interessant, zur Kenntnis zu nehmen, was von Exponenten des New Age zu den Werten des bisherigen und des neuen Zeitalters gesagt wird.

8.6. New Age als Beispiel astrologischer Symbolik

Eine bemerkenswerte Gegenüberstellung zwischen alten Werten, sogenannten ›Schutzwerten‹, und neuen, den ›Wachstumswerten‹, hat Marilyn Ferguson, Autorin des vielbeachteten Buches ›Die sanfte Verschwörung‹, vorgenommen. Diese dem Buch ›Wege ins dritte Jahrtausend, MILLENNIUM‹ (5) entnommene Aufstellung ist in Tabelle 5 dargestellt. Wir könnten in dieser Tabelle die linke Kolonne ohne weiteres mit Saturn überschreiben, die rechte mit Uranus. Marilyn Ferguson weist darauf hin, dass vor allem diejenigen, welche die Schutzwerte ausprobiert und ihre Grenzen erkannt haben, zu Abtrünnigen werden. Zu ihnen gehören insbesondere Mitglieder der höheren Mittelschicht. Sie konnten feststellen, ›dass diese angeblichen Schutzmauern gegen Gefahr keine Antworten auf unsere tiefsten Bedürfnisse geben‹.

So wird heute in zunehmendem Masse erkannt, dass Sicherheit nicht in entsprechenden Investitionen oder Versprechen ewiger Treue zu finden ist, sondern letztlich in uns selbst, in unserer Fähigkeit zu Spontaneität und Erneue-

Tabelle 5: Schutzwerte und Wachstumswerte nach M. Ferguson
(aus Millennium, Sphinx Verlag)

SCHUTZWERTE	WACHSTUMSWERTE
Sicherheit: Vermeiden von Risiken. Schutz durch äusserliche Beschränkungen und Zwänge (Gesetze, Grenzen), um Gebiete zu markieren. Überleben als Ziel.	*Spontaneität:* Freiheit, Risikobereitschaft, sich ins Unbekannte begeben. Überleben wird als gegeben angesehen.
Bequemlichkeit: Schmerz, Widerspruch und der Bedrohung des Glaubenssystems ausweichen.	*Bedeutung:* Bereitschaft, sich bedingungslos dem Leben zu stellen, auch unbequemen Widersprüchen.
Image: Kulturellen Erwartungen entsprechen oder sie gar übertreffen. Sich Normen anpassen; dem Denken am Arbeitsplatz entsprechen, Wert auf Status und Rolle legen.	*Echtheit:* Seinen eigenen Erwartungen entsprechen oder sie übertreffen. Flexibilität. Bereit, aus Neugierde oder Integrität von kulturellen Normen abzuweichen. Den Nonkonformismus anderer akzeptieren.
Selbstbeherrschung: Fähigkeit, Äusserungen zurückzuhalten. Unterdrückung von Ärger, Angst, Sexualität, Gefühlen. Oder Hemmungslosigkeit, die für manche Menschen ein Betäubungsmittel gegen Furcht ist.	*Selbsterkenntnis:* Bewusstsein der eigenen Gefühle und ihrer Rolle im eigenen Verhalten. Umwandlung von Angst und Ärger durch Selbstverständnis und Vertrauen. Innere Sicherheit, die durch Aufgabe von Illusionen und dem Durchleben von Ängsten gewachsen ist.
Ego-Verteidigungen: Schutz des eigenen Erscheinungsbildes, bei dem man andere ins Unrecht versetzt, sowie Rechtfertigung der eigenen Überzeugungen und des eigenen Verhaltens.	*Verletzbarkeit:* Das »transparente Selbst« erkennt eigene Schwächen und setzt seine Stärken ein. Es identifiziert sich nicht mit dem Bedürfnis des Egos, vollkommen zu sein.
Information: Antworten, Fakten, Ausbildung, Erfahrung, Daten parat haben. Sicher sein.	*Einsicht:* Die richtigen Fragen stellen; begierig sein zu lernen. Ungewissheit akzeptieren.

SCHUTZWERTE

Beständigkeit: Langfristige Verpflichtungen, Beibehalten von Traditionen, ständiges Hervor- und Wiederholen von vergangenen »Siegen«. Das Bemühen, die Vergangenheit einzufrieren und unter Denkmalschutz zu stellen.

Anpassung: An menschliche Grenzen glauben, was einen vor grossen Anstrengungen entschuldigt. Das menschliche Potential als beschränkt ansehen. Krieg, Hunger und Armut als unumgänglich betrachten.

Macht über andere: Chef, Richter, Autorität, Leittier oder hilflos manipulierbar sein, einschmeichelnd oder diktatorisch sein.

Sich anderen überlegen fühlen: Schutz vor dem Gefühl der Unzulänglichkeit: man will attraktiver, intelligenter, erfolgreicher, fleissiger als andere sein.

Freiheit ohne Verantwortung: Was immer auch geschieht ist die Schuld anderer, gesellschaftlicher Zwänge, Schicksal. Gefühl von Ohnmacht.

Beziehung als Vervollständigung: Das eigene Ich als einen anderen brauchend wahrnehmen – nämlich das fehlende Ich.

WACHSTUMSWERTE

Potential: Erkennen des Flusses und der Dynamik des Lebens sowie der Unmöglichkeit, den Augenblick festzuhalten. Daran glauben, dass Veränderung Möglichkeiten enthält, eine Zukunft, in der Fähigkeit zu überraschen genossen und nicht gefürchtet wird.

Bestrebung: Glaube an menschliches Potential. Menschen haben grosse Kathedralen gebaut und sind zum Mond geflogen. Jeder von uns könnte etwas Aussergewöhnliches schaffen.

Macht zusammen mit anderen: Kooperation, Kommunikation, gegenseitige Unterstützung, Kompromissfähigkeit.

Sich mit anderen verbunden fühlen: Sich mit allen menschlichen Eigenschaften identifizieren. Sich selbst und andere akzeptieren.

Freiheit in der Verantwortung: Wissen, dass man in der Vergangenheit gewählt hat, jetzt wählt und in der Zukunft wählen kann. Sich der eigenen Kraft bewusst sein.

Beziehung als Bereicherung: Das »Selbst« als vollständig erfahren; die Beziehung als Entwicklungsmöglichkeit erfahren.

rung. Die Schutzwerte hatten höchstens ihre Berechtigung, als es darum ging, den Überlebenskampf zu sichern. Diese Art Kampf liegt hinter uns. Würden wir heute die Lösung von Problemen immer noch auf die alte Art suchen, so wäre dies wie eine Suche nach dem Schlüssel an einem Ort, wo er ganz sicher nicht liegt, nämlich ausserhalb von uns. In uns selbst können wir ihn hingegen finden. Das verlangt allerdings die Bereitschaft, eine starre Rolle, die wir nach aussen zeigen, aufzugeben. Dann wird Selbsterkenntnis die frühere Selbstbeherrschung und Echtheit das Bedürfnis nach Image ersetzen. Man wird Maske und Persona hinter sich lassen, und Einsicht – d.h. die Fähigkeit, die richtigen Fragen zu stellen – wird an die Stelle des zwanghaften Bedürfnisses nach festen Antworten und Fakten treten.

Auch die bisher praktizierte ›Freiheit ohne Verantwortung‹, welche dazu führt, dass man sich nach Zuständigkeiten orientiert und die Schuld den anderen, den gesellschaftlichen Zwängen oder dem Schicksal gibt, weicht bei vielen Menschen in erkennbarem Ausmass einem neuen Umgang, den man als ›Freiheit in der Verantwortung‹ bezeichnen kann. Dazu muss man wissen, dass man bewusst oder unbewusst schon in der Vergangenheit gewählt hat, in jedem Moment selbst wählt und auch in Zukunft wählen wird. Man hat dabei lediglich die Wahl, es bewusst oder unbewusst zu tun. Indem wir es bewusst tun, erleben wir unsere eigene Kraft über Leben und Schicksal.

In dem nun stattfindenden Übergang vom Fische- zum Wassermann-Zeitalter erleben wir alle in kollektivem Massstab die Symbolik der Astrologie am eigenen Leibe. Wir können nicht wie bisher weiterfahren, wenn das Kontinuitätsprinzip, welches in ruhigeren Perioden durchaus Leitgedanke sein kann, versagt. Es braucht den Aufbruch in die Zukunft. Das Weltenrad dreht sich schneller, und wir kommen weiter, wenn wir uns nach der erst im Keim wahrnehmbaren, aber vor uns stehenden Zukunft ausrichten, als wenn wir unsere Richtlinien aus der unmittelbaren Vergangenheit beziehen. Marilyn Ferguson hat dies einmal in folgender Aufforderung ausgedrückt: »Remember the future«, was im Englischen zweierlei Bedeutung hat: »Erinnern wir uns an die Zukunft« und »Besinnen wir uns auf die Zukunft«.

8.7. Die Deutung der Anlage

Dieses Buch will nicht den Anspruch erheben, ein astrologisches Deutungswerk zu sein. Dennoch möchten wir dem Leser eine Schilderung des Deutungsprozesses bei der Interpretation eines Horoskopes nicht vorenthalten. Wir greifen dazu das Horoskop von Hermann Hesse (Fig.19) heraus.

Bei der Betrachtung dieses Horoskopes fällt uns sehr bald auf, dass wir nur einen Planeten in den Luftzeichen vorfinden, nämlich Merkur. Das weist darauf hin, dass in bezug auf Austausch und Kommunikation in der Kindheit wohl ein

Defizit erlebt wurde, worauf es zwei mögliche Reaktionsweisen gab. Die erste mögliche Reaktion könnte man darin erblicken, dass sich der Betreffende von der Kommunikation abwendet und sich im Bereich des Denkens und Austausches vielleicht ein Leben lang als unzulänglich erlebt. Die zweite Verhaltensweise wäre darin zu finden, dass Ausdruck und Austausch als Problembereiche erkannt werden, wo besondere Anstrengungen notwendig sind. In diesem Fall könnte der Betreffende seine ganze Energie einsetzen, um es auf dem Gebiet der Kommunikation zur Meisterschaft zu bringen.

Dass letztere Variante in diesem Horoskop wahrscheinlicher ist, geht aus der Tatsache hervor, dass das dritte Haus, welches man symbolisch gesehen auch als

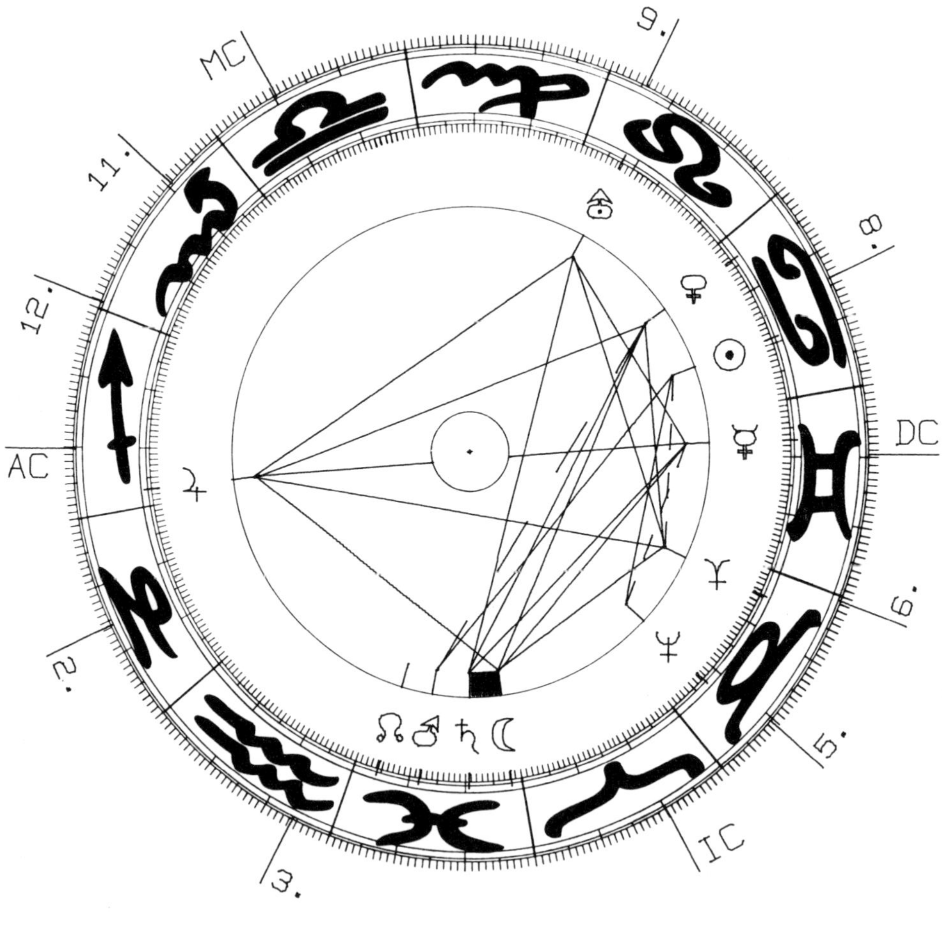

Figur 19: Geburtshoroskop von Hermann Hesse, 2.7.1877, 18.30, Calw/D (Koch Methode)
(Quelle: 120 berühmte Persönlichkeiten, Astrodata)

Zwillinge-Haus oder Merkur-Haus betrachten kann, das stärkstbesetzte Haus des ganzen Horoskops ist. Das lässt vermuten, dass ein starker Antrieb bestehen wird, im Bereich des Ausdrucks seine Mittel so auszubilden und zu verfeinern, dass man sich damit Gehör verschaffen kann. Gleichzeitig dürften aufgrund des stark besetzten dritten Hauses Anreize aus der Umwelt spürbar sein, Kommunikationsfähigkeit zu entwickeln. Der Horoskopeigner nimmt diese Aufgabe wahrscheinlich sehr ernst, denn letztlich sucht er Sicherheit und Struktur (Saturn) im Bereich von Kommunikation, Austausch, Sprache und intellektuellem Ausdruck (drittes Haus). Da Saturn im allgemeinen die Spontaneität nicht gerade fördert, sondern eher Begrenzungen erleben lässt, könnte sich die Energie statt auf die mündliche Kommunikation vermehrt auf den schriftlichen Ausdruck verlagern. So könnten wir vermuten, dass der Horoskopeigner gerne zur Feder greift, um seine Erkenntnisse und Einsichten zum Ausdruck zu bringen.

Die nächste Frage könnte lauten: Wie äussert sich dieser Mensch? Welche Inhalte bringt er zum Ausdruck? Darüber gibt uns das Fischezeichen im dritten Haus Auskunft. Das Fischezeichen kennen wir als medial, einfühlend und auf das Übersinnliche ausgerichtet. Somit können wir annehmen, dass hier verborgene Zusammenhänge mystischer und religiöser Art kommunikativ über das schriftliche Wort zum Ausdruck gebracht werden.

Dies wäre eine Kurzdefinition der astrologischen Anlagestruktur von Hermann Hesse. Natürlich könnte man bei der Deutung noch wesentlich weiter gehen und tieferliegende Motivationen, Potentiale und Schwierigkeiten beleuchten. Dies würde aber den Rahmen dieses Buches sprengen. Wir wollten mit diesem Beispiel lediglich zeigen, dass man in vielen Fällen schon durch Merkmale, welche gleichsam ins Auge springen, auf die wesentlichen Themen einer Geburtskonstellation stossen kann. Dabei ist jedoch auf eine wichtige Einschränkung hinzuweisen: Das Niveau oder die Entwicklungsstufe einer Person ist aus einem Horoskop grundsätzlich nicht ersichtlich. Man kann nicht wissen, ob jemand seine Anlagen allesamt verwirklicht, oder ob er einen Teil davon projiziert und über andere Menschen erlebt. Eines kann man jedoch sagen: Die Verwirklichung der Anlage ist der Schlüssel zu Zufriedenheit und zu einem Gefühl von Lebensglück. Jemand, der seine Anlagen nicht verwirklicht, bleibt unweigerlich in der Situation eines Mankos stecken. Er wird das Gefühl haben, seinen Auftrag als Individuum nicht erfüllt zu haben.

Interessieren wir uns in Zusammenhang mit der Anlagestruktur von Hermann Hesse für die projektive Entsprechung, so würden wir uns jemanden vorstellen, der sich der Umwelt als Bücherwurm zeigt, jemand, der mit Vorliebe esoterische Schriften verschlingt, sich aber in der Diskussion mit Andersdenkenden immer wieder unterlegen fühlt, so dass er sich in zunehmendem Masse auf sich selbst zurückzieht. Im negativen Fall könnte er auch ein rechthaberisches Verhalten an den Tag legen und die andern dadurch abwerten, dass er sie als geistig zuwenig entwickelt betrachtet, um seine Überzeugungen nachvollziehen zu können.

Bei der Deutung der Anlagen geht es darum, das Wesentliche zu erfassen, d.h. jene Prinzipien, welche sich im Horoskop mehrfach wiederholen. Wir können auf das Beispiel von Hermann Hesse zurückgreifen, um dies sichtbar zu machen. Eine solche Polarität, die durch mehrfache Wiederholungen verstärkt ist, finden wir in der Opposition von Jupiter und Merkur. Greifen wir auf Tabelle 1 zurück, so finden wir für Merkur ›Kommunikation, Kombinatorik, Lernfähigkeit, Denken‹ (Yang-Entsprechung) sowie ›Analyse, Unterscheidungsfähigkeit, Lernfähigkeit, Bedürfnis, sich nützlich zu zeigen‹ (Yin-Entsprechung). Für Jupiter lesen wir die Entsprechungen ›Bedürfnis nach Sinn, Glaube, Wachstum‹ (Yang-Entsprechung) und ›Bedürfnis nach Verschmelzung und Durchlässigkeit, Eingebungen, Illusionen, Hilfeleistung‹ (Yin-Entsprechung). Wir wissen auch, dass Merkur dem Zwillingezeichen, dem Jungfrauzeichen, dem dritten und dem sechsten Haus entspricht, während Jupiter das Schütze- und Fischezeichen sowie das neunte und zwölfte Haus symbolisiert.

Nun finden wir das Prinzip einer Merkur/Jupiter-Polarität nicht nur in der Opposition zwischer Merkur und Jupiter, sondern auch in der Mondknotenachse, welche vom dritten zum neunten Haus und gleichzeitig vom Fische- zum Jungfrauzeichen verläuft. Wir erkennen diese Spannung wiederum in der Tatsache, dass das dritte Haus stark besetzt, das neunte Haus jedoch leer ist, was auch für das stark besetzte Fischezeichen und das unbesetzte Jungfrauzeichen gilt. Weiter wäre anzuführen, dass die Zeichen Fische und Jungfrau keine Häuserspitze aufweisen und dadurch zu einem Bereich wichtiger innerer Auseinandersetzung werden. Schliesslich stellen wir fest, dass die Aszendent/Deszendent-Achse vom Schütze- zum Zwillingezeichen verläuft.

Fassen wir diese Informationen zusammen, so kommen wir auf mindestens fünf Hinweise, welche das gleiche anzeigen, nämlich einen potentiell kreativen Widerspruch zwischen verstandesmässigem, rationalem Denken und einem religiösen Gefühl des Verbundenseins mit dem Kosmos und der Natur als Ganzes. Das grosse Verdienst von Hermann Hesse liegt wohl darin, dass es ihm gelang, diese beiden Welten miteinander zu verbinden und dadurch zu einem Vermittler zwischen beiden Welten zu werden, zu einem Sprachrohr des Unsichtbaren.

8.8. Die zeitlichen Auslösungen

Wenn es möglich ist, aufgrund von Geburtszeit und Geburtsort Aussagen über Charakter und Werdegang eines Individuums zu machen, sollte man eigentlich mit der astrologischen Methodik jeden beliebigen Moment in Form seiner symbolischen Qualität beschreiben können. Dabei sollte es auch keine Rolle spielen, ob es sich um einen Zeitpunkt aus der Vergangenheit, der Gegenwart oder der Zukunft handelt. Dementsprechend könnten wir von der Astrologie erwarten, dass sie ohne grössere Probleme in der Lage ist, Aussagen über unsere Zukunft zu machen. Grundsätzlich ist diese Annahme richtig, jedoch mit zwei Vorbehalten:

1. Astrologisch gesehen liegen nur Aussagen auf der Symbolebene vor. Alles weitere ist Interpretation des deutenden Astrologen.

2. Interessieren wir uns für Konstellationen, die eine zeitliche Situation betreffen, so wird es nicht nur um die Qualität des betreffenden Moments gehen, sondern um die Wechselwirkung zwischen unseren Geburtskonstellationen und den Konstellationen dieses Moments. Dies macht die Deutungsarbeit bereits komplexer.

Sind diese Vorbehalte einmal formuliert, so können wir tatsächlich nicht als Scherz, sondern im Ernst sagen: »Die Zukunft steht in den Sternen.« Aber eben, welche Zukunft ist das? Nicht mehr und nicht weniger als die Auslösung symbolischer Konstellationen, welche im Geburtshoroskop jedoch bereits als Potential angezeigt sein müssen. Dann erst kommt die Wechselwirkung zwischen Zeitqualität und räumlicher Anlagestruktur zum Tragen.

Wir haben schon darauf hingewiesen, dass astrologisch gesehen die Zukunft in keiner Weise vorausbestimmt ist. Innerhalb einer Symbolkonstellation ist eine breite Fächerung von Möglichkeiten gegeben. Um dies zu verstehen, brauchen wir uns nur an unser Saturn/Uranus-Beispiel zu erinnern (Tabelle 4). Das, was wir dort für eine Geburtsthematik hergeleitet haben, können wir sinngemäss auch auf eine zeitliche Auslösung anwenden. Nehmen wir beispielsweise an, Uranus bilde als zeitlicher Auslöser einen Aspekt zu Saturn im Geburtshoroskop. Wir werden in diesem Falle mit der gleichen Fülle von Informationen konfrontiert sein, die unsere Tabelle wiedergibt. Wollen wir die zeitlichen Auslösungen deuten, so müssten wir uns zunächst einmal für die Ebene entscheiden, auf welcher die Thematik ausgetragen wird. Weiter müssten wir uns Vorstellungen vom Entwicklungsniveau machen, auf welchem eine bestimmte zeitliche Thematik gelebt wird.

Dies sind schwierige Überlegungen, welche – um in halbwegs zutreffende Prognosen auszumünden – einen grossen Überblick über das Leben voraussetzen. Sobald Werturteile des Deutenden oder mangelnder Überblick ins Spiel kommen, wird das Resultat der Mutmassungen verfälscht. Allerdings sind die wenigen Astrologen, die den nötigen Überblick haben, um solche Prognosen zu machen, in dieser Hinsicht sehr zurückhaltend. Sie wissen nämlich, dass es für den Einzelnen wesentlich wertvoller ist, sich mit seiner Vergangenheit und mit dem Jetzt auseinanderzusetzen, als sich durch konkrete Aussagen über die Zukunft festlegen und in die Rolle des Abhängigen, Orakelgläubigen drängen zu lassen.

Anders verhält es sich mit einer Deutung auf der Symbolebene. Für einen Klienten, der bereit ist, sich auf die Vielschichtigkeit von Symbolkonstellationen einzulassen, können Hinweise auf wichtige Lebensphasen aus der Vergangenheit und solche, welche die Zukunft betreffen, sehr nützlich sein. Wichtig ist dabei, dass nicht Ereignisdeuterei im Vordergrund steht, sondern das Bedürfnis, grössere Zusammenhänge zu erfassen.

Nun mag die Frage interessieren, wie weit man in dieser Hinsicht mit Hilfe der Astrologie gehen kann und wie präzis Deutungen grundsätzlich sein können. Dazu muss man sagen, dass auf der Symbolstufe der Deutungspräzision grundsätzlich keine Grenzen gesetzt sind. Der Moment einer bestimmten zeitlichen Auslösung ist mit grösster Präzision definierbar. Da jedoch zur gleichen Zeit verschiedene Faktoren wirken, ist die eigentliche Deutung auf der praktischen Ebene meist eine schwierige Kunst.

Zusammenfassend kann man sagen, dass im Bereich der individuellen astrologischen Beratung die Beleuchtung der Geburtskonstellation und die Erforschung der Vergangenheit und des Jetzt von weit grösserem Nutzen sind als irgendwelche Zukunftsprognosen, mit denen für den einzelnen ohnehin schwer umzugehen ist. Die Untersuchung vergangener Auslösungen ist ganz besonders in dem Sinne nützlich, als daraus hervorgeht, wie jemand bisher mit seinen Konstellationen umgegangen ist. Man kann dabei feststellen, zu welchen Zeiten er für die im Spiel stehenden Kräfte einen befriedigenden Ausdruck gefunden hat und – im Fall von unbefriedigenden Entsprechungen – im Sinne eines Lernprozesses überlegen, welche anderen Entscheidungen oder Verhaltensarten einem befriedigenderen Ausdruck des Kräftepotentials entsprochen hätten.

Wir werden im nächsten Kapitel untersuchen, wie die Astrologie anderseits eingesetzt werden kann, um grössere Zeitepochen zu beleuchten und ihren Sinn zu verstehen.

8.9. Die Interdependenz von Zeit und Raum in der Astrologie

In der Astrologie gibt es verschiedene Schlüssel, um Zeiteinheiten in Raumeinheiten umzuwandeln und umgekehrt. Der wichtigste davon ist der Schlüssel ›Ein Grad gleich ein Jahr‹. Diese Entsprechung wird hergeleitet von einem anderen symbolischen Schlüssel, welcher aussagt, dass die Konstellationen einen Tag nach der Geburt den Lebensthemen im Alter von einem Jahr entsprechen. In einem Tag bewegt sich die Sonne um ein Grad. Diese verschiedenen Querverbindungen ergeben die Entsprechung zwischen einem Jahr, einem Tag und einem Grad.

Nun wissen wir von unseren bisherigen Betrachtungen, dass Planetenstellungen auf den Hauptachsen besonders bedeutsam sind. Wir haben das Beispiel von jemandem erwähnt, der in Mitteleuropa zur Zeit des Sonnenaufgangs geboren wurde, und darauf hingewiesen, dass eine in Chicago lebende Person etwa sechs Stunden später zur Welt kommen müsste, um ähnliche Stellungen zu haben. Der Längenunterschied zwischen einer mitteleuropäischen Stadt und Chicago beträgt rund 90 Grad, was nach dem Schlüssel von ›vier Minuten = ein Grad‹ eben diese sechs Stunden ausmacht. Verwenden wir den Umrechnungsfaktor von ›ein Grad gleich ein Jahr‹, so können wir daraus schliessen, dass jemand, der 90° weiter westlich zur gleichen Zeit geboren wurde wie die Person mit der Sonne auf dem Aszendenten, diese Stellung auch irgendwann einmal haben würde, aber in diesem Fall erst im Alter von durchschnittlich 90 Jahren.

Dies bringt uns auf eine wichtige Gesetzmässigkeit: Wir können für irgendeinen Geburtsmoment die Orte ausfindig machen, wo die verschiedenen Planeten sich auf Hauptachsen (Aszendent- und Meridianachse) befinden würden. Dies dürften erwartungsgemäss Orte sein, wo die betreffende planetarische Kraft besonders stark verspürt wird. Jim Lewis, ein amerikanischer Astrologe, ist tatsächlich auf die Idee gekommen, Karten aufzuzeichnen, welche die Orte für Planeten auf Hauptachsen aufzeigen. Dieses System wurde als ›Astro*Carto*Graphy‹ mit grossem Erfolg in der astrologischen Gemeinschaft eingeführt. Die Gesetzmässigkeit, die dieser Methode zugrundeliegt, beruht auf der Tatsache, dass sich die Hauptachsen je nach dem Ort der Geburt verschieben. Der Meridianpunkt rutscht, wenn wir nach Westen gehen, pro Grad geographischer Länge um ein Grad zurück. Wenn wir andererseits davon ausgehen, dass sich diese Hauptachse nach dem Prinzip ›ein Grad gleich ein Jahr‹ im Laufe eines Lebensjahres ebenfalls um ein Grad, aber dieses Mal in Richtung des Tierkreises verschiebt, so können wir ohne weiteres feststellen, dass wir an einem Ort, welcher 60 bis 90 Kilometer westlich von unserem Geburtsort liegt, ein Jahr später ähnliche Themen erleben werden, wie wir sie an unserem Geburtsort ein Jahr früher erlebten. Weist unser Horoskop hingegen Planetenstellungen 20 Grad in Richtung des Tierkreises von unserer MC-Stellung entfernt auf, so können wir 20 Jahre warten, bis nach dem Schlüssel von ›Ein Grad gleich ein Jahr‹ der MC diese Stellung erreicht hat, oder wir können uns 20 Grad nach Osten begeben (Reise oder Wohnortswechsel), um die Symbolik dieses Planeten sofort zu erleben. Wir können sogar weiter gehen und feststellen, dass wir eine bestimmte Symbolthematik auf drei verschiedene Arten erleben können:

1. über zeitliche Auslösungen
2. über räumliche, d.h. geographische Veränderungen
3. über Beziehungen

Natürlich spielen bei den beiden letzten Möglichkeiten vor allem Wohnortswechsel und Beziehungen mit räumlicher Zusammengehörigkeit die grösste Rolle. Wie zeitliche, geographische und beziehungsmässige Entsprechungen zusammenfallen können, zeigt folgende Geschichte, die mir Jim Lewis kürzlich erzählte:

> »Eine weisse Amerikanerin ging für einen Kongress nach Kanada. Sie hatte zu dieser Zeit gerade starke zeitliche Auslösungen durch den Planeten Saturn. (Bekanntlich symbolisiert Saturn das Prinzip des Dunklen und in einer seiner Entsprechungen des Schicksalhaften.) Nun lag der Ort, den sie in Kanada besuchte, gerade auf einer ihrer Saturn-Li-

nien (Saturn auf einer Hauptachse), so dass dieses Prinzip hier auch geographisch besonders stark zum Tragen kam. Sie lernte dort einen Schwarzen kennen, der Steinbock war (wiederum Saturn-Prinzip), verliebte sich in ihn und zog mit ihm nach Trinidad, wo die gleiche Saturn-Linie ebenfalls durchgeht. Sie traf zur Zeit des ›Mardi Gras‹, eines Saturn-Festes, in Trinidad ein. Auf ihrer Saturn-Linie, zur Zeit einer Saturn-Auslösung, erlebte sie sich nun umgeben von schwarzen Menschen, was sie als schicksalhaftes und veränderndes Erlebnis erfuhr.«

8.10. Drei astrologische Tore zur vierten Dimension

Wir haben bereits darauf hingewiesen, dass Uranus, Neptun und Pluto als höhere Oktaven von Merkur, Venus und Mars angesehen werden. Eine andere Unterscheidung können wir darin erblicken, dass diese ›neuen‹ Planeten, welche alle innerhalb eines Zeitabschnitts von weniger als 200 Jahren entdeckt wurden, ein neues, vierdimensionales Bewusstsein verkörpern. Wenn wir bedenken, dass während mehr als 2000 Jahren die sieben traditionellen Planeten unsere Lebenssphäre durchdrangen, so kann man sich leicht vorstellen, dass mit dem Erscheinen von drei neuen Planeten ein anderes Bewusstsein beginnt. Die drei Grundfunktionen des Menschen, welche sich in Merkur, Venus und Mars ausdrücken, nämlich Denken, Lieben (Fühlen) und Handeln, werden um eine transpersonale oder die Zeit überschreitende Ergänzung erweitert. Damit ist wohl im Hinblick auf das anbrechende Wassermann-Zeitalter das Gefäss einer neuen Ausdrucksform von Denken, Lieben und Handeln vorhanden. Es ist allerdings noch weitgehend leer und muss mit Inhalt gefüllt werden. Wir wollen diese erst von wenigen bewusst eingesetzten Funktionen im folgenden kurz definieren.

Uranus

Der Planet Uranus ist Herrscher des Wassermannzeichens, und ihm kommt zeitlich auch die Auslösung eines neuen Bewusstseins zu. In seiner Eigenschaft als Planet der transpersonalen oder transzendentalen Erkenntnis ermöglicht uns Uranus, Dinge aus einer überpersönlichen oder auch ›zeitfreien‹ Perspektive zu erkennen. Er vermittelt die Fähigkeit, unsere eigenen Denk- und Verhaltensmechanismen wie auch jene der andern zu durchschauen und in einem grösseren Zusammenhang zu sehen. Dabei können wir uns als Ausdrucksform eines kosmischen Plans, der über uns selbst hinausgeht und unsere Person transzendiert, erleben. Wir können verstehen, aus welchen allgemeinen Bausteinen und nach welchen allgemeinen Prinzipien wir zusammengesetzt sind.

Die Transzendierung der Zeitbarriere setzt uns gar in die Lage, unsere gegenwärtigen Verhaltensmuster als Rolle zu erkennen, welche wir in dieser Inkarnation verkörpern, und gleichzeitig zu merken, dass wir durchaus in der Lage wären, auch andere Rollen zu verkörpern (und in der Sichtweise einer chronologischen Abfolge von Inkarnationen wohl bereits verkörpert haben). Gleichzeitig können wir realisieren, dass diese chronologische Betrachtungsweise lediglich ein Hilfsmittel darstellt, um uns die Dinge vorzustellen. Statt von einer zeitlichen Abfolge verschiedener Inkarnationen zu sprechen, können wir uns auch vorstellen, dass wir gleichzeitig auf verschiedenen Ebenen existieren, auch wenn nicht alle Ebenen konkret und manifest werden. Diese verschiedenen Ebenen durchdringen und beeinflussen einander gegenseitig.

Ein Beispiel möge dies veranschaulichen. Für diese Analogie wollen wir die komplementären Ebenen des Nicht-Manifesten (vorwiegend Unbewussten) und Manifesten (vorwiegend Bewussten) als Polarität nehmen: Auf der nichtmanifesten Ebene können wir unsere Grundmuster ansiedeln, welche gemäss unserer Wertungen (gewisse Dinge sind lust-, andere unlustbetont) zu Vorstellungen über uns und die Welt sowie zu Handlungsimpulsen führen. Auf der manifesten Ebene finden wir dann den Ausdruck dieses inneren Kräftespiels und das Resultat unserer Wertungen, Vorstellungen und Handlungsweisen. Nun gibt uns Uranus die Fähigkeit, die Interaktion zwischen den beiden Ebenen zu erkennen und zu verstehen. So können wir die naive Vorstellung, dass die manifeste Ebene gegeben ist, zurücklassen und realisieren, dass wir diese durch die sich in unserem Inneren abspielenden Prozesse laufend selbst beeinflussen und bestimmen.

Wir erkennen, dass wir Verhaltensmuster haben, aber selbst mehr sind als diese Muster. Beispielsweise können wir verstehen, dass wir Gedanken haben, aber nicht diese Gedanken sind, dass wir einen Körper haben, aber nicht dieser Körper sind, Gefühle haben, aber nicht diese Gefühle sind, usw. Unsere Programmierungen werden für uns durchsichtig. Dies drückt sich auch darin aus, dass wir in die Lage kommen, unsere Programmierungen ausserhalb von uns abzubilden und durch eine Maschine, beispielsweise einen Computer, ausführen zu lassen. Im Bereich des Denkens lässt sich das am besten demonstrieren. Ähnlich wie der Computer arbeitet nämlich unser Verstand in der Weise, dass er Informationen aus der Aussenwelt nach bestimmten Gesetzmässigkeiten verbindet, um zu Schlussfolgerungen zu gelangen. Die Möglichkeit, den Mechanismus des Verstandes zu reproduzieren, führt uns auf die Qualitäten in uns, welche im Bereich des Denkens den Verstand transzendieren. Dabei handelt es sich um die Intuition und um die Fähigkeit, frühere Denk- und Kombinationsabläufe zu revidieren und zu verändern – das heisst, uns an wichtigen Punkten unseres Lebens neu zu definieren und bisherige Denk- und Kombinationsmuster, die uns nicht mehr befriedigen, zurückzulassen. Es wird uns damit bewusst, dass das Schicksal etwas von uns im Hier und Jetzt selbst Bewirktes darstellt.

Allerdings geht die uranische Erkenntnis noch ein Stück weiter. Sie lässt uns einerseits erkennen, dass nicht unsere äussere Wirklichkeit das Relevante ist, sondern diese vor allem dazu dient, Rückschlüsse auf uns und unsere Strukturen zu ziehen. Anderseits ermöglicht sie uns auch, die Strukturen zu erkennen, mit welchen wir dieses Leben angetreten haben. Dies wird über eine im Lichte eines veränderten Bewusstseins neu formulierte Astrologie möglich.

Dem uranischen Bewusstsein entsprechend verlassen wir auch die naive wissenschaftliche Vorstellung, dass etwas nur dann als bewiesen gilt, wenn ein Resultat durch wiederholte Experimente reproduziert werden kann. Das gilt für Bereiche, in denen die Zeitqualität am Zustandekommen des Resultats beteiligt ist, in dieser einfachen Form nicht mehr. Die Anordnung muss dahingehend erweitert werden, dass die Zeit in die Formel miteingebaut wird. Dies gilt sowohl für mikroskopische Materie als auch für Lebensprozesse. Dementsprechend wird auch das einzelne Individuum als jemand betrachtet, der sich in einem ständigen Wandlungsprozess befindet. Es geht somit nicht mehr darum, einen Menschen zu charakterisieren und möglichst gut zu beschreiben, sondern auf sein Potential hinzuweisen.

Neptun

Seit seiner Entdeckung im Jahre 1846 hat Neptun noch keinen vollständigen Umlauf durch den Tierkreis vollzogen. Überdies laufen seine Qualitäten den Werten eines materialistischen Zeitalters derart entgegen, dass es erst wenigen Menschen gelungen ist, mit Neptun vorwiegend positiv umzugehen. Immerhin kann man im Zusammenhang mit modernen psychologischen Richtungen einige Anzeichen erkennen, dass die neptunischen Qualitäten nun allmählich integriert werden. So war es das Ziel der meisten bisherigen psychologischen Richtungen (z.B. Psychoanalyse, Gestalttherapie usw.), dem Menschen zu mehr Selbständigkeit und Unabhängigkeit zu verhelfen. Er sollte sich von seinen Zwängen befreien und Mittel und Wege finden, um seine Eigenart zum Ausdruck zu bringen. Neueste Richtungen (insbesondere die systemische Therapie) sehen nun den einzelnen als Teil eines Verbandes, eingebettet in ein Netz gegenseitiger Interaktionen mit seiner Umwelt. In diesem Konzept nützt es nichts, eine Einzelperson zu therapieren, ohne gleichzeitig ihre Umwelt in den Prozess einzubeziehen, weil die gegenseitigen Abhängigkeiten in der Familie den Veränderungs- oder Gesundungsprozess vereiteln können. In einem gewissen Sinne wird damit die Vorstellung zurückgelassen, dass ein Individuum die Möglichkeit hat, wichtige Veränderungen auf dauerhafte Art allein zu implementieren. Was haben diese Zusammenhänge mit Neptun gemeinsam?

Neptun wird in der Astrologie als die höhere Oktave der Venus bezeichnet. Dementsprechend betrachtet man Neptun als Ausdruck geistiger Liebe oder Nächstenliebe, im Gegensatz zur auf Ergänzung bedachten venusischen Liebe, welche sich im typischen Falle in der gegengeschlechtlichen Liebe manifestiert. Es ist in unserer vom platonischen und christlichen Gegensatz zwischen

Körper und Geist geprägten Kultur nicht leicht, über diese beiden Formen von Liebe zu sprechen, ohne dass sich Werturteile damit vermischen. Aus christlicher Sicht gilt neptunische Liebe als ein Ideal, das für die meisten unerreichbar bleibt, während venusische Liebe als etwas betrachet wird, was zugunsten der geistigen Entwicklung eingedämmt werden sollte. Wir wollen hier nicht in diese mit Schuldvorstellungen befrachtete Kontroverse eingreifen, sondern das neptunische Prinzip vom Thema der vierdimensionalen Zeitfreiheit her betrachten.

Was bei Uranus für die Erkenntnis gilt, das gilt bei Neptun für die Liebe: Es handelt sich um jene Liebe, welche die Person oder das Ego transzendiert. Diese Liebe geht also nicht von einem Defizit aus, welches von einem Du oder einem Gegenüber gefüllt werden soll. Sie gipfelt vielmehr im Erlebnis, sich mit der ganzen Mitwelt grenzenlos verbunden zu fühlen. Damit ist sie natürlich auch Ego-auflösend. Das Potential, welches in der Neptunkomponente schlummert, gipfelt in der Möglichkeit, uns mit jedem Lebewesen oder Objekt ausserhalb von uns identifizieren zu können und diese Entität von innen heraus liebend zu verstehen. Gleichzeitig erleben wir über Neptun, dass wir mit allem um uns herum durch geheimnisvolle Bande verknüpft sind.

Das Prinzip, dass etwas ausserhalb von uns durch Verschmelzung und Identifikation vielleicht tiefgreifender zu erfassen ist als durch Beobachtung und Beschreibung, ist für unsere Denkweise schwer verständlich. Das war jedoch nicht immer so. Wir brauchen nur an Jagdriten prähistorischer Epochen zu denken, bei denen am Vorabend in einem Ritual die bevorstehende Jagdszene aufgezeichnet und durch Versenkung verinnerlicht wurde, worauf das Tier am nächsten Tag genau in der Situation erlegt wurde, die vorgängig im Ritual aufgezeichnet worden war. Diese Rituale fielen allerdings bezeichnenderweise in die Periode eines magischen Bewusstseins, noch lange vor der Entwicklung des Konzeptes einer gerichteten, linearen Zeit.

Im Rahmen eines Bewusstseins, in dem alles miteinander verbunden ist, in dem kein beobachtendes Subjekt einem beobachteten Objekt gegenübersteht, ist die im Ritual imaginativ dargestellte Szene ebenso wirklich wie die äussere Situation der Jagd. Wenn wir erkennen, dass wir unsere äussere Welt durch unsere Gedanken selbst gestalten, ist dieser Ansatz letztlich in keiner Weise abwegig. Im Moment, wo uns der Glaube an die Fähigkeit durchdringt, mittels Imagination Dinge vorwegzunehmen, werden entsprechende Phänomene auch möglich. Dabei lässt sich nicht klar unterscheiden, ob die künftige Situation durch Überbrückung der Zeitbarriere einfühlend in das Jetzt geholt wird oder ob die jetzige bildhafte Vorstellung die künftige Situation beeinflusst, ja vielleicht gar vorwegnimmt. Wenn, wie beim Neptuneinfluss, die Grenze zwischen Subjekt und Objekt aufgelöst wird, lässt sich diese Frage nicht schlüssig beantworten. Wir können jedoch annehmen, dass beides gilt. Astrologisch gesehen würden wir aber einen Unterschied machen. Die Fähigkeit, durch Hellsichtigkeit künftige Situationen im voraus wahrzunehmen, schreiben wir dem Neptun-Prinzip zu, jene der magischen Beeinflussung künftiger Vorkommnisse dem Pluto-Prinzip.

Eine andere Entsprechung neptunischer Fähigkeiten besteht im Zusammenhang mit der Identifikationsmöglichkeit darin, dass wir etwas, das ausserhalb von uns liegt, auch ohne konkrete Indikationen ›erfahren‹ und ›wissen‹ können. Ein Beispiel dafür wäre die bei einigen Yogis beobachtete Begabung, sich ganz leer zu machen und dadurch einen ihnen gegenübertretenden Menschen in seiner Ganzheit zu erfassen. Dabei sind sie fähig, seine Vergangenheit zu überblicken sowie seine Motivationen und Tendenzen zu erkennen. Dass solche Fähigkeiten auch in die Zukunft reichen, lassen Voraussagen von Hellsehern ohne weiteres erkennen.

Am besten kann man diese Zusammenhänge verständlich machen, indem man sich eine zu unserer Bewusstseinsebene parallel verlaufende andere Ebene vorstellt, zu der einerseits jeder von uns von Zeit zu Zeit Zugang hat, in der anderseits nur derjenige zuhause ist, der sich nicht als getrennte Entität, sondern als Teil eines grösseren Ganzen erlebt. Von den psychoanalytischen Richtungen war es die Jung'sche Psychologie, welche aufgezeigte, dass dem Unbewussten solche Fähigkeiten zu eigen sind: Die Tatsache, dass wir nur einen Teil von dem wissen, was wir wissen könnten, ist vor allem darauf zurückzuführen, dass wir die für uns annehmbaren Informationen herausfiltern und den Rest im Normalfall nicht zur Kenntnis nehmen.

Dass es sich bei der All-Liebe nicht lediglich um die blasse Vorstellung von etwas handelt, was wohl erstrebenswert wäre, aber keine besondere Befriedigung bringt, beweisen jene Menschen, die solche Zustände erleben und ein unbeschreibliches Gefühl von Glück und Seligkeit ausstrahlen. Durch die Überwindung des Gefühls von Abgesondertheit erleben sie, dass ihnen als Teil des Kosmos grundsätzlich nichts zustossen kann, was Wesentliches gefährden könnte. Dieser Zustand kann mit einem permanenten Liebesgefühl verglichen werden, welches ebenso erhebend und erhellend wie beglückend ist.

Pluto

Pluto wurde erst 1930 entdeckt, und wir sind weit davon entfernt, behaupten zu können, wir hätten ihn in irgendeiner Weise in unser Bewusstsein integriert. Allerdings wissen wir bereits einiges über seine Wirkungsweise sowie darüber, dass er ein enorm potentes Prinzip darstellt und, energiemässig betrachtet, einer ›Gegen-Sonne‹ entspricht. Typisch für Pluto ist, dass er, wenn wir uns auf einen Teilaspekt der Wirklichkeit festlegen, unweigerlich den Gegenpol sichtbar macht, also das, was wir nicht sehen wollten. Das geschieht meist auf die Art, dass wir im Zusammenhang mit einem Pluto-Einfluss in unserem Engagement so einseitig werden, dass uns die Umwelt oder unser Körper (zwei verschiedene Manifestationsformen eines ins Unbewusste verdrängten Inhalts) mit dem vernachlässigten Gegenpol konfrontiert. Das Resultat ist mitunter so dramatisch, dass es wichtige Veränderungen der bisherigen Realitätsauffassung bewirkt, also:

Wandlungen, Transformationen und ›Stirb und Werde‹-Prozesse. Im allgemeinen geschehen diese Veränderungen über heftige Machtkonflikte, welche von Ohnmachtsgefühlen begleitet sind.

Da Macht und Durchsetzung – eigene oder fremde – vor der Kenntnis plutonischer Entsprechungen astrologisch mit Mars in Zusammenhang gebracht wurden, spricht man bei Pluto von einer höheren Oktave des Mars. Dies ist grundsätzlich richtig, auch wenn Pluto im allgemeinen nicht gerade auf eine geistige Art erfahren wird. Tatsache ist aber, dass er uns dazu veranlasst, im Bereich unseres handelnden Ausdrucks über unsere Ego-Verhaftung hinauszuwachsen. So konnte festgestellt werden, dass Menschen, welche ihre Energie ganz in den Dienst einer Sache stellen und Ziele verfolgen, die über ihre persönlichen Interessen hinausgehen, im Zusammenhang mit Pluto gewaltige Energien entfalten können. Wichtige politische und religiöse Führer weisen dementsprechend starke Plutostellungen auf.

Was bedeutet Pluto nun im Zusammenhang mit der vierten Dimension? Auch wenn es unglaublich scheint: Pluto kann die Fähigkeit vermitteln, konkrete Dinge und Ablaufprozesse auf Distanz zu verändern. Er beinhaltet die Möglichkeit, direkt auf die Materie Einfluss zu nehmen. Damit erklärt sich die Fähigkeit gewisser Yogis zur Materialisierung und Entmaterialisierung (z.B. Sai Baba). Die bei Uri Geller beobachteten Phänomene des Verbiegens von Löffeln und der Aktivierung stillstehender Uhren können ebenfalls dazu gerechnet werden. In diesem Sinne entspricht Pluto sowohl der weissen als auch der schwarzen Magie, wobei im zweiten Fall das gleiche gilt wie für den ›Pakt mit dem Teufel‹: Die dunklen Machenschaften fallen auf den Urheber selbst zurück. So haben wir bei Pluto sowohl die Möglichkeit zu höchstem Aufstieg und grösster Befreiung von der Verhaftung an die Materie als auch die Gefahr, in die Abgründe stärkster Verhaftung an die Materie gezogen zu werden. Es kommt dabei auf die Motivation an. Eine direkte Analogie zu den plutonischen Prozessen finden wir in Form der Spaltung der Materie, die – wie wir von der Atomspaltung her wissen – zur Freisetzung gewaltiger Energien führt. Das kann bekanntlich sowohl zur Befreiung von Zwängen der Materie als auch zur Zerstörung führen. In diesem Sinne ist es bezeichnend, dass die Entdeckung Plutos genau in die Zeit fiel, als die Verwandlung von Materie in Energie potentielle wissenschaftliche Möglichkeit geworden war.

Es besteht kein Zweifel, dass im astrologischen System Pluto die weitreichendste Kraft symbolisiert. Noch können allerdings die wenigsten konstruktiv damit umgehen. Auf der persönlichen Ebene erkennen wir das wichtigste Potential in Form grundlegender Erneuerungsmöglichkeiten der Persönlichkeit. Wenn Pluto mit Prozessen wie Zeugung, Geburt und Tod zu tun hat, so kann er uns auch die Kraft vermitteln, uns im Laufe des Lebens gänzlich zu erneuern, indem wir die Vergangenheit als Summe von Verhaltensmustern sowie Denk- und Gefühlsgewohnheiten hinter uns lassen. Oft hängen solche Krisen und Wandlungsprozesse eng mit dem Tod zusammen, indem man bei einer wichtigen Weichenstellung die Wahl hat, durch den Tod seine Gestalt zu verändern oder indem man zu einer neuen Identität ja sagt und damit eine grundlegende Veränderung im Leben herbeiführt.

9. Praktische Anwendung der Astrologie – Die Zyklenforschung

Astrologie verbindet uns in Form der Symbole mit der Natur als Ganzem. Am universellsten kommt die Natur in Form der Planeten als Bindeglieder zum Kosmos zum Ausdruck. Über ihre Beobachtung kann die Zeithaftigkeit, welche dem Erdbewohner eigen ist, erkannt und in die richtige Perspektive gerückt werden. So sind die Symbole umfassender als das Bewusstsein einer Epoche. Sie können aber nur im Rahmen des Bewusstseins der jeweiligen Epoche allgemein verständlich gedeutet werden.

Da die Symbole jenseits der Zeithaftigkeit liegen, können sie herangezogen werden, um zeitliche Entwicklungen zu erkennen und zu beschreiben. Wir haben bereits erläutert, dass der Anfang des Fische-Zeitalters mit dem Aufkommen eines mentalen, rationalisierenden und die Zeit messenden Bewusstseins zusammenfiel. Dieses Bewusstsein ist nun in seine Endphase getreten, was eine neue Auseinandersetzung mit der Zeitdimension nahelegt. Das heisst, dass wir nicht nur anfangen, viele Dinge anders wahrzunehmen als bisher, sondern dass auch unser Denken anders wird. Neue Prioritäten lösen die alten ab.

Die grossen Zyklen der Bewusstseinsveränderung betragen rund 2000 Jahre und werden als Zeitalter betrachtet. Innerhalb dieser grossen Zyklen sagen die Stellungen der langsamen Planeten einiges über das Bewusstsein bestimmter Jahrzehnte aus. Besonders wenn das Zeitalter an einer Wende steht, beschleunigen gewisse Stellungen langsamer Planeten in den Zeichen die Veränderungen, die mit dem Wechsel des Zeitalters zusammenhängen. Die 80er Jahre des 20. Jahrhunderts gehören zu einer solchen Periode grundlegender Veränderung.

9.1. Der grosse Weltenuhrzeiger: Die verschiedenen Zeitalter

Das grosse platonische Weltenjahr entspricht etwa 26000 Jahren. Das ist die Zeit, welche der Frühlingspunkt für seine Wanderung durch die verschiedenen Zeichen benötigt. So dauert das Zeitalter einer Zeichenachse rund 2150 Jahre. Leider reichen unsere historischen Kenntnisse nicht weit genug zurück, um sämtliche Zeitalter zuverlässig beschreiben zu können. Wir wollen deshalb dort anfangen, wo wir über einigermassen verlässliche Kenntnisse verfügen. Die genannten Zahlen gelten nur ungefähr; Übergänge von einem Zeitalter zum nächsten sind fliessend.

Das Krebs/Steinbock-Zeitalter
8700 v. Chr. – 6500 v. Chr.

Wenn wir uns fragen, was für die Achse Krebs/Steinbock typisch ist, stossen wir auf die Symbolik der Familie und der Gemeinschaft. Schutz und Zugehörigkeit spielten in dieser Zeit eine grosse Rolle. Das Individuum musste sich den Zielen der Gemeinschaft unterordnen, um nicht ausgestossen zu werden. Das wäre in dieser Phase der Menschheitsentwicklung nämlich gleichbedeutend mit dem Tod gewesen. Ken Wilber (1) berichtet, dass um das Jahr 9000 v. Chr. gleichzeitig an mehreren Stellen im Raum der Levante und des heutigen Irak als Novum einfache Gemeinschaften gleichzeitig entstanden. Es handelte sich dabei nicht mehr um Familien oder kleine Gruppen, sondern um Ortschaften von etwa 200 Personen. Diese Entwicklung setzte sich in den kommenden Jahrhunderten fort, so dass es um das Jahr 7000 v. Chr. im Nahen Osten bereits eine grosse Zahl von Ackerbausiedlungen gab. Von eigentlichen Städten kann man allerdings noch nicht sprechen. Wilber vergleicht diese Zusammenführung von verschiedenen Gruppen viel eher mit der Versammlung Dutzender Wolfsrudel.

Das Zwillinge/Schütze-Zeitalter
6500 v. Chr. – 4400 v. Chr.

Über diese Zeit liegen bereits mehr Zeugnisse vor. Es ist die Periode, in der insbesondere in den Tälern des Euphrat, des Tigris und des Nils Städte von mehr als 10000 Einwohnern entstanden. Das war bereits um etwa 5000 v. Chr. der Fall.

Wir mögen uns fragen, was es zur Entwicklung von Städten brauchte. Voraussetzung waren kulturelle Ziele in Form eines gemeinsamen Glaubens und mindestens ansatzweise vorhandene Fähigkeiten zu Kommunikation, Handel und Austausch. Das sind die Charakteristiken der Zwillinge/Schütze-Achse. Das Zwillingezeichen beinhaltet Sprache, Kommunikation, Logistik und Handel, das Schützezeichen schliesst in Form von Glaubensinhalten Überzeugungen ein, welche an die nächste Generation weitergegeben werden. Ohne Aktualisierung dieser Stufe ist keine Stadtkultur, so primitiv sie auch sein möge, möglich.

Interessant ist in diesem Zusammenhang die traditionelle Bedeutung des Planeten Merkur, des Herrschers des Zwillingezeichens, dem ganz unterschiedliche Entsprechungen zugeordnet werden: Er gilt als der ›Götterbote‹, also derjenige, der den Menschen das göttliche Wissen verständlich macht, aber auch als Gott des Handels, der über den Austausch und die Verteilung von Gütern herrscht.

Ken Wilber bezeichnet die Zeit von 9500–4500 v. Chr. als ›frühe Stufe der Gruppenzugehörigkeit‹, im Gegensatz zur späten Stufe, welche er in der Zeit von 4500–1500 v. Chr. ansiedelt. Die frühe Stufe der Gruppenzugehörigkeit entspricht der astrologischen Bedeutung des Krebs- und Zwillingezeichens als ›Kollektivzeichen‹. Die soziale Struktur war dabei ausgesprochen sippenhaft.

Das Stier/Skorpion-Zeitalter
4400 v. Chr. – 2200 v. Chr.

Über diese Periode besitzen wir wesentlich mehr Informationen als über die vorhergehenden. Es handelt sich um eine Zeit, in der durch Ackerbau ›Bodenständigkeit‹ und Stabilität erlangt wurden. Der Nahrungsüberschuss und die Reservebildung, welche durch die ackerbauliche Tätigkeit möglich wurden, zogen die Einführung des Geldes als Mittel für materiellen Transfer nach sich. Das Geld wurde damit zu einem symbolischen Tauschmittel. Mit Hilfe des Geldes war es nun möglich, materielle Güter zu symbolisieren. Wilber schreibt dazu:

> »Geld als etwas mental Symbolgeladenes bedeutete eine bemerkenswerte Transzendenz des physischen Bereichs, ein kleines aber unschätzbares Vehikel evolutionärer Transzendenz. Mit ihm konnte man auf den physischen Bereich einwirken und in ihm Dinge bewegen und transferieren, ohne sich mühselig mit den Begrenzungen dieses Bereichs herumschlagen zu müssen… Da physische Nahrung und Güter durch körperliche Arbeit erschaffen werden, wurde Arbeit ebenfalls symbolisiert – durch Lohn, der wie jedes Geld zum Einkauf von Nahrungsmitteln benutzt werden kann.« (2)

Wir erkennen hier die enge Verknüpfung von Ackerbau mit Geld und Besitz. Diese zum Stierzeichen gehörenden Entsprechungen kommen hier deutlich zum Ausdruck. In der Stierzeit entstand zum ersten Mal eine Gesellschaft, welche aufgrund von Besitzcharakteristiken eine Klassenstruktur aufwies.

Wie steht es nun in diesem Zusammenhang mit dem Skorpionprinzip – dem Gegenpol zum Stierprinzip – welches wir mit Macht, Sexualität und Tod in Zusammenhang bringen? Dazu ein Zitat von E. Becker:

> »Und so erbringt dieser scheinbar nutzlose Überschuss, der dem Boden manchmal auf gefährliche und mühevolle Weise abgerungen wurde, den höchsten Nutzen in Begriffen von Macht. Der Mensch, die Kreatur, die weiss, dass sie auf dieser Erde nicht sicher ist, und eine ständige Bestätigung ihrer Kräfte braucht, ist das einzige Lebewesen, das unerbittlich angetrieben wird, über seine animalischen Bedürfnisse hinaus zu wirken, aus dem einfachen Grunde, weil es nicht in Sicherheit lebt. Der Ursprung dieses menschlichen Angetriebenseins ist religiöser Art, weil der Mensch seine Kreatürlichkeit erfährt. Die Anhäufung von Überschuss hat ihre Wurzeln im Innersten der menschlichen Motivation; sie ist ein Drang, sich als Held hervorzutun, die Grenzen der menschlichen Kondition zu transzendieren und über Ohnmacht und Endlichkeit zu siegen.« (3)

Wir erkennen hier die enge Verknüpfung zwischen Geld und Macht als Ausdruck von Unsterblichkeit. Dabei wird uns die Definition des Skorpionzeichens (oder des achten Hauses) als ›Fremdmittel‹, ›Mittel der Gemeinschaft‹ und ›Erbschaften‹ sehr verständlich. Erst durch den Ackerbau, dessen Überschüsse und der damit verbundenen Sesshaftigkeit wurde es möglich, erwirtschaftete Mittel an Nachkommen weiterzugeben. Damit wurde Geld zu einem wichtigen Symbol der Unsterblichkeit – zur Leugnung des Todes.

Die Schattenseiten dieser Entwicklung werden dabei ebenfalls sichtbar. Ken Wilber dazu:

> »Statt Geld dazu zu verwenden, eine vertikale Transzendenz in höhere mentale Ebenen zu ermöglichen, wurde das horizontale Anhäufen von Geld zu einem Ziel an sich. Schliesslich repräsentierte Geld den neuen Überschuss der lebenswichtigen Nahrung, weshalb mehr Geld mehr Leben bedeutete und absolutes Geld absolutes Leben oder Unsterblichkeit.« (4)

Der Herrscher des Skorpionzeichens, Pluto, ist auch Herr der Unterwelt, und eine seiner Entsprechungen ist das Diabolische oder Teuflische. So liegt in dieser Unsterblichkeitsvorstellung, wozu ja ein Bündnis mit den Mächten der Unterwelt, dem Bereich der Unsterblichkeit notwendig ist, der Pakt mit dem Teufel nahe. Gold symbolisierte bisher das Sonnenprinzip. Nun wird Gold zum neuen Unsterblichkeitssymbol. Becker dazu:

> »Das Prägen von Goldmünzen passte bestens in dieses Schema, weil nun jedermann in den Besitz der kosmischen Kräfte gelangen konnte, auch ohne in den Tempel gehen zu müssen. Unsterblichkeit wurde jetzt auf dem Markt gehandelt.« (3)

Das gleiche Prinzip finden wir in den ägyptischen Mumifizierungsriten. Es wurde Wert darauf gelegt, den Körper zu erhalten, und diesem Körper wurden auf seiner Reise eine grosse Anzahl der Besitztümer mitgegeben, welche der Verstorbene in seinem Leben angehäuft hatte. Dazu gehörten zum Teil auch Sklaven und Haustiere – welch eine markante Manifestation eines naiven Stierprinzips!

Dem Stier kam in den Kulturen des Stier/Skorpion-Zeitalters als Symbol eine hervorragende Rolle zu. So wurde bei den Ägyptern bei Ritualen ein lebender Stier ausgesucht, um den Gott Apis zu verkörpern, welcher über die Unterwelt herrschte. Als der Apis verkörpernde Stier starb, wurden öffentliche Trauerrituale ausgerufen. Der Stier wurde einbalsamiert und zeremoniell begraben.

Nicht nur in der ägyptischen Kultur spielte der Stier eine grosse Rolle. Aus der kretischen Kultur kennen wir den Minotaurus. Ein Überbleibsel aus diesen

Stierzeiten finden wir im übrigen in zwei sehr entgegengesetzten Entsprechungen: der Verehrung der Kuh als heiliges Tier in Indien und dem spanischen Stierkampf. Bei letzterem geht es jedoch bereits um die Überwindung des Stiersymbols.

Dem Stierprinzip entsprach neben dem Besitz die neu entdeckte Körperlichkeit – das höchste Geschenk, das man den Göttern darbringen konnte, um sie gnädig zu stimmen. Die freiwillige Weggabe von Besitz können wir in der Entsprechung des Opfers erkennen. Verbunden mit Körperlichkeit ergibt dies das Tier- und Menschenopfer, welche zu jener Zeit tatsächlich eine grosse Rolle spielten.

Wie sehr sich die stierhafte Oralität mit den zum Skorpionprinzip gehörenden Themen von Sexualität und Tod verbinden können, enthüllt folgendes Beispiel eines archetypischen Rituals aus der Stierzeit:

> »Von ganz besonderer Bedeutung ist der Augenblick am Ende eines Pubertätsrituals. Dieses wird mit einer mehrere Tage und Nächte dauernden Sexorgie abgeschlossen, während der es im Dorf jeder mit jedem treibt, und zwar im wirren Lärm mythologischer Gesänge, Trommelns und Blasens auf Rinderhörnern. Das geht so bis zur Schlussnacht, in der ein schönes, bemaltes, mit Öl gesalbtes und zeremoniell gekleidetes Mädchen auf den Tanzplatz geführt wird, wo es sich unter einer Plattform aus schweren Baumstämmen niederlegen muss. Vor den Augen aller haben die jungen Initianten nacheinander mit ihr Geschlechtsverkehr. Und während der als letzter ausersehene Knabe sie noch umarmt, werden die Stützen der schweren Plattform unter einem Aufdröhnen der Trommeln weggerissen. Die Umstehenden stimmen ein furchtbares Geheul an; das tote Mädchen und der tote Junge werden unter den Balken hervorgezogen, zerhackt, geröstet und aufgefressen.« (5).

Ken Wilber verbindet diese blutrünstigen Rituale mit der Gottheit, welche über den zu jener Zeit so wichtigen Körper herrschte: der grossen Mutter. Sie tritt unter anderem als Hathor in Kuhgestalt in Erscheinung. Die enge Verbindung der Muttergöttin mit dem Ackerbau sieht Professor Moortgat darin, dass die Muttergöttin und ihr Gefährte, der heilige Stier, »der früheste greifbare, spirituell bedeutsame Ausdruck der Dorfkultur von Ackerbauern sind«. (5)

Die Muttergöttinnen wurden anderseits von jeher mit dem Mond in Verbindung gebracht. Seine Umlaufzeit entspricht sowohl dem Menstruationszyklus als auch dem 28-Tage-Rhythmus der Gezeiten des Meeres. Wie eng die Verknüpfung zwischen dem Mond und dem Stierzeichen ist, ergibt sich nicht nur aus der Astrologie, wo der Mond im Stierzeichen als erhöht gilt, sondern auch daraus, dass wir als Gefährten der grossen Mutter die Mondschlange und den Mondstier antreffen (die Schlange ist Symbol des Gegenzeichens Skorpion).

Nun war es nicht immer so, dass die Erzeugung neuen Lebens als Fortpflanzungsprozess zwischen Mann und Frau gesehen wurde. In frühen Zeiten des Mutterkultes schrieb man diese Fähigkeit ausschliesslich der Frau zu. Dabei wurde beobachtet, dass eine Frau, wenn sie nicht schwanger war, Menstruationsblut aussonderte. Daraus schloss man, dass das zurückgehaltene Menstruationsblut in ein lebendiges Kind und damit in neues Leben umgewandelt würde. Deshalb nahm man an, dass die grosse Mutter Blut aus Opferhandlungen brauche, um neues Leben hervorbringen zu können. Dabei wurde der Opferprozess als Regenerationsprozess für den Geopferten betrachtet. Man ging davon aus, dass der Mond am Ende seines Zyklus ›stirbt‹ (er ist nicht mehr sichtbar) und nach drei Tagen wiedergeboren wird. Entsprechend nahm man an, dass der Geopferte nach drei Tagen aufersteht.

Opferrituale waren also integrierender Bestandteil des Stier/Skorpion-Zeitalters. Man musste bereit sein, das herzugeben, was einem am wichtigsten war, nämlich Körper und Besitz (Stierprinzip), dann wurde man in neuer Form wiedergeboren (Skorpionprinzip).

Das Widder/Waage-Zeitalter

2200 v. Chr. – 50 v. Chr.

Wenn wir uns fragen, was sich bei einem Übergang vom Venuszeichen Stier zum Marszeichen Widder ändern könnte, so dürfen wir annehmen, dass Durchsetzung und Ich-Anspruch in den Vordergrund treten. Anstelle des matriarchalen Fruchtbarkeitsprinzips, welches mit der grossen Mutter in Zusammenhang steht (erhöhter Mond im Stierzeichen), dürfte das solare Prinzip der Ich-Durchsetzung und damit verbunden eine patriarchale Gesellschaftsform in Erscheinung treten (die Sonne ist im Widderzeichen erhöht). Nach einer Zeit der Verbundenheit mit der Natur dürfte die Menschheit eine erobernde, männliche und kriegerische Haltung entwickeln. Anderseits könnte man sich vorstellen, dass das dem Widder gegenüberliegende Zeichen Waage zur Ausgestaltung verschiedener Formen der Kultur und zu einer Bewunderung des ›Schönen‹ führt. Gleichzeitig dürften Gebote und Gesetze aufgestellt werden, um das Zusammenspiel zwischen den Menschen zu regeln (Waage als Gerechtigkeitsprinzip).

Was geschah nun in dieser Zeit tatsächlich? Zunächst fällt auf, dass in den verschiedensten Kulturen das Stiersymbol durch das Widdersymbol ersetzt wurde. Apis, der ägyptische Stiergott, wurde von Ammon-Ra, dem Widdergott, abgelöst, dessen stürmische Kraft dem neuen Zeitgeist besser entsprach. Mithra, der persische Sonnengott, welcher ›heiliger Stier‹ genannt wurde, verwandelte sich in den ›Stiertöter‹. Für die Juden wurde der Stier zum Symbol des Aberglaubens und Götzendienstes, und Moses verbot die Anbetung des ›Goldenen Kalbes‹. Der Widder wurde nun zum zentralen Symbol, auch in der Form des Opferlamms. Die Ägypter des mittleren Reiches, die Juden, die Babylonier und Assyrer, die Perser, die Phönizier und die Griechen führten nun den goldgehörnten

Widder im Wappen. Das Gold als Sonnenprinzip diente nun der Glorie und nicht mehr dem Reichtum, wie noch zu Stierzeiten.

Nun wollte man ›jemand sein‹. Die Herrschaft, welche man mit Kampf durchsetzte, wurde zum höchsten Prinzip. Überall traten Heldenmythen auf. Typisch für diese Periode ist die Odyssee. Gebser dazu:

> »Gleichzeitig mit diesem Mythologem tritt in Ost und West ein anderes bedeutsames Motiv in Erscheinung: der Ausbruch des Zornes. Es handelt sich um jenen ›heiligen Zorn‹, der oft als heiliges, dem Menschen innewohnendes Feuer bezeichnet worden ist. Die Gleichzeitigkeit der Formung der Sonnenmythologeme und der Schilderung des Zornausbruchs will fast besagen, dass die Sonne in den Menschen herabstürze, um sich in ihm durch diesen Zorn zu manifestieren. Er ist jene Kraft, die das Gemeinschafts- und Clangefühl sprengt, insofern sie sich im einzelnen, dem ›Helden‹, manifestiert und ihn immer weiter in die Einzelung, in die Selbstbehauptung und damit in die Ichwerdung treibt.« (6)

Bezeichnend ist auch, dass diese Heldenperiode in der Levante in das frühe Eisenzeitalter (Eisen = Mars) fällt. Die Geschichten, die man sich nun erzählte, betrafen Siege durch strahlende Helden über dunkle Monstren und Kämpfe, bei denen es oft darum ging, eine schöne Jungfrau oder ein schönes Land zu befreien (gegenüberliegendes Waageprinzip). Über das Heldenepos trat die ichhafte Bewusstseinsstruktur in Erscheinung, die in keiner der vorhergehenden Perioden anzutreffen war. Das Konzept des freien Willens entstand. Campbell dazu:

> »Im Abendland hat das Prinzip des freien Willens durch den nach seinem freien Willen handelnden, die Geschichte verändernden Helden nicht nur gesiegt, sondern auch das Feld behauptet, und dies bis zur Gegenwart. Darüber hinaus definiert dieser Sieg des Prinzips des freien Willens zusammen mit der moralischen Ergänzung durch die individuelle Verantwortung die ersten unterscheidenden Merkmale des spezifisch abendländischen Mythos... Ob wir an die Siege von Zeus und Apollo, Theseus, Perseus, Jason und der anderen über die Drachen des Goldenen Zeitalters denken oder an die des Jahwe über den Leviathan, die Lehre daraus ist stets die des Sieges einer auf sich selbst gestützten Macht über jeden erdgebundenen Drachen. Alle stehen ›an allererster Stelle für einen Protest gegen die Verehrung der ERDE und der Fruchtbarkeitsdämonen der ERDE‹.« (7)

Wir erkennen hier das Herausfallen aus der Ordnung der Natur, welches die Stierzeit noch beherrschte, eine Absonderung vom Ganzen, die sich zuallererst im mythischen Heldenkult äusserte und später mit dem Beginn des Fische/Jungfrau-Zeitalters in Form der Dominanz des Verstandes weiterentwickelt wurde.

Diese Abspaltung von der Natur und ihre Bekämpfung hat vor allem die arische Rasse vorangebracht, und es ist wohl bezeichnend, dass Hitler mit seiner epochemässig späten Wiederbelebung des mythischen Heldenkultes das arische Prinzip zum Herrscherprinzip machen wollte. Auch wenn der Zusammenhang zwischen ›arisch‹, ›ares‹ (Mars) und ›Aries‹ (Widder) unseres Wissens nicht nachgewiesen ist, so ist er zumindest auffallend und im Gebrauch, den Hitler vom Begriff ›arisch‹ machte (im Sinne einer kriegerischen Herrenrasse), sinnträchtig. Es braucht nicht besonders betont zu werden, dass es sich dabei um einen Rückfall in eine entwicklungsgeschichtlich frühere Epoche handelte, etwas, das für die Endphase eines Zeitalters (in diesem Fall Fische/Jungfrau) nicht untypisch ist. Man kann darin den Ausdruck einer defizient werdenden mentalen Struktur erblicken, die wichtige Bedürfnisse nicht mehr befriedigt.

Wilber beklagt zu Recht, dass das Ego die grosse Mutter in der mythischen Periode nicht transzendierte, sondern verdrängte. Damit kam die Devise auf, die Natur zu erobern, statt mit ihr in Harmonie zu leben. Die grosse Mutter musste in all ihren Formen unterdrückt und verneint werden. Das führte zu einem gestörten Gleichgewicht, nicht nur zwischen Ego und Natur, sondern auch zwischen Ego und Körper. Deshalb wenden wir uns heute, wenn wir Einsichten über ganzheitliche Zusammenhänge suchen, so gerne östlichen Weisheiten zu, weil dort der Bruch mit der Natur nie in einer mit dem Abendland vergleichbaren Form erfolgte.

Den Übergang zur nächsten Epoche, dem Fische/Jungfrau-Zeitalter, finden wir am trefflichsten im Mythos der Geburt der Athene ausgedrückt. Sie ist die Göttin der Ratio, aber eben eines kämpferischen Verstandes, was darin zum Ausdruck kommt, dass sie in voller Rüstung dem Kopf des Zeus entsprang. Mit einem kämpferischen, erobernden Verstand wandte sich der Mensch denn auch in der nächsten Periode der Erforschung der Natur zu. Er machte sie zum untersuchten und damit in seinen Augen unterlegenen Objekt.

Die griechischen Mathematiker und Philosophen der Periode 550–300 v. Chr. kann man als Repräsentanten des Übergangs zwischen Widder/Waage- und Fische/Jungfrau-Zeitalter betrachten. In ihre Lehren ist vieles von dem eingeflossen, was – neben allem Kämpferischen – die griechische Kultur ausmachte: Der Einfluss des dem Widder gegenüberliegenden Waagezeichens. Das Waageprinzip der harmonischen Ordnung hat insbesondere im letzten Teil der Widder/Waage-Zeit zu einer hochstehenden Kultur und zur Verehrung der Schönheit geführt. Der Widderqualität entsprechend wurde sie vor allem im männlichen Geschlecht bewundert. In der Mathematik drückte sich dieses Prinzip in der von Pythagoras so hochgehaltenen Qualität der Zahlen aus. Bei Plato nehmen wir immer noch das Prinzip des Schönen und Harmonischen wahr, aber auch bereits das Konzept der Transzendenz, welches zur Fischekomponente des nächsten Zeitalters gehört. Bei Aristoteles erkennen wir dann ein funktionales Denken, welches dem Jungfrauprinzip der kommenden Epoche entspricht.

Das Fische/Jungfrau-Zeitalter
Philosophisch: ab 400 v. Chr.
Bewusstseinsmässig: 100 v. Chr. – 2050 n. Chr.

Weil das Fische-Zeitalter unsere Zeit noch massgeblich bestimmt, haben wir die Auseinandersetzung mit den Qualitäten dieser Epoche bereits vorweggenommen. Hier sei jedoch noch auf das Fischsymbol hingewiesen, welches im Christentum eine grosse Rolle spielt. Der Name Jesus lässt sich vom griechischen Wort ›Ichthys‹ herleiten, was ›Fisch‹ bedeutet. Seine Mutter Maria ist eine Jungfrau (Gegenzeichen zum Fischezeichen). Der Name Maria ist verwandt mit ›Mayam‹ (hebräisch: Wasser) und dem lateinischen ›mare‹ für Meer. Die Gewohnheit, am Freitag Fisch zu essen, entspricht ebenfalls dem Fischesymbolismus. Freitag ist der Tag der Venus, Planet der Liebe, welcher im Fischezeichen erhöht ist. Bezeichnend für das Christentum ist auch das Sakrament der Taufe. Im Wasser wird die Kraft erblickt, die Sünden wegzuwaschen. Auch dies stimmt mit dem Fischezeichen überein.

Zur Entsprechung zwischen dem christlichen Mythos und dem Fischezeichen schreibt C.G. Jung :

> »Die astrologischen Fischeigenschaften enthalten also ganz wesentliche Bestandteile des christlichen Mythus, nämlich erstens das Kreuz, zweitens den moralischen Gegensatz und die Trennung desselben in Christus und Antichristus, drittens den Sohn der Jungfrau, viertens die klassische Mutter-Sohntragödie, fünftens die Geburtsgefahren und sechstens den Retter und Heilbringer. Es ist daher nicht abwegig, wenn man die Benennung Christi als Fisch auf den damaligen Beginn des neuen Aeons der Fische bezieht.« (8).

Tatsache ist, dass das weibliche Prinzip während des Fische/Jungfrau-Zeitalters sogar im Vergleich zur Widder/Waage-Epoche noch weiter in den Hintergrund gedrängt wurde. Dessen blasse Entsprechung in der Person der Maria wurde im Zusammenhang mit der Reformation gar noch aufgegeben. Die Reformation folgte einer Zeit, in der im Zusammenhang mit den Hexenverbrennungen das Weibliche – als Ausdruck der Körperlichkeit – in die Verdrängung getrieben worden war.

In der gesamten jüdisch-christlich-islamischen Religion sucht man vergeblich nach Spuren weiblicher Wirklichkeit. Wir befinden uns bereits tief in der patriarchalen Kultur. Bezeichnend ist, dass die christliche Fische/Jungfrau-Zeit gleich gegen zwei Entsprechungen des Weiblichen ankämpft: Einerseits gegen die Körperlichkeit, welche im Stierzeitalter so vordergründig war und damals in der Sakralisierung des Menstruationsblutes am deutlichsten zum Ausdruck kam. Nunmehr wird dagegen Menstruationsblut zum Inbegriff des Unreinen. Die andere zu bekämpfende Entsprechung des Weiblichen galt der Frau als Verführerin, symbolisiert durch die Hetäre der Antike (Waageprinzip).

Das wesentliche Merkmal der Fische/Jungfrau-Zeit kann also in der Aufspaltung zwischen Geist und Körper oder Geist und Materie erblickt werden. Dies hat dazu geführt, dass sich seit dem dritten Viertel der Fische/Jungfrau-Periode Religion und Naturwissenschaft unvereinbar gegenüberstehen. Der eine Bereich gilt als durch die Sinne nicht erfahrbar und braucht den Glauben, der andere Bereich wird als verbindlich und erwiesen hingestellt. Wir brauchen nicht zu wiederholen, dass es sich dabei um eine Illusion des dualen Bewusstseins handelt und eine Synthese zwischen beiden Polen dringend notwendig geworden ist.

Das Wassermann/Löwe-Zeitalter

Philosophisch: ab 1781
Wissenschaftlich: ab 1900
Bewusstseinsmässig: ab 1970

Die bewusstseinsmässigen Veränderungen, die sich im neuen Wassermann-Zeitalter aufdrängen, sollen hier in den wichtigsten Punkten zusammengefasst werden. Als erstes kann man aus astrologischer Sicht aufgrund des zyklenmässigen Ablaufs der Zeitalter mit Bestimmtheit sagen, dass es sich bei dem, was man ›New Age-Bewegung‹ nennt, nicht um eine Modeerscheinung handelt, welche in absehbarer Zeit abklingen wird. Die im Vergleich zur äusseren Wirklichkeit, in der wir leben, für viele naiv und gutgläubig klingenden Vorstellungen von New-Age-Exponenten treffen den Kern dessen, was im Zusammenhang mit dem neuen Zeitalter an Qualitäten und Werten zu entwickeln ist. Wir brauchen eine neue Einstellung zur Natur, zu den Institutionen, zu den materiellen und geistigen Dingen, usw.

Die von den Exponenten der New-Age-Bewegung beschriebene Entwicklungsrichtung deckt sich mit dem, was man astrologisch zur Thematik des Wassermann-Zeitalters sagen kann. Man wird höchstens beanstanden, dass die notwendige Aufarbeitung der dunklen seelischen Bereiche im Katalog der vor uns liegenden Aufgaben etwas zu kurz gekommen ist. Allzu oft wird das New Age als eine Zeit von Eintracht zwischen Menschen erweiterten Bewusstseins dargestellt, welche ihre niederen Beweggründe, wie Konkurrenzstreben und Hass, abgelegt haben. Es wird dabei häufig vergessen, dass Ganzheit in erster Linie bedeutet, seinen Schatten zu integrieren. Dies wird, damit es ein New Age gibt, auf persönlicher wie auch auf politischer Ebene notwendig sein.

Der Abbau von Feindbildern wird wahrscheinlich für das Bewusstsein des Fische/Jungfrau-Zeitalters der schwierigste und für jeden Einzelnen schmerzlichste Prozess sein. Das hauptsächlichste Merkmal der Fische/Jungfrau-Qualitäten liegt nämlich im Perfektionsanspruch und damit in einer wertenden Haltung (man denke etwa an den Ausschliesslichkeitsanspruch des Christentums). Ganzsein bedeutet jedoch gerade, diesen Anspruch aufzugeben. Wie sollten wir unseren Schatten integrieren, wenn wir damit fortfahren, all das, was uns bei uns selbst nicht befriedigt, nach aussen zu projizieren und andern anzulasten? So ist es für das Ende des Fische/Jungfrau-Zeitalters bezeichnend, dass sich im Bereich der Politik zwei Blöcke gegenüberstehen, welche beide den Gegner zum Dunklen und Teuflischen abstempeln. Während man früher durchaus die Möglichkeit hatte, aufgrund rationaler Überlegungen die Vernichtung des Gegners als beste Lösung zu betrachten, ist dies heute nicht mehr möglich. Wir sind dazu verdammt, d.h. wir werden von kosmischer Seite dazu gezwungen, das Problem anders zu lösen.

Das gleiche gilt für das Thema des Wachstums. Äusserem Wachstumsstreben sind dadurch Grenzen gesetzt, dass die Umwelt durch die Emissionen einer technischen Konsumgesellschaft in zunehmendem Masse belastet wird. Wenn wir darauf verzichten wollen, durch Schadstoffbelastung biologische Dezimierungsprozesse herbeizuführen, welche Lebensqualität und Lebensdauer beeinträchtigen, so müssen wir uns auf unser nun in Reichweite stehendes geistiges Entwicklungspotential besinnen. Die Freude, die wir an der Nutzung bisher brachliegender Fähigkeiten und Einsichten finden können, kann die frühere Begeisterung für Fülle durch Ausdehnung des Lebensraumes und quantitatives Wachstum ersetzen.

Astrologisch gesehen symbolisiert die Achse Wassermann/Löwe den Sieg der Individuation über die Abhängigkgeit vom Kollektiv. Die auf der Fische/Jungfrau-Achse so wichtige Thematik der Existenzbewältigung tritt zugunsten persönlicher Verwirklichung in den Hintergrund. Dadurch wäre ein gewisser Bezug zum mythischen Zeitalter von Widder/Waage gegeben. Die neue Ebene liegt jedoch im Bereich von Raum und Zeit und in einer Integration des Schattens. Es geht dabei also nicht um eine Reaktivierung des früheren Heldenepos, obwohl dies als Nebenerscheinung auch in dieser Periode auftreten kann. Selbstverwirklichung im Sinne des Wassermanns bedeutet vielmehr, sein Potential zu verwirklichen, ohne die eigene Grösse dadurch zu erleben, dass man die andern in Schattenpositionen drängt.

Wie wir erwähnt haben, hat Kant vieles, was für das Wassermann-Zeitalter gilt, vorweggenommen. Dazu gehört auch sein kategorischer Imperativ, ›dass wir den andern nicht antun, was wir nicht möchten, dass sie uns antäten‹. Dies wird im Wassermann-Zeitalter die wichtige Aufgabe sein: eine Selbstverwirklichung zu erreichen, welche nicht auf Kosten der andern geht. Dazu gehört als Ergänzung zur Selbstverwirklichung die Pflege und Entwicklung von menschlichen Beziehungen, welche nicht durch ein ›Brauchen‹ des Andern charakterisiert sind, sondern viel eher durch Freude am gemeinsamen Umgang miteinander.

Die wichtige Erkenntnis der modernen Physik, dass wir nicht über die Natur sprechen können, ohne über uns selbst zu sprechen und letztlich nur unsere Beziehung zur Natur, aber nicht die Natur an sich definieren können, gilt auch für unsere Beziehungen. Wir können nicht über jemand anderen sprechen, ohne damit über uns selbst etwas auszusagen. So gilt nicht nur ›Sag mir, wer deine Freunde sind, und ich sage dir, wer du bist‹, sondern auch ›Sag mir, wer deine Feinde sind, und ich sage dir, wer du bist‹.

Das Symbol des Wassermannzeichens drückt Elektrizität und Magnetismus aus. Es braucht zwei Pole, damit dazwischen ein Feld entsteht; kein Pol ist wichtiger als der andere, sondern beide bedingen einander gegenseitig. Das gleiche gilt im Wassermann-Zeitalter für Beziehungen. Wir werden immer mehr realisieren, dass das Du, welches wir anziehen, in uns selbst enthalten ist und umgekehrt, und dass wir letztlich nur über unsere Beziehungen unsere Identität wahrnehmen können. Auch in diesem Bereich tritt die Vorstellung in den Hintergrund, dass es einen Beobachter gibt, der ein beobachtetes Objekt objektiv beschreiben kann. Der Beobachter kann sich nur über seine Beziehung zum Beobachteten definieren und umgekehrt.

Dem Wassermannzeichen entspricht auch, dass jeder seine eigene Wahrheit finden muss und diese Aufgabe nicht an ›Experten‹ oder ›anerkannte Autoritäten‹ delegieren kann. Das bedeutet einen neuen Umgang mit Hierarchie und Autorität: Nur jene Autoritäten werden in Zukunft Anerkennung finden, welche echte Autorität ausstrahlen, indem sie selbst erlebtes und gelebtes Wissen verkörpern.

Bereits heute, zu Beginn des Wassermann-Zeitalters, hat der Mensch alle Kenntnisse zur Hand, die er braucht, um über seine Abhängigkeit von der Materie hinauszuwachsen. Er kann Energie selbst generieren (Atomenergie) oder zurückgewinnen (z.B. Solarenergie), er kann Maschinen bauen, welche mechanische Arbeiten ausführen (Roboter), und solche, die für ihn denken und kombinieren (Computer). Er kann auch, wenn er will, Einsicht in seine Motivationen und damit in das Schicksalmässige erlangen, das ihn unbewusst lenkt (z.B. durch Psychotherapie und Astrologie). An Wissen fehlt es nicht. Viel eher können wir darin ein Problem erblicken, dass dieses Wissen von vielen nicht genutzt wird. Das ist aber weiter nicht verwunderlich. Veränderungen brauchen Zeit und geschehen im allgemeinen erst dann, wenn früheres Verhalten von schmerzlichen Konsequenzen begleitet ist. Bis zu diesem Zeitpunkt wird im allgemeinen nichts verändert.

Wie der neue Mensch aussehen könnte, wissen wir bereits. Damit sich diese Seinsform in breiterem Umfang durchsetzt, müssen wir wohl warten, bis eine grössere Anzahl von Menschen diese Existenzform als ›lohnend‹ erlebt. Dazu einige Zitate von Carl R. Rogers, der in einem sehr lesenswerten Buch den ›Neuen Menschen‹ definiert: (9)

> *Offenheit*
> »Diese Menschen sind offen für die Welt – die innere wie die äussere. Sie sind offen für Erfahrungen, neue Betrachtungsweisen, neue Weisen zu leben und zu sein, neue Ideen und Konzepte.«

Verlangen nach Authentizität
»Ich stelle fest, dass diese Menschen Kommunikation als ein Mittel schätzen, die Dinge so darzustellen, wie sie sind. Sie lehnen Heuchelei, Betrug und Doppelzüngigkeit, die für unsere Gesellschaft so charakteristisch sind, ab.«

Skepsis in bezug auf Wissenschaft und Technologie
»Sie haben ein tiefes Misstrauen gegenüber unserer heutigen Wissenschaft und Technologie, die dazu dienen, die Natur zu unterjochen und die Menschen unter Kontrolle zu halten. Wenn andererseits die Wissenschaft – wie beim bio-feedback – dazu dient, das Selbst-Gewahrsein und die Kontrolle des eigenen Selbst zu steigern, dann sind sie eifrige Befürworter.«

Verlangen nach Ganzheit
»Diese Menschen leben nicht gern in einer segmentierten Welt – aufgeteilt in Körper und Geist, Gesundheit und Krankheit , Intellekt und Gefühl, Wissenschaft und gesunden Menschenverstand, Individuum und Gruppe, normal und verrückt, Arbeit und Spiel. Sie streben vielmehr nach einem ganzheitlichen Leben, bei dem Gedanken, Gefühle, körperliche Energie, psychische Energie und heilende Kräfte im Erleben integriert sind.«

Prozessbewusstsein
»Sie sind der Tatsache gewahr, dass die einzige Gewissheit im Leben die Veränderung ist – dass sie sich ständig in einem Prozess, ständig in Veränderung befinden. Sie begrüssen diese risikobereite Weise zu sein und erweisen sich in der Art, wie sie dem Wandel begegnen, als unerhört lebendig.«

Einstellung zur Natur
»Sie empfinden eine unmittelbare Verbundenheit mit der elementaren Natur und sind bereit, sie zu schützen. Sie sind ökologisch eingestellt, und es macht ihnen Vergnügen, sich mit den Kräften der Natur zu verbünden, nicht diese zu unterwerfen.«

Die Unwichtigkeit materieller Dinge
»Sie sind zutiefst gleichgültig gegenüber materiellen Anreizen und Belohnungen. Geld und materielle Statussymbole sind nicht ihr Ziel. Sie können im Überfluss leben, aber er ist in keiner Weise notwendig für sie.«

9.2. Der kleine Epochenzeiger: Die Zyklen der langsamen Planeten

Neben der Wanderung des Frühlingspunktes durch die Zeichen des Tierkreises, welche Zeitalter von etwa 2000 Jahren voneinaner abgrenzt, besitzen wir in Form des Umlaufs der langsamen Planeten Hinweise auf die Eigenschaften bestimmter Epochen. Es handelt sich auch hier um Qualitäten, welche das menschliche Kollektiv als Ganzes und innerhalb dieses Kollektivs bestimmte Nationen oder Gesellschaftsschichten entsprechend ihrer Affinität mit der Zeitqualität stärker beeinflussen als andere. Wir wollen hier zur Illustration nur das Beispiel von Pluto, dem langsamsten unserer zehn Planeten, in seiner Wanderung durch die verschiedenen Tierkreiszeichen im Laufe dieses Jahrhunderts verfolgen.

Pluto im Zwillingezeichen (1882–1912)

Wir erinnern daran, dass die Achse Zwillinge/Schütze Denken, Kommunikation, Handel, Reisen und weltanschauliche Haltungen symbolisiert.

In diese Zeit fiel die Entwicklung des Fernsprechers, der Rundfunktechnik sowie des Automobils und Flugzeugs. Bisherige Denk- und Vorstellungssysteme, auch politischer Art, stürzten zusammen. Neue Ideologien wurden entwickelt. Es war die Zeit des ›Salonkommunismus‹. Während dieser Periode wurden jedoch auch neue Ideologen faschistischer Richtung geboren, welche dann später, als Pluto sich im Krebszeichen befand (das Zeichen, das Volk und Masse symbolisiert), zur Macht kamen. Nicht nur Polarisationsfiguren mit extremen Ideen, sondern auch Spezialisten der Massenkommunikation (z.B. Goebbels) kamen während dieser Zeit zur Welt.

Pluto im Krebszeichen (1912–1938)

Die Achse Krebs/Steinbock verkörpert die Pole Familie und Staat, Volk und Führer, Muttersprache und Vaterland sowie das Unbewusste und das Bewusste.

Während dieser Zeit profilierten sich die grossen Diktatoren, welche den Akzent auf Heimat und Zusammengehörigkeit legten. Ihre Macht bezogen sie aus den Energien der Masse, welche sie zu bündeln verstanden. Der Zusammenbruch der Grossfamilie verhalf ihnen zu der Rolle einer Vaterfigur. Sie versprachen dem Volk Struktur und Sicherheit unter der Leitung eines starken Mannes. Wie sich allerdings später zeigen sollte, war dies letztlich eine Vorbereitung für eine nachhaltige Erschütterung. Das blinde Vertrauen in Führerfiguren, welche auf kollektiver Ebene die Veränderung bewerkstelligten, zu der man in individuellem Massstab nicht bereit war, wurde zum Fiasko. Dabei wäre dank der sich ebenfalls in diesen Jahren entwickelnden Bewusstmachung des Unbewussten (Freud, Adler, Jung, Assagioli) eine individuelle Entwicklung möglich gewesen. Dazu war es jedoch offensichtlich zu früh.

Während dieser Periode entstand auch die Kleinfamilie, und Grossfirmen dienten jetzt als Ersatz für die Grossfamilie. In dieser Zeit wurde auch der Muttertag eingeführt. Gleichzeitig begann die Technik und der Dominanzanspruch des Menschen die Mutter Natur zu beherrschen.

Pluto im Löwezeichen (1938–1957)

Die Achse Löwe/Wassermann symbolisiert einerseits Herrschaft, Grösse und Führungsanspruch, anderseits die Gemeinschaft, welche nach neuzeitlichen Idealen lebt und Mittel modernster Technik nutzt. Die Diktatoren, welche unter Pluto im Krebs die seelischen Kräfte der Nation auf sich konzentrierten, rüsteten sich nun zum Kampf. Verschiedene nationale Egos prallten aufeinander.

Im Krebszeichen war der Ego-Anspruch einzelner als Sozialismus (z.B. Nationalsozialismus) getarnt worden. Der Sozialismus ersetzte nun mit starken Führerfiguren (Löwe) das frühere Familiengefühl (Krebs), wobei sich die neuen Ordnungen am Gegenzeichen Wassermann inspirierten.

Bezeichnend für diese Zeit war auch die Tatsache, dass im Drama des Zweiten Weltkriegs die meisten Kontrahenten den fixen Zeichen angehörten. Hitler und Hirohito hatten die Sonne im Stierzeichen, Mussolini im Löwezeichen und der entscheidende Gegenspieler Roosevelt im Wassermann. Jeder verkörperte eine bestimmte Art von Paternalismus, und jeder fühlte sich als kleiner König (Löwe: der König).

Der Einsatz der Atombombe am Ende des Zweiten Weltkrieges liess die Welt erkennen, dass Konflikte in Zukunft nicht mehr durch Kriege zu bewältigen sind. Eine neue Einstellung zum Thema Macht (Löwezeichen) musste entwikkelt werden.

Nach Ende des Zweiten Weltkrieges wurde die Menschheit von einem unverhältnismässigen Fortschrittsglauben und Materialismus erfasst. Die Welt blickte nach Amerika als Vorbild. Es war die Zeit der amerikanischen Strassenkreuzer, jeder wollte sich vom Wohlstandskuchen einen möglichst grossen Teil sichern. Heldenfiguren, welche sich durchsetzten und sich dabei beinahe alles erlauben (Macho-Ideal), wurden bewundert.

Pluto im Jungfrauzeichen (1957–1971)

Die Jungfrau/Fische-Achse symbolisiert auf der einen Seite Körperlichkeit und damit verbunden Diät und Medikamente (z.B. Pillen) sowie Rationalisierung der Arbeitssphäre, auf der anderen Seite Nostalgie, Spiritualität, aber auch Flucht in den Rausch. Typische Entsprechungen des Jungfrauzeichens waren die in dieser Zeit stattfindenden intensiven Auseinandersetzungen mit der Frage nach einer gesunden Ernährung, was sich unter anderem auch in einem nun erwachenden Interesse für Yoga manifestierte. Auch fand eine Rationalisierung und Demokratisierung der Arbeitsatmosphäre statt. Computer als vorgesehene ›Diener des Menschen‹ kamen auf. Ein erstes Bewusstsein von Umweltschäden entstand. In diesem Zusammenhang wurde auch eine Begrenzung der in den 50er Jahren noch vorbehaltlos durchgeführten Atomversuche erreicht. Die Grenzen des materiellen Wachstums wurden langsam erkannt.

Zur gleichen Zeit, da der Körper als Arbeitsinstrument näher untersucht wurde (man schenkte der Arbeitshygiene mehr Beachtung), beschäftigte man sich auch mit seinen lustspendenden Funktionen – dies allerdings auf eine sehr materialistische Art und Weise. Die Antibabypille wurde eingeführt und das Sexualverhalten des Menschen wissenschaftlich untersucht. Dem Jungfrauzeichen entsprechend interessierte man sich für das Messbare (Jungfrau) im Bereich der Sexualität (Pluto).

Die im Establishment überhandnehmenden Rationalisierungs- und Quantifizierungstendenzen wurden durch Vertreter des Gegenpols (Fischezeichen) in Frage gestellt. Die Studentenunruhen, aber auch die Hippy-Bewegung fallen in diese Zeit. Auch hier griff man zu Mitteln (Drogen), diesmal jedoch um das Bewusstsein zu verändern – von einigen wurde LSD als Abkürzung zum Nirwana verstanden. Dabei wurde die ganze Thematik des Fische/Jungfrau-Zeitalters als Gegensatz zwischen transzendentaler Erfahrung und materialistischer Wissenschaft von vielen nochmals in Kürze durchlebt. Die junge Generation forderte ein neues Weltbild. In der Infragestellung des bisherigen Fortschrittglaubens und der Suche nach neuen Werten können wir Ansätze zum Wassermann-Zeitalter erkennen.

Pluto im Waagezeichen (1971–1984)

Die Waage/Widder-Achse symbolisiert in der Astrologie auf der einen Seite die Zweierbeziehung und die Verträge, auf der anderen Seite Identitätsfindung, Individualismus und Ich-Durchsetzung. Damit rücken die Partnerschaft und die Rolle des einzelnen in der Partnerschaft in den Vordergrund.

Wir erlebten während dieser Periode den grössten Zusammenbruch der Struktur der Ehe in der modernen Zeit. Als Pluto im Krebs stand, wurde die Grossfamilie aufgelöst, mit Pluto in der Waage ergaben sich Spannungen in

Zweierbeziehungen. Viele Paare lebten nun ohne Trauschein zusammen, und diejenigen, welche heirateten, blieben oft nicht beisammen. Es wurde ein echter Austausch auf der individuellen Ebene gefordert (Gleichberechtigung). Vorstellungen von Familie (Krebs), gesellschaftlichem Status (Löwe) oder Nützlichkeit und Funktionalität (Jungfrau) genügten nicht mehr, um ein Paar zusammenzuhalten. Identitätserlebnisse wurden durch freien partnerschaftlichen Austausch gesucht. In der entwickelten Welt ging die Zahl der Geburten zurück. Es entstand eine Popkultur, welche – oft verbunden mit Drogenkonsum – bisher unausgeschöpfte Seiten der eigenen Identität zum Ausdruck brachte. Leitfiguren für die Jugend waren nicht mehr Helden wie in den 50er Jahren (Löwe) oder mystische Nostalgiker wie in den 60er Jahren (Fische/Jungfrau), sondern künstlerische Individuen mit Sex-Appeal.

Im politischen Bereich wurde der Dialog zwischen Ost und West gesucht, es kam aber nicht zur Ratifizierung verbindlicher Friedensverträge. Zu dieser Zeit entstand auch die Friedensbewegung. Im weiteren wurde qualitatives Wachstum in Form einer Partnerschaft mit der Natur gefordert.

Pluto im Skorpionzeichen (1984–1995)

Die Skorpion/Stier-Achse symbolisiert auf der einen Seite Macht, Militär, das phallische Prinzip, Sexualität und die Medizin, auf der anderen Seite die Natur (das Grüne und ›die Grünen‹), Besitz sowie Konsum und Genuss. Weiter entspricht das Skorpionprinzip der Verantwortung, welche für ein Ungleichgewicht des Gebens und Nehmens übernommen werden muss.

Im Zusammenhang mit Pluto im Skorpion konnte man also Auseinandersetzungen mit dem Thema Macht erwarten. Dies hat sich bewahrheitet, indem Regimes, welche auf Machtmissbrauch beruhten, gestürzt wurden (Duvalier und Marcos). In Südafrika flackerte der Kampf neu auf. Es kam auch vor, dass diejenigen, die an der Macht waren, versuchten, Probleme durch Machtmittel und Waffen (sowie Waffenhandel) zu lösen (Reagan-Administration). Wir können heute bereits feststellen, dass dieses System versagt hat. Es ist wahrscheinlich, dass weitere Enthüllungen diese Art des Umgangs mit Politik gänzlich diskreditieren werden.

Die gescheiterten Friedensverträge der 70er Jahre führten zu einem beidseitig aufgetürmten Waffenarsenal, welches nun physisch liquidiert werden muss (auf der Achse Stier/Skorpion erscheinen die Dinge in konkreter Form). Während dieser Zeit wurden auch die dem Menschen in der Beherrschung der Natur gesetzten Grenzen sichtbar (Challenger-Explosion, Tschernobyl, Rheinkatastrophe). Die entsprechenden Explosionen geschahen bezeichnenderweise zur Zeit genauer Sonne-Pluto-Aspekte. Als Folge der Atomexplosion von Tschernobyl konnte man gewisse Dinge nicht mehr essen (das Stierprinzip wurde beeinträchtigt), sonst hätten die Fortpflanzungsfunktionen (Skorpionprinzip) im Zusammenhang mit Gen-Mutationen Schaden genommen. In allen Bereichen wurden und werden wir mit dem Schatten einseitiger Aktivitäten konfrontiert. Dabei muss die Schattenprojektion re-evaluiert werden. Die Sowjetunion kann nicht mehr als das Böse schlechthin, als das sie oft bezeichnet wurde, gesehen werden.

Durch die Krankheit AIDS rücken die Themen Sexualität, Verantwortung in Beziehungen und Medizin in ein neues Blickfeld. Sexualität kann tödlich sein. Die traditionelle Medizin ist hilflos. Der Begriff ›Treue‹ erhält eine Bedeutung zurück, die in den 70er Jahren hinfällig geworden war. Sexualität wird damit wieder zu etwas Verbindlichem. Gleichzeitig dürfte dies bedeuten, dass echte Beziehungen gesucht werden, welche auch auf der körperlichen Ebene befriedigend sind. Man realisiert, dass es problematisch wird, eine unbefriedigende Beziehung durch ein Netz oberflächlicher Aussenkontakte zu ergänzen und damit lebbar zu machen.

Sowohl die Sexualität wie auch die Medizin dürften verändert aus dieser Zeit von Pluto im Skorpion hervorgehen. Viele Menschen könnten deren heilende und verwandelnde Eigenschaften in einem neuen Licht sehen. So wie Medikamente gegen bestimmmte Krankheiten nichts mehr nützen und damit von vielen gemieden werden, dürfte Sexualität als Konsumgut in den Hintergrund treten, aber als Entwicklungsweg neu entdeckt werden (Tantra).

Literaturverzeichnis

KAPITEL 1

(1) Jean Gebser: Abendländische Wandlung, Ullstein Verlag, 1956
(2) Werner Heisenberg: Das Naturbild der heutigen Physik, Rowohlt Verlag, Hamburg, 1955, S. 18–22

KAPITEL 2

(1) Paul K. Feyerabend: Der wissenschaftliche Realismus und die Autorität der Wissenschaften, F. Vieweg und Sohn, Braunschweig, 1978, S. 359–60
(2) P. K. Feyerabend: Erkenntnis für freie Menschen, Suhrkamp Verlag, 1979, S. 161
(3) Zit. in Eysenck/Nias: Astrologie – Wissenschaft oder Aberglaube, 1982, Paul List Verlag, München, S. 20/21 (Astrology – Science or Superstition, London, 1982)
(4) Michel Gauquelin: L'influence des astres, étude critique et expérimentale, Le Dauphin, Paris, 1955
(5) Zit. in Eysenck/Nias, 1982, S. 23
(6) Zit. in Eysenck/Nias, 1982, S. 23
(7) Dennis Rawlings, STARBABY, Reprinted from Fate Magazine, October 1981
(8) G. Abell, P. Kurtz, M. Zelen: The Abell-Kurtz-Zelen ›Mars-Effect‹ Experiments: A Reappraisal, The Skeptical Inquirer, S. 77–82, Spring 1983
(9) Bart J. Bok: »A Critical Look at Astrology«, The Humanist, 35,5 (Sept/Okt 1975), Zit. in Gauquelin »La vérité sur l'Astrologie, Edition du Rocher, 1985
(10) P. K. Feyerabend, 1979, S. 163/164

KAPITEL 3

(1) Thomas S. Kuhn: Die Struktur wissenschaftlicher Revolutionen, Suhrkamp Verlag, 1973 (The Structure of Scientific Revolutions, Chicago, 1962)
(2) Thomas S. Kuhn, 1973, S. 51
(3) J. S. Bruner and L. Postman: On the Perceptions on Incongruity: A Paradigm, Journal of Personality, XVIII (1949), S. 206–223
(4) Larry Dossey: Die Medizin von Raum und Zeit, Sphinx Verlag, Basel, 1984 (Space, Time and Medicine, Boulder, Colorado, 1982)
(5) Thomas S. Kuhn, 1973, S. 92
(6) Max Planck: Wissenschaftliche Autobiographie, Leipzig 1928, S. 22
(7) K. R. Popper: Logik der Forschung, Tübingen, 1966 (The Logic of Scientific Discovery, New York, 1959)
(8) Werner Heisenberg: Das Naturbild der heutigen Physik, Rowohlt Verlag, 1955, S. 18–21

KAPITEL 4
(1) Jean Gebser: Ursprung und Gegenwart I, Deutscher Taschenbuch Verlag, München, 1973, S. 246
(2) Eric Berne: Was sagen Sie, nachdem Sie Guten Tag gesagt haben? Kindler Verlag, 1975 (What do you say after you say hello?, 1972)
(3) C. G. Jung: Typologie, Walter Verlag, 1972/1977, S. 41–42
(4) Nostradamus: Les Prophéties, Ed. Pierre Belfond, 1966, S. 104
(5) André Castelot et Alain Decaux: Histoire de France et des Français, 13 volumes, Plou et librairie académique Perrin, 1972
(6) Jean Gebser: Abendländische Wandlung, Ullstein Verlag, 1956
(7) Zit. in Werner Heisenberg: Das Naturbild der heutigen Physik, Rowohlt Verlag, 1955
(8) J. de la Mettrie: Der Mensch – eine Maschine, Übersetzung Max Brahn, Leipzig, 1909
(9) Nicholas de Vore: Encyclopedia of Astrology, Littlefield, Adams & Co, 1976, S. 307–309
(10) Karl Jaspers: Die grossen Philosophen, Piper Verlag, 1957
(11) Plato: Phaidon, Übersetzung Friedrich Schleiermacher
(12) Plato: Menon, Übersetzung L. Georgii
(13) Plato: Staat, Buch I–V
(14) Karl Jaspers: Die grossen Philosophen, Nachlass 1, Piper Verlag, 1981

KAPITEL 5
(1) I-GING, Übersetzung von Richard Wilhelm, Eugen Diederichs Verlag, 1972, 2. Buch, 1. Abt., A: Die Grundlagen, Kap. I
(2) I-GING, 1972, 2. Buch, 1. Abt., B: Die Ausführungen, Kap. IV, Par. 2
(3) I-GING, 1972, 2. Buch, 1. Abt., B: Die Ausführungen, Kap. VI, Par. 3
(4) I-GING, 1972, 2. Buch, 2. Abt., Kap. V, Par. 11
(5) Immanuel Kant: Die Kritik der reinen Vernunft, Philipp Reclam jun., Stuttgart, 1966
(6) Karl Jaspers: Die grossen Philosophen, Piper Verlag, 1957/1981, S. 615/616
(7) Zit. in Jean Gebser: Abendländische Wandlung, Ullstein Verlag, Berlin, 1956

KAPITEL 6
(1) C. G. Jung: Erinnerungen, Träume, Gedanken, Ex Libris, 1962, S. 358
(2) I-GING, Das Buch der Wandlungen, Übersetzung von Richard Wilhelm, Eugen Diederichs Verlag, 1972
(3) R. G. H. Siu, Chi: A Neo-Taoist Approach to Life, Cambridge: MIT-Press, 1974, S. 154
(4) Ken Wilber: Halbzeit der Evolution, Scherz Verlag, 1984, S. 84
(5) Jean Gebser: Ursprung und Gegenwart, Deutscher Taschenbuch Verlag, München, 1973

(6) Marie Luise von Franz: Zeit, Insel Verlag, 1981
(7) E. Tripp: Classical Mythology, New American Library, 1970
(8) I-GING, 2. Buch, 1. Abt., B: Die Ausführungen, Kap. XI, Par. 8
(9) I-GING, 2. Buch, 1. Abt., B: Die Ausführungen, Kap. IV, Par. 2
(10) I-GING, 2. Buch, 1. Abt., B: Die Ausführungen, Kap. XII, Par. 2
(11) Jean Gebser, 1973, S. 212
(12) A. P. de Candolle: Physiologie végétale, Paris, 1832
(13) D. F. Jonas/A. D. Jonas: Signale der Urzeit, Hippokrates Verlag, Stuttgart, 1977
(14) Frank A. Brown: The Sol-Lunar Clocks of Life, Oceanology International, 1968
(15) Zit. in Edward R. Dewey: Cycles, Hawthorn Books, New York, 1971
(16) Jean Gebser, 1973, S. 246
(17) Jean Gebser, 1973, S. 259
(18) Jean Gebser, 1973, S. 251
(19) Madhyamika Karika Vrtti, zit. in Fritjof Capra: Das Tao der Physik, Scherz Verlag, 1983, S. 163
(20) Vorwort von C. G. Jung in The I-GING, Wilhelm/Baynes, Bollingen Series XIX, Princeton University Press, 1967, (Übersetzung C. Weiss)
(21) Fritjof Capra, 1983, S. 153
(22) 5. Isa-Upanischade, zit. in Fritjof Capra (1983), S. 153
(23) David Bohm: Die implizite Ordnung, Dianus-Trikont Verlag, München, 1985
(24) A. Einstein, B. Podolsky and N. Rosen: Can Quantum Mechanical Description of Reality Be Considered Complete?, Physical Review 47, 1935, S. 777ff.
(25) Zit. in M. Ferguson: Die sanfte Verschwörung, Sphinx Verlag, Basel, 1982
(26) Minneapolis Studie, zit. in Esotera, September 1983, Verlag Hermann Bauer KG, Freiburg im Breisgau
(27) Minneapolis Studie, zit. in Esotera, November 1984
(28) I-GING, 2. Buch, 1. Abt., A: Die Grundlagen, Kap. I, Par. 5
(29) Werner Heisenberg: Physik und Philosophie, Ullstein Verlag, 1959, S. 37
(30) I-GING, KUN, ›Das Empfangende‹

KAPITEL 7

(1) Michel + Françoise Gauquelin: Replication of the Planetary Effect in Heredity, Laboratoires d'études des relations entre rythmes cosmiques et psychophysiologiques, Paris, 1977
(2) Jean Gebser: Ursprung und Gegenwart II, Deutscher Taschenbuch Verlag, München, 1973
(3) Plato: Der Staat, 7. Buch, Verlag Philipp Reclam jun., Stuttgart, 1958/1982
(4) Thorwald Dethlefsen/Rüdiger Dahlke: Krankheit als Weg, Bertelsmann Verlag, München, 1983

KAPITEL 8

(1) Fritz Riemann: Grundformen der Angst, Ernst Reinhardt Verlag, München, 1975/1978
(2) W. Knappich: Geschichte der Astrologie, Klostermann Verlag, Frankfurt, 1967, S. 39
(3) Charles Musès: Destiny and Control in Human Systems, Kluwer-Nijhoff Publishing, Boston–Dordrecht–Lancaster, 1983, S. 109ff.
(4) Nicolaus Klein/Rüdiger Dahlke: Das senkrechte Weltbild, Heinrich Hugendubel Verlag, München, 1986
(5) Wege ins dritte Jahrtausend, MILLENNIUM, Sphinx Verlag, Basel, 1984

KAPITEL 9

(1) Ken Wilber: Halbzeit der Evolution, Scherz Verlag, Bern–München–Wien, 1984
(2) Ken Wilber, 1984, S. 120
(3) E. Becker: Escape from Evil, New York, 1975
(4) Ken Wilber, 1984, S. 125
(5) J. Campbell: The Masks of God, Bd. 1: Primitive Mythology, New York, 1959
(6) Jean Gebser: Ursprung und Gegenwart I, Deutscher Taschenbuch Verlag, München, 1973, S. 121
(7) J. Campbell: The Masks of God, Bd. 3: Occidental Mythology, New York, 1964
(8) C. G. Jung: AION, Untersuchungen zur Symbolgeschichte, Rascher Verlag, Zürich, 1951, S. 167
(9) Carl R. Rogers: Der neue Mensch, Klett-Cotta Verlag, Stuttgart, 1981, S. 183–185